T0209561

Kopf gewinnt!

Antje Heimsoeth

Kopf gewinnt!

Der Weg zu mentaler und emotionaler
Führungsstärke

3. Auflage

Verantwortlich im Verlag: Carina Reibold

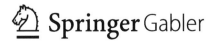 Springer Gabler

Antje Heimsoeth
Heimsoeth Academy
Rosenheim, Deutschland

ISBN 978-3-658-36130-3   ISBN 978-3-658-36131-0 (eBook)
https://doi.org/10.1007/978-3-658-36131-0

Die Deutsche Nationalbibliothek verzeichnet diese Publikation in der Deutschen Nationalbibliografie; detaillierte bibliografische Daten sind im Internet über http://dnb.d-nb.de abrufbar.

Springer Gabler

Planung/lektorat: Carina Reibold
Springer Gabler ist ein Imprint der eingetragenen Gesellschaft Springer Fachmedien Wiesbaden GmbH und ist ein Teil von Springer Nature.
Die Anschrift der Gesellschaft ist: Abraham-Lincoln-Str. 46, 65189 Wiesbaden, Germany

Vorwort zur dritten Auflage

Erfolg wird im Kopf entschieden

Der Geschäftsführer eines mittelständischen Dienstleistungsunternehmens rief eines Tages alle Mitarbeiter zu einem Krisengespräch zusammen. Ständige Streitigkeiten unter den Mitarbeitern, mangelnde Motivation und sinkende Umsatzzahlen hatten ihm den letzten Nerv geraubt. Er wollte seinem Ärger gegenüber den Mitarbeitern einmal so richtig Luft machen und zu diszipliniertem Verhalten untereinander ermahnen. Dazu knöpfte er sich jeden einzelnen Mitarbeiter vor der versammelten Mannschaft vor und teilte ihm in sehr emotionaler Art und Weise seine Meinung zum vermeintlichen Fehlverhalten mit.

Das Ergebnis der Krisensitzung: Alle Mitarbeiter waren entsetzt über das Auftreten ihres Geschäftsführers. Zwei führende Mitarbeiter kündigten kurze Zeit später. Bei allen sank die Motivation, sich mit voller Arbeitskraft für das Unternehmen einzusetzen – sie machten sich auf die Suche nach einem neuen Arbeitsplatz. Der aufgebaute Druck führte zwar kurzzeitig zur Steigerung der Umsatzzahlen, das Unternehmen verlor aber immer mehr wichtige Mitarbeiterressourcen. Sie hatten die emotionale Bindung an ihren Arbeitgeber durch den durchweg negativ empfundenen „Auftritt" ihres Chefs komplett verloren.

Als Führungskraft sind Sie ein Vorbild für Begeisterung, Respekt, Mut, Klarheit, Loyalität, Kundenorientierung, Leistungsbereitschaft, Pünktlichkeit und viele weitere Werte. Werte, die Sie als Führungskraft gering schätzen, werden von Ihren Mitarbeitern ebenfalls wenig gepflegt werden. Mit welcher Stimmung Sie ins Meeting kommen – ob freundlich, gut gelaunt, ausgeglichen, gestresst oder verärgert –, all das wirkt sich auch auf Ihr Team aus. Im Ausgangsfall: Dieses völlig überzogene Verhalten gegenüber den Mitarbeitern zeichnet ein Bild der Überforderung, Unsicherheit und fehlenden Souveränität und Autorität. Darüber hinaus wurden die Mitarbeiter vor versammelter Mannschaft bloßgestellt – ein deutliches Zeichen für fehlende Loyalität und mangelnden Respekt. Die fehlende Vorbildfunktion wirkte sich verheerend auf das Team aus – es irrte führungslos umher und verließ anschließend das „sinkende Schiff".

Dieses Beispiel verdeutlicht, dass Ihre mentale und emotionale Stärke als Führungskraft maßgeblich für den Erfolg im Unternehmen ist. Welche Visionen und Ziele haben Sie? Wie motivieren Sie sich und Ihre Mitarbeiter? Wie gehen Sie mit Emotionen um? Für welche Werte stehen Sie im Unternehmen und wie vermitteln Sie diese an Ihre Mitarbeiter?

Auf welchem Weg sorgen Sie für Stabilität und Sicherheit im Unternehmen? Und ganz wichtig: Wie gehen Sie mit Erfolg und Misserfolg um? Würdigen Sie die Erfolge Ihrer Mitarbeiter? Wie gehen Sie mit Scheitern und mit Fehlern um? Häufig werden all diese wichtigen Erfolgsfaktoren von Führungskräften vernachlässigt. Doch Sie sollten diese Faktoren eher ganz oben auf Ihre Agenda setzen, denn nur mit Ihrer eigenen mentalen Stärke und Selbstführungskompetenz sind Sie als Führungskraft in der Lage, Ihr Unternehmen erfolgreich in die Zukunft zu führen.

„Kopf gewinnt!" zeigt Ihnen, liebe Leserin und lieber Leser, den Weg dorthin. Als ehemalige Leistungssportlerin weiß ich, wie wichtig mentale Stärke als Vorbereitung auf den Wettkampf und den sportlichen Erfolg ist. Als frühere Führungskraft und heute anerkannte Rednerin, Mentaltrainerin und Mental- & Business Coach vermittle ich nahezu täglich mein Fachwissen und meine Kompetenz, mein eigenes Erfolgsmodell, erfolgreich an Dritte. Für „Kopf gewinnt!" habe ich darüber hinaus Interviews mit bekannten Spitzensportlern und Führungskräften geführt, viele Stunden recherchiert und die Ergebnisse in diesem Buch zusammengeführt.

Nutzen Sie „Kopf gewinnt!", um ihre eigene mentale und emotionale Stärke zu entdecken und zu trainieren. Die Erkenntnisse dieses Buches werden Ihnen helfen, den „Erfolgsfaktor mentale Stärke" auch in Ihrer eigenen Praxis anzuwenden. Aber nicht nur für Unternehmer, Chefs und Führungskräfte, die sich erfolgreich weiterentwickeln möchten, ist „Kopf gewinnt!" genau der richtige Leitfaden. Auch Sportler, Eltern, Trainer, Berater und Coaches können damit ihren Klienten den Weg in eine erfolgreiche Zukunft vermitteln. „Kopf gewinnt!" ermöglicht jedem Menschen, der sich persönlich weiterentwickeln möchte, die entscheidenden Schritte in Richtung mehr persönlichem Erfolg zu machen – was immer „Erfolg" für Sie bedeutet.

Rosenheim, Deutschland   Antje Heimsoeth
Oktober 2021

Die Interviewpartner

In diesem Buch kommen folgende Top-Trainer und Spitzensportler zu Wort:

Jutta Kleinschmidt

Sie gehört zu den weltweit erfolgreichsten Frauen im Motorsport und ist bislang die einzige Frau, die eine Gesamtwertung der Rallye Dakar gewinnen konnte. Nach 17 Dakar-Teilnahmen mit sechs Platzierungen unter den Top 5 interessiert sie heute mehr die technische Weiterentwicklung von Fahrzeugen als das Fahren selbst. Als Instruktorin, Rednerin und Autorin gibt sie mittlerweile ihre Erfolgsgeheimnisse an ein breites Publikum weiter.

Rita König-Römer

1995 wird die Florettfechterin Juniorenweltmeisterin im Einzel, in den nächsten Jahren folgen zahlreiche Titel in Einzel- und Mannschaftsdisziplinen bei Europa- und Weltmeisterschaften. Vier Jahre nach ihrem Gewinn der Silbermedaille im Einzel und der Bronzemedaille mit der Mannschaft bei den Olympischen Spielen in Sydney beendet die 28-fache Deutsche Meisterin 2004 ihre sportliche Karriere als aktive Fechterin. Sie verantwortet seit 2014 die Vermarktungsagentur des erfolgreichsten Fechtvereins der Welt, des Fechtclubs Tauberbischofsheim e. V.

Bernhard Peters

Der Direktor Sport des Hamburger Sportvereins hat als ehemaliger Bundestrainer der deutschen Hockeynationalmannschaft fünf Mal den WM-Titel gefeiert. Der Diplom-Sportlehrer und Diplom-Trainer erntet viel Anerkennung für seine innovativen Methoden zur Selbst- und Fremdmotivation.

Inhaltsverzeichnis

Über die Autorin

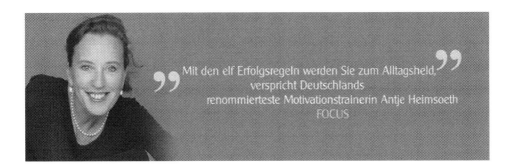

Mit den elf Erfolgsregeln werden Sie zum Alltagsheld,
verspricht Deutschlands
renommierteste Motivationstrainerin Antje Heimsoeth
FOCUS

Antje Heimsoeth Antje Heimsoeth, Jahrgang 1964. 2003 gründete Sie als Vermessungsingenieurin ihr eigenes Unternehmen – Heimsoeth Academy. Sie coacht und trainiert als Business-, Mental- und Performance Coach Führungskräfte, Unternehmer, Vorstände, Politiker und Wirtschaftspersönlichkeiten. Heimsoeth gehört zu den bekanntesten Mental Coaches im deutschsprachigen Raum.

Ihre Erfahrung mit internationalen Konzernen, DAX Unternehmen und traditionsreichen Mittelständlern sowie zahlreichen internationalen Spitzensportlern – in ihrem Klientenkreis befinden sich zahlreiche Olympiasieger und Weltmeister -, deutschen und internationalen Sportteams und Bundestrainern – machen sie zu einer der gefragtesten Vortragsrednerinnen auf Kongressen und Veranstaltungen in Deutschland, der Schweiz, Österreich, China und Luxemburg.

Antje Heimsoeths Veröffentlichungen in bekannten Verlagen, wie u. a. Haufe, C.H. Beck und SpringerGabler, unterstreichen ihre Fachkompetenz.

Aus der Praxis, aus dem wahren Leben, ohne Schnickschnack!

Frau Heimsoeth versteht es, mit ausdrucksstarken Zitaten und Bildern und vielen persönlichen Beispielen, unter anderem aus dem Sport, Ihre Aussagen ganz klar auf den Punkt zu bringen, einfach und verständlich. Sie vermittelt klare Botschaften. Was ihr besonders am Herzen liegt: Respekt, Vertrauen, Wertschätzung, warme Menschlichkeit.

Mehrfach ausgezeichnete Keynote-Speakerin (Speaker des Jahres 2021, „Vortragsrednerin des Jahres 2014") und ehemalige Leistungssportlerin. Bei Managern und Medien gilt sie als „renommierteste Motivationstrainerin Deutschlands" (FOCUS). Gastrednerin an Universitäten. Ende 2019 wurde sie zum Senat der Wirtschaft berufen und so Teil eines exklusiven Kreises von Persönlichkeiten aus Wirtschaft, Wissenschaft und Gesellschaft.

Mit ihrer Expertise geht sie häufig auf Sendung bei Fernsehsendern wie RTL Aktuell, n-tv, Sky, BR, nrw.tv, Hamburg1 und RFO, in Zeitungen wie F.A.Z. , WELT und WELT AM SONNTAG sowie bei Radiosendern wie Bayern 3 – Frühaufdreher, Sport1, BR und ManagementRadio.

Heimsoeth AcademyAntje Heimsoeth email: info@antje-heimsoeth.de Kontakt zur Autorin: www.antje-heimsoeth.com, www.heimsoeth-academy.com.

> Wir sind, was wir denken. Alles, was wir sind, entspringt der Gedankenwelt. Mit unseren
> Gedanken erschaffen wir die Welt.
>   Buddha

Unser Kopf ist gleichzeitig Steuerzentrale für Ihr eigenes Handeln und für den Umgang
mit Ihren Mitarbeitern. Die meisten Menschen denken gar nicht über ihre innere Einstellung und Haltung, ihren Kopf und das, was zwischen den Ohren abgespeichert ist, nach
(vgl. Abb. 1.1). Ihre Gedanken und Gefühle sind Teil Ihrer inneren Haltung. Ihre innere
Haltung spielt, neben anderen Faktoren, auf die ich später eingehen werde, eine wichtige
Rolle bei der Umsetzung von Zielen und für den Erfolg. „Erfolg ist, was erfolgt", so formulierte es ein kluger Mensch. Ihre innere Haltung ist der Kompass, der Ihren Weg bestimmt. Die innere Haltung gibt uns Orientierung und Stabilität im Leben. Sie ist der Ursprung unseres Handelns, Denkens und Fühlens. Als Führungskraft wird von Ihnen
erwartet, dass Sie die Marschrichtung festlegen. Damit Ihnen die anderen folgen und Sie
gemeinsam das Ziel erfolgreich erreichen, muss die Richtung ethisch vertretbar sein und
im Rahmen der vorhandenen Gesetze liegen. Eine klare und aktive Zielformulierung
kommt von Ihnen und dem Vorstand. Wie das Ziel erreicht wird und wie sich jeder Einzelne an der Zielerreichung beteiligt, ist hingegen ein gemeinsamer Prozess mit Ihren
Mitarbeitern. Als Führungskraft sollten Sie dabei vorausschauend handeln: Was können
mögliche Hindernisse auf dem Weg zum Ziel sein? Wo sind Kurskorrekturen erforderlich?
Ein weiteres Mittel sind strategische Etappenziele – wie lauten Etappen- und Zwischenziele und welche Konsequenzen entstehen daraus?

Führungspersönlichkeiten brauchen folgende Eigenschaften: Authentizität („echt sein"
im Handeln und Reden), Überzeugungskraft, Selbstdisziplin, Selbstreflexion, Lernbereitschaft, Ehrgeiz, Empathie, Selbstvertrauen, Glaubwürdigkeit und Vertrauenswürdigkeit.
Wenn Sie nicht authentisch und kongruent sind, Ihre gesprochenen Worte, Ihre Körpersprache und Ihre innere Haltung auseinanderklaffen, spüren Ihre Mitarbeiter das. Und sie
werden in der Konsequenz vermutlich eher unsicher, beginnen gar die vorgegebene

© Springer Fachmedien Wiesbaden GmbH, ein Teil von Springer Nature 2022   1
A. Heimsoeth, *Kopf gewinnt!*, https://doi.org/10.1007/978-3-658-36131-0_1

Abb. 1.1 Gewonnen wir im Kopf, verloren auch!. (© Antje Heimsoeth)

Richtung anzuzweifeln. Als Führungskraft sind Sie in vielerlei Hinsicht gefordert: Sie sollen nicht nur im Sinne des Unternehmens gewinnbringend wirtschaften, sondern auch motivieren, inspirieren, fördern und stets ein Vorbild sein. Insbesondere die Rolle des Steuermanns und Strategen wird von Führungskräften selbst als besonders wichtig eingestuft. In diesen Rollen sowie in der des „Mobilisierers" halten sich die meisten Führungskräfte für sehr gut (Akademie-Studie 2009). Doch wie gut sind Sie wirklich?

Die Komplexität Ihrer Rollen spiegelt Ihre umfangreichen Aufgaben wider. Um diese erfüllen zu können, braucht es körperliche Fitness, Gesundheit, Klarheit, mentale und emotionale Stärke und Widerstandsfähigkeit (vgl. Abb. 1.2). Doch Ihre Verfassung und Ihre Fähigkeiten allein sichern noch nicht den Erfolg eines Unternehmens. Wohlbefinden und psychischer Zustand Ihrer Mitarbeiter und Mitarbeiterinnen sind ebensolche Erfolgsfaktoren. Die wichtigste Ressource eines Unternehmens sind die Menschen, die es beschäftigt. Ihr Führungsverhalten und Ihr Führungsstil wirken auf diese Ressource in einem erheblichen Maß. Sie beeinflussen damit gravierend Wohl und Wehe des Betriebs. Sie haben eine weitere Rolle inne, die noch oft unterschätzt wird, nämlich die des Gesundheitsfaktors. Je mehr Sie als Führungskraft über mentale Gesundheit wissen, umso „gesünder" wird auch Ihr Führungsstil. Eine gesunde und wertschätzende Führung zeichnet sich vor allem durch zwischenmenschliches Wohlbefinden im Alltag aus – und damit meine ich nicht das Pflegen eines Streichelzoos! Ein wertschätzendes Miteinander erlaubt auch Konflikte. Sie erkennen die Konflikte anderer, sprechen sie an und finden Lösungen dafür. Sie sind ebenso empathisch wie kooperativ. Sie fördern das Wir-Gefühl im Team, pflegen und schaffen Werte. Sie sind bereit, sich berühren zu lassen und stets offen für Neues. Als Führungskraft leiten Sie auch Ihr Team zum Perspektivenwechsel an. Sie zeigen Dankbarkeit für die Leistung der Mitarbeiter, die gefundenen Lösungen, die

Abb. 1.2 Resilienz. (© Zacarias da Mata/Fotolia.com)

gemeinsamen Erfolge und die positiven Beziehungen. Was Sie einfordern, leben Sie auch vor. Zugegeben, das ist ein hoher Anspruch, ein Idealbild. Doch der gesunde Führungsstil ist der einzige Weg, der Unternehmen nachhaltig zukunftsfähig macht. Und alle genannten Punkte stehen mit Ihrer inneren Haltung in Zusammenhang.

Über Jahre hinweg lag der Fokus in Unternehmen auf dem Ergebnis. Heute verändern sich Dinge und Umstände rasant schnell. Mit diesem Buch möchte ich Sie dabei unterstützen, den ständig wachsenden Anforderungen und Veränderungen der Gesellschaft als Führungskraft mit Zuversicht, Klarheit, Offenheit, Dankbarkeit, Mut, Herz und Vertrauen zu begegnen. Es gibt kein Rezept für Erfolg. Was ich Ihnen vermitteln möchte, sind Lösungsideen. Ich gebe Ihnen Impulse und Anregungen. Dafür gilt es, das Denken zu öffnen und die eigene Komfortzone zu verlassen. Das Leben ist ein Auf und Nieder, immer wieder. Am meisten lernen wir in den Tälern. Auf dem Gipfel sind wir eher resistent für Anregungen, Tipps und Feedback von außen. Für die eigene Weiterentwicklung brauchen wir sozusagen die „Täler" des Lebens. Sehr wichtig ist, nicht dort hängenzubleiben und aus den gemachten Fehlern zu lernen. Die Erkenntnisse aus der Fehleranalyse und Selbstreflexion verleihen uns dann den nötigen Schwung und Energie, um den nächsten Gipfel zu erklimmen.

Es bedarf eines inneren Gespürs für sich und andere Menschen. Zu spüren, was vorhanden ist und welche Bedürfnisse da sind. Jeder Mensch ist einzigartig und hat sein eigenes Modell der Welt – mit seiner individuellen Verarbeitungsweise und mit seinen persönlichen inneren und äußeren Ressourcen, die er braucht, um gewünschte Veränderungen zu meistern. Dieses Buch soll Sie dabei unterstützen, diese Ressourcen und Potenziale zu entdecken, zu entfalten und im richtigen Moment zur Verfügung zu haben. Das Buch enthält viele Angebote, mentale Übungen und Tipps. Sie entscheiden selbst, was Sie davon ausprobieren, anwenden und nutzen möchten. So einzigartig wie wir Menschen sind, so einzigartig ist auch die Kombination aus Theorien, mentalen Techniken und Übungen, die Ihnen hilft, Blockaden zu überwinden, Veränderungen zu meistern und Ihre Ziele zu erreichen. Vergleichen Sie es mit einem Kaufhaus: Wenn wir einkaufen, kaufen wir auch nicht das gesamte Sortiment, sondern wählen einzelne Produkte aus. Manchmal wird der Warenkorb voller als geplant, manchmal werden wir gar nicht fündig. Doch bevor Sie unverrichteter Dinge das Kaufhaus wieder verlassen, wünsche ich mir, dass Sie zumindest das eine oder andere „Produkt" ausprobieren, statt ein vorschnelles Urteil übers Angebot zu fällen. Offenheit und Neugierde sind Grundvoraussetzungen für persönliche Weiterentwicklung.

Der Weg zu mentaler Stärke
Erfolgreich ist, wer vollen Zugang zu seinem Potenzial hat und seine Ressourcen für seine Zielerreichung nutzt. Ein gutes Selbstmanagement zeichnet sich durch mentale und emotionale Stärke aus. Mentale Stärke bedeutet, sein Leistungsspektrum ungeachtet von Widrigkeiten und inneren und äußeren Störfaktoren am Tag X voll und ganz ausschöpfen zu können (vgl. Loehr 1991). Mentale Stärke ist nahezu in allen Bereichen von Vorteil – im Berufsleben, insbesondere dort, wo täglich Verantwortung für Menschenleben getragen wird wie in der Fliegerei oder Chirurgie, im Umgang mit Partnern, Kindern oder Freunden, im Sport, beim Thema Gesundheit, in der Musik oder beim Schauspiel. Viele Spitzensportler nutzen Mentaltraining, um sich auf Wettkämpfe oder auch die Wettkampfsaison vorzubereiten.

Aber was bedeutet nun eigentlich Mentaltraining? Das Wort „mental" ist abgeleitet vom lat. „mens", das für Geist, Verstand, Intellekt steht. Mentaltraining ist die gedankliche Vorbereitung, ein geistiges Hineingehen in eine Situation im Vorfeld. Oder nach Sportprofessor Hans Eberspächer: „Mentales Training ist das planmäßig wiederholte, systematische, bewusste und kontrollierte Optimieren von Vorstellungen des Eigenzustands, einer Handlung oder eines Weges ohne gleichzeitige praktische Ausführung" (Eberspächer 2004). Es geht darum, mit der geistigen Vorstellungskraft Situationen gedanklich auf optimale Weise durchzuspielen. Beispielsweise können Handlungspläne, Aufgaben, Verkaufsgespräche, erfolgreiche Wettkämpfe und Präsentationen mental durchdacht und Siegerehrungen, Ehrungen und Feierstunden simuliert werden. Das lässt sich auch für zu erwartende Widrigkeiten nutzen, um für jedes mögliche auftretende Problem im Geiste Lösungen parat zu haben. Dabei werden bildhafte Vorstellungen so intensiv im Kopf erzeugt, dass die nachfolgende wirkliche Leistung davon positiv beeinflusst wird. Das funktioniert wie ein Kopfkino: Man dreht sich seinen eigenen Film, natürlich mit Happy End (Erfolg, Sieg, Unterzeichnung eines Vertrags etc.). Wer regelmäßig mental trainiert, ist in der Lage, in herausfordernden Situationen Höchstleistungen abzurufen.

Jeder Mensch kann sich – unabhängig von Herkunft, Ausbildung, Alter oder Fähigkeiten – mental zu Leistungen motivieren, die er vorher nicht für möglich gehalten hätte. Unser Kopf funktioniert ähnlich wie ein Computer. Und einen Computer muss man programmieren, damit er im Ernstfall richtig funktioniert und das Programm richtig abläuft. Wer seinen Kopf bereits in Alltagssituationen richtig programmiert, kann in Stresssituationen automatisch ein funktionierendes unterstützendes Programm abrufen.

Energie folgt den Gedanken. Wenn die Gedanken unbewusst schon in die richtige Richtung gehen, folgt auch die Energie dorthin. Sie können sich Ihr Unterbewusstsein wie die Festplatte eines Computers vorstellen. Ihre Gedanken, Worte und Bilder sind dort wie ein Programm abgespeichert. Diese Bio-Festplatte akzeptiert jede Information, die es erhält. Einzig unser Verstand entscheidet, was er glaubt und was nicht – je nach bereits einprogrammierten Lebenserfahrungen. Wenn unser Verstand etwas für wahr hält, selbst wenn es falsch ist, wird das Unterbewusstsein das als wahr akzeptieren und entsprechende Handlungen veranlassen. Fatalerweise gilt dies auch in solchen Fällen, wo der Verstand mit irrationalen, negativen Gedanken auf Situationen reagiert. Diese Gedanken beruhen auf tieferliegenden Glaubenssätzen oder Annahmen über uns, andere Menschen und Situationen. Mit Hilfe mentaler Techniken können Sie jedoch alte, negative, selbstzerstörerische Programme Ihres Unterbewusstseins löschen und neu überschreiben. Mehr zur Funktion des Gehirns und dem Zusammenspiel von Verstand und Unterbewusstsein beschreibe ich in Kap. 4.

Der eigene Kopf lässt sich also als „Schaltzentrale" unseres Körpers programmieren. Eingespeiste unterstützende Programme helfen beim Meistern von Herausforderungen. Doch das funktioniert nur, wenn sie rechtzeitig installiert werden. Der ehemalige österreichische Extrem-Radsportler Wolfgang Mader, der mit Hilfe von Mentaltraining Höchstleistungen erzielte, hat dafür einen anschaulichen Vergleich gefunden: So, wie man eine Powerpoint-Präsentation bereits vor dem Moment des Vortragens vorbereitet hat, gelte es auch den Kopf vor Herausforderungen entsprechend vorzubereiten. Wolfgang Mader: „Wenn dann die Stresssituation kommt und Sie vom Unterbewusstsein fast zu 100 % geleitet werden, dann wird auf dieses Archiv, diese Speicherplatte des Unterbewusstseins zugegriffen. Und da macht es einen Unterschied, ob ich da zwei Millionen negative Erlebnisse abgespeichert habe, weil ich ständig so denke, oder ob ich dort positive Erlebnisse habe." Der hauptberufliche PR-Leiter sagt, was er durch Mentaltraining in Monaten und in ein bis zwei Jahren an Leistungssteigerung und Leistungsvermögen erreicht und dazu gewonnen habe, dafür hätte er physisch, im körperlichen Training, mindestens zehn Jahre gebraucht (rfo-Interview 2014).

Mit Hilfe mentaler Techniken lassen sich nicht nur das Leistungsvermögen und die Performance steigern, sondern auch Lebensqualität, Wohlbefinden, Kreativität, Selbstvertrauen und Selbstbewusstsein. Mentale Übungen helfen, sich auch in schwierigen Situationen konzentrieren zu können, sich zu entspannen und Stress abzubauen. Wer mentale und emotionale Stärke aufbaut, reduziert Ängste und Selbstzweifel, geht anders mit Scheitern und Niederlagen um, lernt aus Fehlern.

Höchstleistung Arbeitswelt

Aus welchen Gründen spielen „weiche" Faktoren wie innere Stabilität, Freude, die Fähigkeit, in einer Tätigkeit voll und ganz aufzugehen (Flow), der Glaube an die eigenen Möglichkeiten und Vertrauen in sich selbst eine so große Rolle im Arbeitsalltag? Weil unser Berufsleben sich gravierend verändert hat. Es geht nicht mehr ums nackte Überleben, von dem unsere Urahnen noch getrieben waren. Und auch nicht mehr um überwiegend harte körperliche Arbeit, die noch den Alltag unserer Großeltern prägte. Heute geht es um das viel beschworene Multitasking, geistige Höchstleistungen und Flexibilität. Wer kennt das nicht? Die To-do-Listen werden immer länger, die Informationsflut immer größer, die permanente Erreichbarkeit dank Smartphone ist längst Selbstverständlichkeit. Gerade Führungskräfte stehen unter einem enormen Termin- und Leistungsdruck, begleitet von der Angst, falsche Entscheidungen zu treffen. Während körperlich belastende Tätigkeiten zunehmend durch die Weiterentwicklung der Technik erleichtert wurden, ist die Anforderung an die mentale Leistungsfähigkeit gestiegen. Unsere Jobs sind im Laufe der Zeit immer wissens- und kommunikationsintensiver geworden. Aufgaben und Anforderungen verändern sich rapide. Mobilität, Verantwortungs- und Lernbereitschaft sind gefragt. Gleichzeitig erleben wir einen Wandel der Beschäftigungsformen – von befristeten Verträgen über Zeitarbeiter bis hin zu Freelancern. „Dieser Wandel ist für viele Beschäftigte auch mit mehr Unsicherheiten, mit Ausgrenzung und mit prekären, instabilen Tätigkeiten verbunden, eröffnet aber auch ganz neue Gestaltungs-, Entfaltungs- und Aufstiegsmöglichkeiten. Dies kann allerdings auch mit Überforderung, mit psychischen Belastungen und einer Entgrenzung von Arbeit und Freizeit einhergehen" (Heidenreich und Zirra 2012).

Der Stellenwert gesunder Führung steigt. Das viel beschworene Burn-out-Syndrom, das von Ärzten in der Regel als „akute Belastungsreaktion" diagnostiziert wird, ist ein Phänomen unserer heutigen Arbeitswelt. Es beschreibt einen Zustand geistiger, emotionaler und physischer Erschöpfung sowie Antriebslosigkeit. Mit dieser Diagnose gehen oftmals psychische Störungen wie Depression oder Angst- und Anpassungsstörungen einher. Mittlerweile ist laut Robert Koch-Institut jeder fünfte Erwachsene in Deutschland an einer psychischen Störung erkrankt. Grundsätzlich treten psychische Beeinträchtigungen verstärkt bei Menschen mit chronischem Stress auf. Chronischer Stress ist gekennzeichnet von häufig wiederkehrenden Belastungen, die größer sind als die Bewältigungsressourcen, die zur Verfügung stehen (Hapke et al. 2012).

Die Art und Weise, wie unsere persönlichen Einstellungen und inneren Haltungen, die äußeren Arbeitsbedingungen und gesellschaftlich geprägte Lebensweisen zusammenwirken, gibt den Ausschlag, ob wir auf einen Burn-out zusteuern oder nicht. Häufig drücken wir selbst unsere Belastungsgrenze mit den Worten „Die Arbeit wächst mir über den Kopf" aus. Da ist er wieder, der Kopf als zentraler Dreh- und Angelpunkt in unserem Arbeitsleben. Die psychische Gesundheit ist, so die Ergebnisse der DEGS-Studie, wichtig für die Lebensqualität und Lebenszufriedenheit, die Leistungsfähigkeit und Produktivität, die Kreativität und Bewältigungskompetenz, den Verlauf körperlicher Erkrankungen und nicht zuletzt für ein präventives Gesundheitsverhalten. Kurz und längst bekannt: Körper,

Geist und Seele hängen zusammen. Wer sich und andere weiterentwickeln will, kommt um eine ganzheitliche Betrachtung also nicht herum. Denn wenn die Seele kränkelt, gerät alles in Schieflage: das Individuum, sein soziales Umfeld und seine Arbeitsfähigkeit sowie die Qualität seiner Arbeit. Zudem sorgen psychische Erkrankungen laut DAK-Gesundheitsreport 2013 für nahezu dreimal so lange Arbeitsausfälle wie die durchschnittliche Ausfalldauer anderer Krankheitsarten.

Unternehmer und Führungskräfte, die die Relevanz des Themas Gesundheit erkannt haben, verzeichnen, so belegen es mittlerweile verschiedene Studien, ein deutlich geringeres Burn-out-Risiko bei ihren Mitarbeitern. Weiter zeigt sich, dass es auf die Haltung des Chefs, also auf Ihre Haltung, ankommt. Sind Sie selbst ein Vorbild, sind Ihre Mitarbeiter nachweislich auch weniger erschöpft, psychisch beansprucht oder haben weniger psychosomatische Beschwerden. Sie als Chef sind der Treiber der Unternehmensgesundheit! Gesundheitsförderung ist eine Schnittmenge aus regelmäßiger Bewegung, gesunder Ernährung, gesunder Kommunikation, sozialer Unterstützung, psychischer und mentaler Stabilität, Spaß und Freude am Leben und Tun, sozialen Kontakten und Selbstvertrauen.

Der chinesische Philosoph Konfuzius sagt: „Suche dir eine Arbeit, die du liebst – dann brauchst du keinen Tag im Leben mehr zu arbeiten." Je mehr wir im Einklang mit dem sind, was wir tun, umso mehr gehen wir in der Tätigkeit auf, sind im Flow, fühlen uns nicht erdrückt, sondern beflügelt durch das, was wir tun. Dieses Glück steht und fällt mit der Art der Arbeit, die wir ausüben. Die richtige Wahl liegt in der Eigenverantwortung des Einzelnen. Der Philosoph Thomas Vašek sagt: „Arbeit gibt uns einen Sinn, sie bringt uns mit Menschen zusammen, sie formt unsere Identität." Wer keine Arbeit habe, dem fehle „die Anerkennung der anderen, die uns darin bestätigen, dass wir etwas Sinnvolles und Nützliches tun. Menschen ohne Arbeit verlieren ihr Selbstwertgefühl, sie fühlen sich überflüssig und unnütz, auch wenn es andere Dinge gibt, die ihnen Freude machen." Arbeit sei eine komplexe Lebensform, so Vašek. Kurz: „Wir sind, was wir tun." Schlechte Arbeit, so Vašek weiter, entstehe „durch unfähige Manager, die Mitarbeiter auf eine bloße Ressource reduzieren". Doch auch der einzelne Mitarbeiter sei schuld, „der ohne Not oder aus Bequemlichkeit in einem schlechten Job verharrt" (Vašek 2013). Vašek appelliert an die Eigenverantwortung. Und die gilt für Sie ebenso wie für Ihre Mitarbeiter: Jeder ist seines Glückes Schmied. Im Falle Ihrer Mitarbeiter braucht es Platz zum Schmieden, sprich den nötigen Raum, um Verantwortung zu übernehmen. Eigenverantwortung ist eine Grundvoraussetzung für Weiterentwicklung. Weiterentwicklung bedeutet für Sie nicht zuletzt, am eigenen Führungsstil und Führungsverhalten zu arbeiten. Denn diese sind wesentliche Faktoren für die Arbeitszufriedenheit und das Wohlbefinden Ihrer Mitarbeiter – und damit Teil des Gesamtergebnisses Ihrer Führungsleistung. Glückliche Menschen sind kreativer, erfolgreicher, teamfähiger, motivierter und seltener krank. Wenn man eine Arbeit verrichtet, die man wirklich liebt, ist das Teil des Lebensglücks.

Veränderung ist der erste Schritt zur Weiterentwicklung
Veränderung beginnt im Kopf. Um Neues kennenzulernen, gilt es, Altes loszulassen. Der chinesische Dichter Hanshan sagt: „Nur wer loslässt, hat zwei Hände frei." Wer bereit ist,

sich von alten Mustern, Gewohnheiten und Herangehensweisen zu lösen, schafft Raum für Neues. Die folgende Geschichte eines japanischen Zen-Meisters verdeutlicht dies:

Beispiel

Nan-in, ein japanischer Meister der Meiji-Zeit (1868–1912), bekam Besuch von einem gelehrten Universitätsprofessor, der etwas über die Kunst des Zen erfahren wollte. Der Meister servierte Tee. Er begann seinem Besucher einzuschenken und hörte nicht auf, die Tasse vollzugießen.

Der Professor beobachtete das scheinbare Ungeschick von Nan-in. Er sagte: „Es ist übervoll. Mehr geht nicht mehr hinein!"

„So wie diese Tasse", erwiderte Nan-in, „sind auch Sie voll mit Ihren eigenen Vorstellungen und Meinungen. Wie kann ich Ihnen etwas Neues zeigen und Sie Zen lehren, bevor Sie Ihre Tasse geleert haben?"

(Zerlauth 2000) ◄

Anne-Marie Flammersfeld, Extremläuferin und erste deutsche Frau, die den Ultramarathon „4 Deserts Race" gewann, sagt zum Thema Veränderungen: „Wenn man sich nicht so versteift, sondern offen durchs Leben geht und flexibel ist, an seine eigenen Muster herankommt, seine Rituale im täglichen Leben betrachtet, dann profitiert man davon. Ich versuche häufiger, meine täglichen Handlungsmuster zu durchbrechen, um zu schauen, wie ich darauf reagiere. Das fängt schon morgens bei der Kaffeezubereitung an."

Obwohl Veränderung Weiterentwicklung, neue Wege zu gehen und damit Zugewinn an Lebensqualität bedeuten kann, haben viele Angst davor. Doch wir bereuen am Ende unseres Lebens vor allem, was wir nicht getan haben. An wie vielen Dingen halten wir mental fest, die uns blockieren? Menschen sind Festhalter. Wir wollen einen neuen Partner, lassen den alten jedoch nicht los. Wir halten an vielen Prozessen, Gewohnheiten, Mitarbeitern oder Beziehungen fest, weil sie teuer waren und weil wir bereits viel investiert haben. Doch das bremst jede Weiterentwicklung. Wir müssen lernen, uns von Dingen zu verabschieden, die uns belasten. Loslassen, was es loszulassen gilt: zum Beispiel Gewohnheiten, Rituale, Freunde. Beschäftigen Sie sich ausschließlich mit Dingen, die in Ihrem eigenen Einflussbereich liegen, auch mental. Damit schaffen Sie Kapazitäten für Ihre persönliche Weiterentwicklung und befreien sich von unnützem mentalen und emotionalen Ballast.

Der ehemalige Erfolgstrainer der deutschen Nationalhockeymannschaft und Querdenker Bernhard Peters sagt zum Thema Veränderungen in seinem lesenswerten Buch „Führungsspiel": „Der für viele Menschen äußerst wichtige Wunsch nach Sicherheit und Routine und möglichst wenig Veränderung (zumindest, wenn sie nicht auf eigenes Betreiben herbeigeführt wird) ist nur dann zu erfüllen, wenn Bedingungen konstant bleiben. Durch unzählbar viele Einflüsse verändert sich unsere Welt jedoch ständig, und wir müssen uns anpassen, wenn wir „dabei sein wollen". Und oft gibt es dazu kaum eine Alternative" (Peters et al. 2012, S. 118). Veränderung sei ein wesentlicher Erfolgsfaktor beim Führen eines Teams. Man dürfe sich nicht auf Erfolgen ausruhen und an bewährten Methoden festhalten, sondern müsse stets neue Wege suchen, um Motivation und Engagement beim Team aufrechtzuerhalten. Veränderungen beträfen „sowohl den faktischen, planerischen als auch den emotionalen Teil der Arbeit einer Führungskraft" (Peters et al. 2012, S. 115).

Vertrauen

Als Führungskraft sind Sie Vorbild – im Guten wie im Schlechten. Nur wer sich selbst gut führt, körperlich wie mental, kann auch andere gut führen. Nur wer an sich, die Mitarbeiter und die Zukunft des Unternehmens glaubt, dem glauben und folgen auch Mitarbeiter. Nur wer sich selbst vertraut, dem vertrauen auch Mitarbeiter. Sich selbst vertrauen heißt, auf seine Stärken zu bauen. Etliche Führungskräfte richten ihren Fokus viel zu sehr auf Schwächen, Defizite und Misserfolge bei Mitarbeitern, oft auch bei sich selbst. Dabei sind wir nur dann erfolgreich, wenn wir uns unsere Stärken bewusst machen und uns an ihnen orientieren. Wer seine Fähigkeiten entfalten kann, leistet gute Arbeit. Passen Sie die Aufgaben den Menschen an, nicht umgekehrt, strukturieren Sie die Teams entsprechend den persönlichen Ressourcen der Mitarbeiter und vertrauen Sie bei Selbstzweifeln Ihren eigenen Ressourcen.

Jeder Mensch wächst über sich selbst hinaus, wenn er gelobt wird. Das Beste bekommen Sie als Chef dann, wenn Sie Ihr Team wertschätzen, Anerkennung geben, ermuntern und fördern. Damit stärken Sie das Selbstwertgefühl Ihrer Mitarbeiter und motivieren sie, sich weiter zu engagieren. Wer nur Kritik übt, sorgt für Stress. Ständig herabgesetzt, sinken Selbstbewusstsein und Motivation bei Mitarbeitern. Dafür steigen Fehlzeiten an, mit entsprechenden negativen Folgen für alle.

Selbstbewusstsein und Selbstvertrauen zählen zu den Soft Skills, deren Bedeutung im Wandel der Arbeitswelt immer gewichtiger wird. Doch was heißt es, sich seiner selbst bewusst zu sein? Wer sich seiner selbst bewusst ist, kennt seine Stärken und seine Schwächen. Er ist in der Lage, kompensatorische Handlungen zu erkennen und auszumerzen. Ihm gelingt es, sich auf seine Stärken zu konzentrieren und diese gezielt einzusetzen. Je besser man sich selbst und seine Stärken kennt und sich seines Selbstwertes bewusst ist, desto weniger gerät man unter Druck. Selbstvertrauen räumt Zweifel aus. Der Glaube an uns selbst ist der entscheidende Faktor, von dem es abhängt, ob wir unser Potenzial entfalten. Wer diese innere Kraftquelle anzapft, schafft die Basis für Höchstleistungen. Viele unserer Glaubenssätze stammen von externen Quellen: den Eltern, Lehrern, dem Partner, dem Vorgesetzten oder Freunden. Oft übernehmen wir Einstellungen zu Liebe, Geld, Arbeit, Gesundheit, Beziehungen, Glück oder Erfolg völlig unreflektiert und teils unbewusst. Was wir für unsere Identität halten, stammt keinesfalls zu 100 % von uns. Doch je mehr Sie Ihre Einstellungen auf den Prüfstand stellen, desto näher kommen Sie Ihren wahren Motiven und Bedürfnissen – was Sie ausmacht, was Sie antreibt, was Sie lieben, was Sie erreichen wollen. Und das bildet das Fundament für den Glauben an sich selbst und das Vertrauen in die eigene Leistungsfähigkeit.

Soft Skills spielen eine entscheidende Rolle in unserem Leben. Doch welcher Schatz an Ressourcen jedem zur Verfügung steht, ist vielen nicht bewusst. Mit dem Aufkommen der Positiven Psychologie, Resilienzfoschung und der Glücksforschung sind die Ressourcen stärker ins Blickfeld geraten. Sich den positiven Eigenschaften, Talenten und besonderen Begabungen zu widmen, ist im besten Sinne förderlich. Darin begründet sich eine optimistische Sichtweise. Und diese lässt uns besser mit Herausforderungen umgehen, sorgt zudem für mehr Lebenszufriedenheit. Das hat nichts mit der berühmten rosaroten Brille zu tun. Glückliche Menschen tun nicht so, als ob die Welt perfekt wäre. Sie stellen sich den Herausforderungen in ihrem Leben, aber lassen sich nicht davon abbringen, glücklich zu sein. Jeder wird im Leben mal mit Krankheit, Arbeitslosigkeit oder einem Todesfall konfrontiert. Probleme gehören dazu. Doch wir kommen besser damit zurecht, wenn wir trotz allem an all die positiven Ereignisse und Erfolgserlebnisse denken. Wir können die Faktoren, die unser Glücksempfinden steuern, beeinflussen, durch das Denken und auch durch unser Umfeld. Was wollen Sie wirklich im Leben erreichen? Die richtigen Fragen zu finden, ist wichtiger, als vorschnelle Antworten zu geben. Wir sind die Schöpfer unserer Realität. Durch unsere Umgebung und unsere Beziehungen können wir unser Umfeld verändern und Glück schaffen. „Wer ein erfülltes Leben führen will, sollte Ziele verfolgen, die mit persönlichem Wachstum, zwischenmenschlichen Beziehungen und Beiträgen zur Gesellschaft verbunden sind, also Ziele, die es uns ermöglichen, unsere psychischen Grundbedürfnisse nach Autonomie, Kompetenz und Zugehörigkeit am besten zu befriedigen, anstatt Ziele wie Geld, Schönheit und Popularität" (Ben-Shahar 2010).

Vielleicht klingt Ihnen das zu realitätsfern oder zu allumfassend. Aber seine Stärken optimal einzusetzen ist etwas, das jeden glücklich macht. Als Führungskraft profitieren Sie davon, dass Ihre Mitarbeiter, wenn ihre Stärken gewürdigt werden, produktiver arbeiten. Und für Sie selbst ist der Gewinn auch nicht zu unterschätzen: „Wer etwas dafür tut, glücklicher zu werden, fühlt sich nicht nur subjektiv besser, sondern hat auch mehr Energie, ist kreativer, stärkt sein Immunsystem, festigt seine Beziehungen, arbeitet produktiver und erhöht seine Lebenserwartung" (Lyubomirsky 2008). Den positiven Effekt des Glücksgefühls auf die eigene Gesundheit weisen mittlerweile diverse Studien nach. Es ist erwiesen, dass glückliche Menschen fünf bis zehn Jahre länger leben, seltener und weniger schwer krank werden und schneller wieder gesunden (vgl. Esch 2014). Die Harvard Business Review widmete sich 2012 dem Thema Glück, weil Untersuchungen aus den Bereichen der Neurobiologie, der Psychologie und aus den Wirtschaftswissenschaften eines deutlich machten: Es gibt einen Zusammenhang zwischen glücklichen Mitarbeitern und Produktivität (Harvard Business Review 2012).

Mit diesem Buch möchte ich Sie dahin führen, den Blick auf sich und andere positiv zu verändern und weiterzuentwickeln. Ich möchte Ihnen Möglichkeiten zeigen, mehr Kontrolle über Ihr Unterbewusstsein zu gewinnen und Gedankenhygiene zu praktizieren, damit Sie, überspitzt nach Vera F. Birkenbihl formuliert, vom Gehirnbesitzer zum Gehirnnutzer werden. Ich möchte Ihnen erklären, warum es wichtig ist, seine Ziele klar zu definieren und zu überprüfen. Wir widmen uns dem Umgang mit Emotionen, mit Versagensängsten, mit Stress, mit Widerständen, Fehlern, Rückschlägen und Konflikten. Ich stelle Ihnen

Rituale und Routinen vor, die Ihr Selbstmanagement im Alltag unterstützen. Und selbstverständlich erhalten Sie einen Überblick über die wichtigsten Techniken im Mentaltraining, die – regelmäßig praktiziert – für emotionale und mentale Stärke sorgen. Dabei gewähre ich Ihnen Einblicke in meine Praxis am Beispiel themenrelevanter Fälle. Als Mental Coach und Dozentin bin ich in den Bereichen Business, Gesundheit und Sport tätig. Deshalb kommen in diesem Buch gleichermaßen Spitzensportler und Top-Manager in Interviews zu Wort, die Stellung nehmen zu Fragen der Führungsarbeit, der Selbstführung oder der Motivation.

Business und Spitzensport haben vieles gemeinsam, deshalb übertrage ich des Öfteren Erkenntnisse aus meiner Arbeit mit Spitzensportlern in die Welt der Wirtschaft. Erfolgreiche Top-Athleten stellen im entscheidenden Moment der Höchstleistung vor allem ihre mentale Stärke unter Beweis, mit der sie scheinbare körperliche Grenzen überwinden. Dazu zählen z. B. der Tennisprofi Roger Federer, der ehemalige Extremsportler Wolfgang Mader, der frühere Weltklasse-Skispringer Sven Hannawald, die deutsche Fußballnationalmannschaft während der WM 2014 oder auch die siegreiche Extremläuferin Anne-Marie Flammersfeld. Viele der Themen im Mentaltraining, die für Sportler sehr relevant sind, haben auch für Ihr Vorankommen eine entscheidende Bedeutung. So werden Sie in diesem Buch mehr erfahren zur Definition von Zielen, Zielklarheit und Leidenschaft, zur Konzentration aufs Wesentliche, zum Umgang mit Emotionen, zum Energiemanagement und zur Regeneration, zur Siegermentalität, zum Lernen aus Misserfolgen, zur Visualisierungskraft, zu Unterstützern, zur Kommunikation mit sich selbst (innere Ansprache), zur Erfolgskontrolle, zum Abbau von Ängsten, zur Überwindung von Widerständen, zur Selbstregulation, zum Training der Selbstwahrnehmung, zur Willenskraft und zu Motivatoren.

Literatur

Akademie-Studie (2009) Führungsrollen – Beruf und Berufung deutscher Manager. Akademie für Führungskräfte der Wirtschaft, Überlingen, S. 12.
Ben-Shahar, T., (2010) Glücklicher. Goldmann Verlag, München, S. 113.
Eberspächer, H., (2004) Mentales Training. Das Handbuch für Trainer und Sportler. Copress Sport Verlag, München, S. 73.
Esch, T., (2014, 2. Aufl.) Die Neurobiologie des Glücks – Wie die Positive Psychologie die Medizin verändert. Verlag Thieme, Stuttgart u. a., S. 28.
Hapke, U., Maske, U., Busch, M., Schlack, R., Scheidt-Nave, C. (2012) Stress, Schlafstörungen, Depressionen und Burn-out – Wie belastet sind wir? DEGS Studie zur Gesundheit Erwachsener in Deutschland, Präsentation DEGS 1-Symposium, 14.6.2012, Robert Koch-Institut Berlin.
Harvard Business Review (2012) The Science behind the Smile. Interview mit Harvard-Psychologieprofessor Daniel Gilbert. In: *HBR*, The Value of Happiness. How employee well-being drives profits, Januar/Februar 2012, S. 77.
Heidenreich, M., Zirra, S. (2012) Eine Welt in schnellem Wandel. Dossier. Bundeszentrale für politische Bildung. http://www.bpb.de/politik/grundfragen/deutsche-verhaeltnisse-eine-sozialkunde/138691/eine-welt-in-schnellem-wandel. Zugegriffen: 28. Mai 2014.

Loehr, J. (1991) Persönliche Bestform durch Mental-Training für Sport, Beruf und Ausbildung, BLV Verlagsgesellschaft, München.

Lyubomirsky, S. (2008) Glücklich sein. Campus Verlag, Frankfurt, S. 35 ff.

Peters, B. et al (2012) Führungsspiel. Ariston Verlag, München, S. 115–118.

Regional Fernsehen Oberbayern (rfo), Interview mit Wolfgang Mader, 24.04.2014. http://www.rfo. de/mediathek/33905/Extremsportler_Wolfgang_Mader_5000_Kilometer_in_12_Tagen.html. Zugegriffen: 20. Juni 2014.

Vašek, T. (2013) Die Trennung von Arbeit und Leben ist Bullshit. Zwischenruf. Spiegel online. http://www.spiegel.de/karriere/berufsleben/zwischenruf-von-thomas-vasek-work-life-balnce-ist-bullshit-a-930711.html. Zugegriffen: 10. Januar 2014.

Zerlauth, T. (2000) Sport im State of Excellence: Mit NLP & mentalen Techniken zu sportlichen Höchstleistungen. Junfermann, Paderborn, S. 26.

Das Gehirn: Möglichkeiten und Grenzen

2

Je mehr wir darüber wissen, unter welchen Bedingungen im Gehirn neue Verknüpfungen entstehen (und alte Verknüpfungen geschwächt werden), desto schneller und wirksamer können erwünschte Veränderungen erreicht werden. Wie in der Einführung bereits erwähnt, funktioniert unser Kopf wie ein Bio-Computer. Er kann weit mehr als herkömmliche Rechner und ist noch lange nicht abschließend erforscht. Doch eines ist schon heute gewiss: Wer seinen Bio-Computer mit der richtigen Software ausstattet, kann in Stresssituationen auf unterstützende Programme zurückgreifen. Wer seinen Kopf vorab optimal programmiert und diese mentale Software regelmäßig aktualisiert, wird in Zeiten besonderer Herausforderungen davon profitieren, dass automatisch gute, hilfreiche Programme abgerufen werden können. Ihr Unterbewusstsein ist wie die Festplatte eines Computers. Sämtliche Gedanken, Worte und Bilder sind dort wie ein Programm abgespeichert. Das Unterbewusstsein akzeptiert jede Information, die es erhält. Es reagiert auf das, was ihm eingegeben wird – nicht mehr und nicht weniger. Der Verstand ist der Filter. Er entscheidet, was er glaubt und was nicht, je nach bereits einprogrammierten Lebenserfahrungen. Wenn Ihr Verstand etwas für wahr hält – selbst wenn es falsch ist –, wird Ihr Unterbewusstsein es als im unternehmerischen Miteinanderwahr akzeptieren und sich anschicken, die entsprechenden Resultate zu veranlassen (vgl. Heimsoeth 2012).

Ein Beispiel: Wer am Abend vor einer wichtigen Präsentation denkt: „Hoffentlich scheitere ich morgen nicht", leistet dem Versagen Vorschub, weil sein Denken von Versagensangst beherrscht wird. Das liefert dem Gehirn Bilder von Versagen, welche es als Anweisung versteht. Damit droht die selbsterfüllende Prophezeiung („self-fulfilling prophecy"). Stellen Sie sich hingegen vor, wie Sie bravourös Ihren Vortrag halten und die Zuhörer begeistern, hat das Schaffen solcher Bilder vor dem geistigen Auge unterstützende Wirkung. Ihr Unterbewusstsein wird alles tun, um Ihre Vorstellung real werden zu lassen. Auf die Kraft innerer Bilder und Dialoge gehe ich in den Kap. 6 und 12 noch detailliert ein.

A. Heimsoeth, *Kopf gewinnt!*, https://doi.org/10.1007/978-3-658-36131-0_2

Mit mentalen Techniken lassen sich alte, negative, limitierende, selbstzerstörerische Programme auf der Festplatte des Unterbewusstseins löschen und überschreiben. Wenn wir uns der Arbeitsweise des Gehirns bewusst sind, dann liegt es bei uns, womit wir es programmieren. Ihrem Unterbewusstsein ist es gleichgültig, woher diese Programmierung kommt oder wie es sie erhält. Es wird weiterhin einfach die Informationen akzeptieren, die ihm zugeführt werden – Sie gewinnen, wenn Sie darauf achten, dass die eingespeisten Informationen für, und nicht gegen, Sie arbeiten.

2.1   Die Rolle des limbischen Systems

Wie genau wir uns selbst und die Umwelt wahrnehmen, wie wir kommunizieren und Informationen verarbeiten und interpretieren, hat großen Einfluss auf unser Verhalten und Handeln. Sinnesreize von außen landen zunächst im limbischen System und lösen instinktive Emotionen und Reaktionen aus. Das geschieht vor einer Analyse durch das Großhirn. Das limbische System, eine Funktionseinheit im Gehirn, verarbeitet unsere Emotionen, reguliert die Stimmungslage und Leistungsbereitschaft. Eine der Hauptbestrebungen des limbischen Systems ist, Schmerz, Unannehmlichkeiten und Angst zu vermeiden, stattdessen Belohnungen und gute Gefühle zu erlangen – es ist auf Genuss ausgerichtet. Die Emotionszentren im limbischen System sind von enormer Bedeutung für die Verhaltenssteuerung, Bewertung (gut/schlecht) und Entscheidungsfindung. Mit anderen Worten: Das limbische System sitzt am Steuerpult unseres Verhaltens und an dem anderer. „Mittels Körpersprache kommuniziert es sehr unmittelbar, wie man sich fühlt und welche Gefühle man anderen gegenüber hegt: also wie Herz und Verstand ticken. […] Und es reagiert auch umgekehrt sofort auf jede empfangene Botschaft. Wenn uns jemand also einen bösen Blick zuwirft oder sich von uns abwendet, ist es das limbische System, das uns auf dieses Signal hin großes Unbehagen empfinden lässt" (Navarro 2014).

Doch das limbische System kann die sachlichen Einzelheiten des Geschehens nicht genau erfassen, es wird der Komplexität einer Situationsbeurteilung nicht gerecht. Dafür wird ein anderer Teil des Gehirns, der präfrontale Cortex, hinzugezogen, wo Verstand und Vernunft zuhause sind. Aber: Das limbische System hat das erste Wort beim Entstehen unserer Wünsche und Zielvorstellungen. Und das letzte Wort „bei der Entscheidung darüber, ob das, was sich Vernunft und Verstand als beste Lösung ausgedacht haben, auch wirklich so und jetzt und nicht anders getan werden soll" (Roth 2007).

Wichtig für Sie als Führungskraft ist, zu wissen, dass die Hirnphysiologie eine große Rolle spielt im unternehmerischen Miteinander. Wenn Sie ressourcenorientiert mit sich, Ihren Mitarbeitern und dem Unternehmen umgehen, ernten Sie Erfolge. Ihr Handeln sollte von Klarheit, Empathie, Geduld, Gelassenheit und Zuversicht geprägt sein. Leben Sie an Einsatz, Begeisterung und Verbundenheit vor, was Sie sich von Ihrem Team wünschen. Schaffen Sie positive Reize für das Gehirn Ihrer Mitarbeiter. Schenken Sie Vertrauen und Anerkennung, damit das Angstzentrum Ihrer Mitarbeiter Ruhe bewahrt.

2.2   Neuroplastizität

Ein entscheidender Einschnitt in der Hirnforschung war die Entdeckung, dass das Gehirn die Eigenschaft hat, lebenslang bis ins hohe Alter seine neuronalen Strukturen fortlaufend zu verändern. Diese Eigenschaft nennt sich Neuroplastizität oder neuronale Plastizität. Das Prinzip der Neuroplastizität: Lernen ohne Ende. Für die Art und Weise der Veränderungen im Gehirn gilt: Je häufiger wir Nervenverbindungen benutzen, desto mehr stärken wir ihre Effektivität. Lernen wir etwas, vermehren sich die Verbindungen zwischen zwei Nervenzellen. Das geschieht, indem Gene in den Nervenzellen aktiviert werden, die weitere Proteine bilden, um neue Verbindungen zu formen. Sogenannte Neurotransmitter (von altgriech. „neuron" = Sehne und lat. „transmittere" = hinüber schicken, übertragen) übertragen an chemischen Synapsen die Erregung von einer Nervenzelle auf eine andere. Wir wissen nun, dass die Gedanken die Struktur unseres Gehirns verändern können, doch wie das genau funktioniert, ist noch nicht vollständig erforscht. Schätzungen zufolge besteht das menschliche Hirn aus etwa 100 Milliarden Nervenzellen, die über schätzungsweise 100 Billionen Synapsen miteinander verbunden sind. Das ergibt eine schier unermessliche Zahl von Verknüpfungen, die Informationen weiterleiten können. Dieses Potenzial besteht bis in hohe Alter.

Vom neuronalen Trampelpfad zur neuronalen Autobahn

Werden neue Nervenzellenverbindungen regelmäßig benutzt, wachsen sie. Stellen Sie sich die Verstärkung von Nervenverbindungen wie das Trainieren eines Muskels vor. Wenn Sie regelmäßig im Fitness-Studio bestimmte Muskelgruppen trainieren, werden sie ausgeprägter und kräftiger. Das Gleiche geschieht mit häufig genutzten Nervenbahnen, sie verstärken sich. Auf diese Weise wird aus einem neuronalen Trampelpfad eine neuronale Autobahn (nach Franz Hütter). Ein Gedanke, eine Überzeugung oder eine Zielformulierung werden also umso mächtiger, je häufiger Sie deren mentalen Pfade beschreiten. Das bedeutet für neue angestrebte Muster, sie häufig abzurufen, um sie zu stärken. Gleichzeitig gilt für alte problematische Muster, die anfangs noch einer neuronalen Autobahn gleichen, sie zu Trampelpfaden verkümmern zu lassen, indem Sie sie nicht mehr abrufen. Wenn wir Muster ändern, ändert sich der neuronale Straßenatlas in unserem Kopf. Lösungs- und Ressourcenorientierung ergeben sich aus den Gesetzen der Neuroplastizität. Informationen sind im Gehirn in Form von neuronalen Netzen abgelegt. Der Entdecker der synaptischen Plastizität, der kanadische Psychologe Donald Olding Hebb, stellte eine Regel zum Zustandekommen des Lernens in neuronalen Netzwerken auf, bekannt als die Hebb'schen Gesetze (Hebb 1949):

1. Häufig genutzte Verknüpfungen werden verstärkt.
2. Selten genutzte Verknüpfungen werden geschwächt oder abgebaut.

Aufmerksamkeit – eine Mischung aus Scheinwerfer und Staubsauger
Je nachdem, was wir an Erfahrungen sammeln, bilden sich entsprechende Strukturen (neuronale Netzwerke) in unserem Nervensystem. „All das, was wir als Glück, Freude, Trauer und Angst empfinden, kann die Struktur unsere neuronalen Netzwerke verändern. (…) Unsere Aufmerksamkeit ist wie eine Mischung aus Scheinwerfer und Staubsauger: Sie rückt Dinge in den Fokus und saugt sie anschließend ins Gehirn – mit allen Vor- und Nachteilen" (Hanson 2013). Mit anderen Worten: Die Dinge, denen wir unsere Aufmerksamkeit schenken, sind jene Dinge, die unser Denken beschäftigen und die Struktur unseres Gehirns formen. Und das wiederum beeinflusst in erheblichem Maße unsere innere Haltung: „Wessen Geist sich permanent mit überzogener Selbstkritik und Kritik an anderen, Sorgen, Kränkungen und Stress beschäftigt, dessen Gehirn wird sich dem anpassen und zu größerer Reaktivität, einer Anfälligkeit für Ängste und Niedergeschlagenheit, einem verengten Fokus auf Bedrohungen und Verluste sowie einem Hang zu Zorn, Trauer und Schuldgefühlen neigen" (Hanson 2013). Besinnen wir uns hingegen jeden Tag aufs Neue auf das Gute in unserem Leben, mit Dankbarkeit und Zuversicht, mit Stolz auf vollbrachte Leistungen und machen uns unsere Stärken bewusst, dann schaffen wir auch hier eine entsprechende Struktur, die uns langfristig zu einer positiven Grundeinstellung verhilft – und die unterstützt uns eben auch dann, wenn das Leben uns vor Herausforderungen stellt, ob beruflich oder privat. Nehmen Sie Einfluss auf Ihre Strukturen, indem Sie steuern, wem oder was Sie Aufmerksamkeit schenken. Verharren Sie nicht in negativen Gedanken und Gefühlen, richten Sie den Blick stattdessen zügig wieder nach vorn, sonst leisten Sie der Ausbildung hinderlicher Strukturen Vorschub.

Selbstgesteuerte Neuroplastizität
Der US-amerikanische Psychiatrie-Professor Jeffrey M. Schwartz prägte den Begriff der selbstgesteuerten Neuroplastizität. Nach Schwartz' Auffassung können wir lernen, die Reaktionsweise unseres Gehirns zu verändern, indem wir unsere Aufmerksamkeit gezielt ausrichten. „Wir wählen aus, auf welchen Teil unserer Erfahrung wir uns konzentrieren. Wir entscheiden, welche Teile uns packen und kontrollieren (…) oder ob wir sie loslassen" (Schwartz und Begley 2003). Die Reaktionsweise unseres Gehirns bei der Verarbeitung von Erfahrungen zu kontrollieren, ist indes eine Herausforderung. Denn Studien haben gezeigt, dass unser Gehirn stärker auf einen negativen Stimulus als auf einen ebenso intensiven positiven Stimulus reagiert. Hat man zum Beispiel eine einzige schlechte Erfahrung mit einem Hund gemacht, so erinnert man sich daran lebhafter als an hundert gute Erfahrungen. Anders gesagt: Wir lernen mehr aus Schmerz als aus Freude und erinnern uns auch leichter an schlechte, schmerzvolle Erfahrungen als an erfreuliche, positive Erfahrungen. Weil unser Fokus von Natur aus stärker auf das Negative ausgerichtet ist im Sinne einer rechtzeitigen Gefahrenabschätzung, sind wir auch in Beziehungen davon beeinflusst. Im Allgemeinen braucht es fünf positive Interaktionen des Gegenübers, um eine von mir als negativ empfundene Interaktion des Gegenübers in meiner Wahrnehmung wieder auszugleichen. Hand aufs Herz: An wie viel Gutes erinnern Sie sich bei Ihrem Mitarbeiter XY und wie schnell fällt Ihnen ein Fauxpas oder Fehler desjenigen ein? Und woran erinnern

Sie sich am Ende eines Tages? An zehn Dinge, die gut gelaufen sind, oder an eine Sache, die schief ging? Fakt ist: Was wir erinnern, prägt unsere Erwartungshaltung, unsere Glaubenssätze, unsere Handlungsstrategien und Stimmungen (vgl. Hanson 2010).

Was hilft, ist, nach dem Guten zu suchen, es wahrzunehmen und sich davon berühren zu lassen. Klingt Ihnen zu „gefühlsduselig"? Dieses Vorgehen hat aber einen handfesten Hintergrund: Je länger wir etwas Aufmerksamkeit schenken und je stimulierender es emotional ist, desto mehr Neuronen werden aktiviert und vernetzen sich. Und das bedeutet, dass die Erinnerung an das Gute tiefer verankert wird und Ihre Haltung positiv beeinflusst (vgl. Hanson 2010). Das unterstützt nicht nur Ihr Handeln, sondern auch z. B. Ihre Stressbewältigungsstrategien – das Glück wohnt in Ihnen, Sie machen sich unabhängiger vom Außen, was Ihre eigene Stimmung und Ihre Überzeugungen angeht.

Einen Speicher aus positiven Erfahrungen aufbauen
Um unser Gehirn zum Guten zu verändern, rät Rick Hanson, ein halbes Dutzend Mal am Tag an positive Erfahrungen zu denken, jeweils 30 Sekunden lang. Das kann entweder geschehen, während Sie Alltägliches erledigen oder wenn Sie zur Ruhe kommen, auch kurz vor dem Einschlafen, wenn das Gehirn besonders empfänglich ist. Sie können die Übung durch die Visualisierung eines bestimmten Bildes unterstützen, z. B. indem Sie sich goldenen Sirup vorstellen, der in Sie hineinfließt, oder ein Juwel, das Sie in die Schatzkiste Ihres Herzens legen (vgl. Hanson 2010). Durch diese bewusste Aufmerksamkeit bauen Sie allmählich einen Speicher aus positiven Erfahrungen auf und schaffen so die wichtigste Voraussetzung für gute Laune.

2.3 Emotionen als Basis von Veränderung

Unser Gehirn kann sich also lebenslang umstrukturieren. Doch was gibt dafür den Ausschlag? Schlechte Nachricht: Es sind nicht die vielbeschworenen Zahlen, Daten, Fakten, mit denen wir unseren neuronalen Straßenatlas ausbauen. Vielmehr sorgen Emotionen und unser Unterbewusstsein für die Initialzündung beim „Straßenbau". Wenn wir uns freuen, aber auch ärgern, uns wundern, wenn wir lachen oder uns mitreißen lassen (vgl. Abb. 2.1), wachsen neue Kontakte zwischen Nervenzellen. Das bedeutet im Umkehrschluss: Wird eine Veränderung ohne Aktivierung der emotionalen Zentren im Gehirn herbeigeführt, berührt sie den Menschen nicht und ist in der Regel nur von vorübergehender Natur. Wollen Sie Ihre Mitarbeiter in Bewegung halten und von Neuerungen überzeugen, dann ist es wichtig, angenehme Empfindungen, gute Laune, Freude und Begeisterung zu wecken. Eine Aktivierung der emotionalen Zentren im Gehirn führt zu einer Ausschüttung neuroplastischer Botenstoffe wie Dopamin – die Energiedroge des Körpers – und Endorphine. Diese wirken wie Dünger für die Gehirnzellen. Begeisterte Mitarbeiter lernen leichter Neues, sind eher bereit für Veränderungen und das Erschließen von Neuland. Der Hirnforscher Gerald Hüther, Leiter der Zentralstelle für Neurobiologische Präventionsforschung der Universitäten Göttingen und Mannheim/Heidelberg, sagt dazu: „Das schönste Gefühl,

Abb. 2.1 Emotionen. (© alphaspirit/Fotolia.com)

das man bei einer neuen Erfahrung haben kann und was am besten geeignet ist, diese Erfahrung im Gehirn zu verankern, heißt Begeisterung. Solange sich Menschen noch für
etwas Neues begeistern können, verändert sich ihr Gehirn auch dann noch, wenn sie stei-
nalt geworden sind" (Wengel 2009). Doch wie erzeugen Sie bei Ihrem Team jene Glücksgefühle, die beflügeln und eine Weiterentwicklung begünstigen? Wie emotionalisiere ich?

„Gute Führungskräfte sprechen unsere Gefühle an. Sie wecken unsere Leidenschaft
und bringen uns dazu, unser Bestes zu geben. Wenn wir zu erklären versuchen, warum sie
so effektiv sind, sprechen wir von Strategie, Vision oder überzeugenden Ideen. Doch in
Wirklichkeit geht es um etwas viel Grundlegenderes: um emotional intelligente Führung"
(Goleman 1997). Ein hohes Maß an emotionaler Intelligenz im Umgang mit sich selbst,
sich also selbst sehr gut führen zu können (Selbstmanagement), ist Voraussetzung für die
Fähigkeit, auch andere Menschen „emotional intelligent" führen zu können (vgl. Goleman 1997).

Emotionale Führung lehrt Sehnsucht

Gelingt es Ihnen, Ihre Mitarbeiter im Innersten zu berühren mit den an sie gestellten Aufgaben und den angestrebten Zielen, so werden Sie Leidenschaft, Hingabe und Engagement ernten. Emotionale Führung braucht Beständigkeit und Berechenbarkeit. Dazu gehört, sich selbst und anderen Aufmerksamkeit entgegenzubringen. Vertrauen und Zutrauen innerhalb des Teams sowie wechselseitig zwischen Ihnen und Ihren Mitarbeitern zählen ebenso dazu. Mit Zuwendung, sozialer Akzeptanz, Wertschätzung und Anerkennung lösen Sie die Ausschüttung des Vertrauens- und Kooperationshormons Oxytocin aus. Oxytocin sorgt dafür, dass wir anderen Menschen vertrauen können und kooperationswillig sind. Hinzu kommen Wohlfühlbotenstoffe wie die körpereigenen Opioide. Sie bewirken, dass wir uns wohlfühlen in unserem Körper (vgl. Bauer 2013).

Im Sportbereich erzeugen z. B. so genannte Motivationsposter (ähnlich der Zielcollage, siehe Abschn. 8.5) oder Jubel-Poster eine solche Emotionalisierung. Der ehemalige Hockeynationaltrainer Bernhard Peters arbeitete u. a. mit einem Foto, das den Spieler, seine Stärken und den Weltpokal zeigte. Auch der Teampsychologe der deutschen Fußballnationalmannschaft, Hans-Dieter Hermann, setzt solche visuellen Mittel ein. Wenn Sie große Gefühlsmomente der letzten Jahre bei Ihren Mitarbeitern in Erinnerung rufen, schüren Sie die Sehnsucht nach weiteren Erfolgen.

Ich gehe sowohl mit Teams aus dem Sport- als auch aus dem Businessbereich gern in den Natur-Hochseilgarten. Beim Klettern und Lösen von Aufgaben in der freien Natur werden Emotionen freigesetzt, die viele in ihrem Leben nie wieder vergessen.

Bernhard Peters, der in diesem Buch noch öfters zu Wort kommen wird, hatte zur Vorbereitung der WM 2006 ein Poster mit dem jubelnden Europameister 2005, der spanischen Nationalmannschaft, angefertigt, über dem geschrieben stand: Wer soll jubeln am 17. September 2006? Dieses Poster hängte Peters in den Besprechungsraum zum ersten Meeting hinsichtlich der WM-Vorbereitung und jeder Spieler bekam das Poster mit nach Hause. Peters: „Ich wollte sie mithilfe dieses provozierenden Symbols, mithilfe der Gefühle, die sich daraus entwickeln sollten, animieren, die Mannschaft und den Erfolg der kommenden WM in Deutschland im Kopf und im Herzen zu tragen" (Peters et al. 2012). Erzeugen Sie Bilder im Kopf Ihrer Mitarbeiter, die sie für ein gemeinsames Ziel motivieren. Liefern Sie ihnen dafür die passenden Schlagworte wie „Wenn uns der Vorstand auf die Schulter klopft", „Quantensprung im Projekt XY, alle werden staunen", „Wir führen den Bereich an" etc. – das alles sind Ingredienzen für ein motivierendes Bild im Kopf Ihres Teams, das die Emotionen jedes Einzelnen anspricht und ihn lern- und leistungswillig macht. Denn Emotionen sind Teil unseres Verstandes und der Turbo auf dem Weg zur Höchstleistung.

Emotionen sind Kommunikationssignale. Sende ich sie aus, wünsche ich mir, dass sie auch wahrgenommen werden. Empfangen Sie als Chef ein emotionales Signal Ihres Mitarbeiters, geben Sie ihm Feedback: „Ich sehe, dass Sie unzufrieden sind, und ich kann mir vorstellen, dass meine Weisung XY nicht einfach für Sie ist." Dann weiß Ihr Mitarbeiter, dass seine Botschaft angekommen ist – das macht ihn noch nicht zufriedener, aber er fühlt sich wahrgenommen. Die Anerkennung von Emotionen geht nicht einher mit einer Zustimmung auf inhaltlicher Ebene. Sie werden Ihre Gründe für Weisung XY haben. Diese sollten Sie entsprechend transparent und nachvollziehbar kommunizieren. Und dabei dürfen Sie auch Einblick in Ihr Gefühlsleben gewähren – ein Chef, der Gefühle zeigt, berührt. Und Berührung heißt Verbindung. Und Verbindung bedeutet Miteinander.

Überraschende Gefühlsausbrüche sind dennoch fehl am Platze, wohldosierte Eskalationsstufen in den emotionalen Konsequenzen eines Handelns hingegen sind angebracht. Wollen Sie z. B. Ihren unpünktlichen Mitarbeiter zu einer Verhaltensänderung in Ihrem Sinne bewegen, ist es förderlich, Ihre Reaktion emotional anzureichern. Im ersten Schritt genügt es, der Kritik an der Unpünktlichkeit die Information hinzuzufügen, dass Sie Wert auf Pünktlichkeit legen. Im zweiten Schritt, bei wiederholter Unpünktlichkeit, können Sie bereits Einblicke in Ihr Gefühlsleben gewähren und mitteilen, dass Sie sich darüber ärgern. Im dritten Schritt können die gezeigten und geäußerten Emotionen noch intensiver werden. Damit erhöhen Sie den Handlungsdruck auf den Mitarbeiter, sein Verhalten zu ändern, denn Sie berühren ihn emotional und lösen damit „Dringlichkeit" im System aus. Wohlgemerkt, es geht hier nicht um unkontrollierte Wutausbrüche, aber der Ausdruck des eigenen Ärgers, mit Worten formuliert und mit ernstem Ton sowie runtergezogener Augenbraue unterstrichen, kann hier mehr ausrichten als mantramäßig wiederholte Ermahnungen.

2.4   Das Geheimnis der Spiegelneuronen

Die wichtigsten Quellen des Glücks sind neben echter Anerkennung, zwischenmenschlicher Beachtung und wohlmeinender Kritik soziale Akzeptanz und Wertschätzung. Und da kommen die Spiegelneuronen ins Spiel. Brennt in Ihnen das Feuer der Begeisterung und strahlen Sie das aus? Hören Ihnen Mitarbeiter gebannt zu? Können Mitarbeiter Ihre Begeisterung für ein neues Projekt spüren? Können Sie Mitarbeiter und Kunden davon überzeugen, dass Sie es schaffen werden? Wann hat das letzte Mal ein anderer Mensch Sie vollkommen überzeugt, so dass Sie keinerlei Zweifel hegten, dass da jemand für seine Idee brannte? Wir spüren die Überzeugung in unserem Gegenüber. Wie genau? Gähnen ist ansteckend. Das haben Sie sicher auch schon bemerkt? Woher kommt das? Die Antwort steckt in den Spiegelneuronen.

Im Jahr 1992 entdeckte ein Forscherteam der Universität Parma unter Führung des Italieners Giacomo Rizzolatti bei Versuchen mit Affen eher zufällig dieses Phänomen. Rizzolatti beobachtete, dass, wenn ein Affe nach einer Nuss griff, bestimmte Gehirnzellen aktiv wurden. Das Erstaunliche war jedoch, dass bei einem Affen, der selbst nicht nach einer Nuss griff, aber dem anderen Affen dabei zusah, die gleichen Gehirnzellen aktiviert wurden. Diese Beobachtung wurde systematisch erforscht. Das war die Entdeckung der Spiegelneuronen. Spiegelneuronen sind Nervenzellen, die nicht nur beim eigenen Handeln oder Fühlen aktiviert werden, sondern auch bei der Wahrnehmung einer Handlung, eines Gefühls oder eines Wortes mit entsprechender Bedeutung (Fabbri-Destro und Rizzolatti

2008). Der Psycho-Neuroimmuloge Joachim Bauer beschreibt „Spiegelzellen" als Neuronen, die feuern, wenn jemand anderes eine Handlung vollzieht: Im Gehirn des Beobachters feuern die gleichen Nervenzellen (Bauer 2005). Laut Prof. Dr. Dr. Manfred Spitzer müssten sie eigentlich Simulations- oder Empathieneuronen heißen, aber der Begriff „Spiegelneuronen" hat sich allgemein durchgesetzt.

Fehlendes Einfühlungsvermögen ist eine Ursache für inkompetentes Führungsverhalten und schlechte Verkaufsergebnisse. Empathie, also die Fähigkeit, sich in andere hineinzuversetzen und ihre Gefühle nachzuempfinden, beruht auf den Spiegelneuronen. Es feuern dieselben Neuronen, wenn wir etwas tun oder wenn wir jemand sehen, der es tut (durch Zuschauen lernen), wenn wir denken, jemand hätte es getan oder wenn wir denken, wir tun es (Vorstellung). Beim Menschen kommt noch zusätzlich die Sprache hinzu. Wenn wir hören, jemand habe es getan, feuern die Neuronen bereits. Oder wenn wir hören, jemand möchte es tun. Ihr Gehirn reagiert also auf die Handlungen Ihres Gegenübers, als ob Sie selbst handeln würden. Spiegelzellen verändern die Handlungsbereitschaft. Dabei können nicht nur beobachtete Handlungen, sondern auch Gefühlszustände, die ein anderer hat, z. B. Angst, im Beobachter eine Resonanz auslösen. Unser Gehirn geht in Resonanz auf das, was andere tun oder fühlen. Das betrifft Handlungen, Körperberührungen, Schmerz, den ich bei anderen sehe, und vegetative Zustände bzw. Reaktionen, z. B. Gähnen bei Müdigkeit (Bauer 2014).

Erzeugen Sie bei Ihrem Mitarbeiter eine Resonanz dank Ihrer Ausstrahlung, können Sie ihn „anstecken". Mit anderen Worten: Brennt in Ihnen das Feuer der Begeisterung und Sie strahlen das aus, entzünden Sie auch bei Ihren Mitarbeitern den Funken für einen emotionalen Flächenbrand. Spiegelzellen machen in den Köpfen Ihrer Mitarbeiter aus Beobachtung ein inneres Mit-Erleben. Schon der römische Philosoph, Politiker, Redner und Schriftsteller Cicero wusste: „In dir muss brennen, was du in anderen entzünden willst."

Aus der Gehirnforschung: Zurückweisung und soziale Ablehnung tun weh
Das menschliche Gehirn braucht soziale Akzeptanz. Die stärkste Motivationsdroge für den Menschen ist der andere Mensch. Deshalb ist die Anerkennung von anderen eine der stärksten Motivatoren für den Menschen. „Menschen sind in ihren zentralen Motivationen auf soziale Akzeptanz hin orientierte Wesen […] Insbesondere das Vertrauens- und Bindungshormon Oxytocin koppelt Motivation an die Qualität der Beziehung" (Bauer 2009). Wir sind also besonders gut zu motivieren, wenn wir etwas mit Menschen tun können, denen wir uns zwischenmenschlich verbunden fühlen.

Joachim Bauer sagt dazu: „Zu den wichtigsten Beobachtungen der modernen Neurowissenschaften gehört die Erkenntnis, dass zwischenmenschliche Beachtung, Zuwendung und die Erfahrung sozialer Akzeptanz das endogene Dopamin-System aktiviert" (Bauer o. J.). Dopamin ist einer der wichtigsten Botenstoffe im Körper. Ein Mangel dieses Neurotransmitters führt zu Depressionen und sogar zur Parkinson'schen Krankheit. Durch Dopamin werden wir angetrieben, können kreativ sein und spontan. Es ist quasi unsere Kreativitätsdroge. Unsere Konzentration ist geschärft. Es wirkt angstlösend und ruft

Glücksgefühle hervor. Die Auslösung angenehmer Gefühle durch Dopamin, so Bauer weiter, sei der Grund, „warum jedes Verhalten und jede Erfahrung, die mit der Freisetzung von Dopamin verbunden ist, auf das menschliche Verhalten einen motivierenden Einfluss ausübt" (Bauer o. J.)

Fehlen aufgrund Ihres Führungsverhaltens einem Mitarbeiter zwischenmenschliche Beachtung und Zuwendung, mangelt es ihm am Botenstoff Dopamin und das hat Konsequenzen auf seine Motivation und Freude an der Arbeit. Fehlende soziale Akzeptanz, Zurückweisung, z. B. in Form von Absagen, und Ignoranz verursachen einem Mitarbeiter „soziale" Schmerzen. Fühlt er sich von Ihnen zurückgewiesen, ist das – vom Gehirn aus betrachtet – körperlichen Schmerzen gleichzusetzen. Soziale Zurückweisung und körperlicher Schmerz ähneln sich nicht nur, weil sie beide Stress verursachen, sondern auch weil sie in denselben Hirnregionen – im Schmerzzentrum – verarbeitet werden, fanden US-amerikanische Psychologen an der University of Michigan heraus (Kross 2011). Soziale Ausgrenzung aktiviert also die neurobiologische Schmerzmatrix und begünstigt Aggression oder Depression.

Soziale Zuwendung, Aufmerksamkeit, Verständnis für sich selbst und andere wirken sich positiv auf unser Schmerzzentrum aus, sie tun einfach gut. Verstehen Sie mich nicht falsch. Als Führungskraft können Sie Ihre Mitarbeiter nicht ständig in Watte packen. Sie werden manche Entscheidung fällen, die dem einen oder anderen weh tun wird. Die Kunst ist es, die damit einhergehende Zurückweisung möglichst „sanft" zu gestalten. Je bedächtiger Sie Ihre Worte wählen, umso weniger leidet der betroffene Mitarbeiter und umso schneller ist er wieder einsatzbereit, also produktiv. Über die Sprache können Sie auch hier das Schmerzzentrum besänftigen: Vermeiden Sie Vorwürfe, sondern sprechen Sie von sich, von Ihren Beweggründen und Ihrer Situation. Damit helfen Sie Ihrem Mitarbeiter, sich weniger herabgesetzt zu fühlen (vgl. Spitzer 2012).

„Use it or lose it"
Nicht gebrauchte Neuronen sterben mit zunehmendem Alter ab. Nicht benutzte Synapsen gehen zugrunde. Den neurobiologischen Sinn von intensivem Üben begründet der deutsche Psychologie-Professor Jörg Baur fachlich so: „Das Gehirn lernt nach dem Prinzip „Use it or lose it"." (vgl. Gesetz der Neuroplastizität). Auf der Grundlage dieses Prinzips des wiederholten, im besten Falle emotional positiv unterlegten Einübens erfolgen der Aufbau und die Stabilisierung kompetenzorientierter (…) Netzwerke. Je häufiger sie aktiviert werden, desto eher verstärken sie sich selbst (…), desto schneller und effektiver können sie abgerufen werden. Ist eine erwünschte Reaktion häufig genug eingeübt und ist dadurch deren zugrunde liegendes neuronales Erregungsmuster gebahnt, erfolgt der Abruf der erwünschten Reaktion mit der Zeit automatisiert (…). Das Erlernen und Automatisieren eines neuen neuronalen Erregungs- und Verhaltensmusters benötigt also Zeit, Übung, Geduld und Ausdauer" (Baur 2010).

Literatur

Bauer; J. (2005): Warum ich fühle, was Du fühlst. Intuitive Kommunikation und das Geheimnis der Spiegelneurone. Hoffmann u. Campe, Hamburg, S. 24 ff.

Bauer, J. (2009) Erziehung als Spiegelung. Die pädagogische Beziehung aus dem Blickwinkel der Hirnforschung. In: Herrmann, U. (Hrsg.): Neurodidaktik. Grundlagen und Vorschläge für gehirngerechtes Lehren und Lernen, 2., erw. Auflg., Beltz, Weinheim, S. 109–115.

Baur, J. (2010) Neurowissenschaften und Supervision – ein Überblick. In: Knopf, W., Walther, I. (Hrsg.) Beratung mit Hirn, Neurowissenschaftliche Erkenntnisse für die Praxis von Supervision und Coaching.facultas.wuv Universitätsverlag, Wien, S. 31–32.

Bauer, J. (2013) Arbeit als Quelle von Glück und Krankheitsrisiko, Teil 1. Interview mit ORF Radio Voralberg in der Reihe „Focus", 11.10.2013. http://vorarlberg.orf.at/radio/stories/2608682/. Zugegriffen: 21. Oktober 2014.

Bauer, J. (2014) Kongress „Update on Positive Psychology" in Berlin, 12. bis 13. Juli 2014. Vortrag Bauer am 12. Juli 2014, 11 Uhr: „Das Glück und die Hirnforschung".

Bauer, J. (o. J.) Das Glück und die Hirnforschung. Glücksquelle Mitmensch: Eine neurowissenschaftliche Perspektive. Universitätsklinik Freiburg, o. J., S. 4. http://www.seligmaneurope.com/files/bauer_2_2014.pdf. Zugegriffen: 25. November 2014.

Fabbri-Destro, M., Rizzolatti, G. (2008) Mirror neurons and mirror systems in monkeys and humans. In: *Physiology (Bethesda)* 23, S. 171–179.

Goleman, D. (1997) EQ. Emotionale Intelligenz. dtv, München.

Hanson, R. (2010) Just 1 Thing – So entwickeln Sie das Gehirn eines Buddha. Arbor Verlag, Freiburg.

Hanson, R. (2013) Denken wie ein Buddha. Gelassenheit und innere Stärke durch Achtsamkeit. Irisiana, München, S. 30.

Hebb, D.O. (1949) The organization of behavior. A neuropsychological theory. Wiley, New York, NY.

Heimsoeth, A. (2012) Golf Mental: Erfolg durch Selbstmanagement. Verlag pietsch, Stuttgart, S. 19.

Kross, E. (2011) Study illuminates the „pain" of social rejection. Ann Arbor, Michigan, U.S. http://home.isr.umich.edu/releases/study-illluminates-the-pain-of-social-rejection/. Zugegriffen: 19. Juli 2014.

Navarro, J. (2014) Die Körpersprache des Datings. mvg Verlag, München, S. 5.

Peters, B. et al (2012) Führungsspiel. Ariston Verlag, München, S. 76–77.

Roth, G. (2007) Wie wir funktionieren: Verstand oder Gefühle – wie das Gehirn unser Verhalten steuert. In: index 4/2007, S. 46–55.

Schwartz, J., Begley, S. (2003) The Mind and the Brain: Neuroplasticity and the Power of Mental Force. Regan Books, New York.

Spitzer, M. (2012) Soziale Schmerzen. Warum Sie auch weh tun und was daraus folgt. In: Bertram, W. (Hrsg.), Das (un)soziale Gehirn. Wie wir imitieren, kommunizieren und korrumpieren, Schattauer Verlag, Stuttgart, S. 121–131.

Wengel, A. (2009) Interview mit Prof. Gerald Hüther: Die Entwicklung des kindlichen Gehirns (16.06.09). http://www.planet-wissen.de/alltag_gesundheit/psychologie/emotionen/interview_huether.jsp. Zugegriffen: 21. Oktober 2014.

Interview mit Rita König-Römer: „Glaube, Zuversicht und die Liebe, wozu für mich auch die Leidenschaft zählt, machen die Mentalität eines Siegers aus"

3

Fotograf: Herr Betuker

© Springer Fachmedien Wiesbaden GmbH, ein Teil von Springer Nature 2022
A. Heimsoeth, *Kopf gewinnt!*, https://doi.org/10.1007/978-3-658-36131-0_3

Bereits in der Kaderschmiede von Satu Mare, ihrem rumänischen Geburtsort, zeigte sich das Talent von Rita König-Römer, Jahrgang 1977, im Florettfechten. Als sie beim Ausbruch der Revolution mit ihrer Familie 1989 nach Deutschland flieht, wird Tauberbischofsheim, die Hochburg des Fechtsports, ihre neue Heimat. Fechttrainer Emil Beck erkennt das Talent der jungen Rita: „Sie ist ein Rohdiamant, der nur noch geschliffen werden muss." 1995 wird sie Juniorenweltmeisterin im Einzel, in den nächsten Jahren folgen zahlreiche Titel in Einzel- und Mannschaftsdisziplinen bei Europa- und Weltmeisterschaften. Vier Jahre nach ihrem Gewinn der Silbermedaille im Einzel und der Bronzemedaille mit der Mannschaft bei den Olympischen Spielen in Sydney beendet die 28-fache Deutsche Meisterin 2004 ihre sportliche Karriere als aktive Fechterin. Der Sport begleitet dennoch weiter ihr Leben: nicht nur als ehemalige Landestrainerin beim TG Würzburg, sondern auch als Geschäftsführerin der Sport-Marketing Tauberbischofsheim GmbH. Nach ihrem Studium des Sportmarketing-Managements verantwortet sie seit 2014 die Vermarktungsagentur des erfolgreichsten Fechtvereins der Welt, des Fechtklubs Tauberbischofsheim e. V.

▶   Welchen geschätzten prozentualen Anteil hat mentale und emotionale Stärke an Ihren sportlichen Erfolgen?

Wenn ich das einschätzen darf, liegt dieser Anteil beim Fechten bei 80 %. Gerade die mentale Herausforderung ist in einer Kampfsportart wie dem Fechten ausschlaggebend für Sieg oder Niederlage. Das setzt natürlich voraus, dass man über sehr gute Kenntnisse in der Sportart verfügt und körperlich topfit ist. Trotzdem gibt es viele Trainingsweltmeister, die dann im echten Wettkampf nicht bestehen können.

▶   Wie bekommen/bekamen Sie (Kopf-)Probleme in den Griff?

Der Kopf muss frei sein vor jedem Wettkampf, d. h. die Probleme bekommen an so einem Tag eine Auszeit. Die Konzentration auf sich selbst ist enorm wichtig, und man kann lernen, den Fokus auf die wichtigen Dinge in einem Wettkampf zu richten. Dies gelingt einem für eine kurze Zeit sehr gut. Schwierig wird es, wenn Probleme länger ohne absehbaren Lösungsansatz bestehen bleiben.

▶   Was waren Höchstleistungs- und Stresssituationen für Sie?

Ich wollte grundsätzlich jedes Gefecht gewinnen. Meinem eigenen Anspruch nicht gerecht zu werden hat mich immer an die Grenzen der Belastung gebracht. Ich war immer ein sehr selbstkritischer Mensch und habe mich oft hinterfragt, egal ob bei Sieg oder Niederlage. Diese Situationen haben mich aber nicht belastet. Eher würde ich heute sagen, dass mich solche Situationen angetrieben haben. Einen Rückstand in einem Gefecht aufzuholen und dann mit dem letzten Treffer zu gewinnen – genau das hat mich vor eine mentale Herausforderung gestellt. Und genau deswegen liebe ich das Fechten.

▶ Wie haben Sie sich auf Höchstleistungen, auf die Olympischen Spiele vorbereitet?

Die Vorbereitung auf Höchstleistungen war für mich geprägt von sportlich durchgetakteten Trainingsplänen. Man stellt alles hinten an und hinterfragt alles, ob es im Sinne der Vorbereitung läuft.

Oft waren es zwei Trainingseinheiten am Tag, und selbst der Mittagsschlaf, den ich zur Regeneration nötig hatte, war in meinen Plänen eingebaut. Man richtet das gesamte Leben danach aus. Es war immer eine sehr spannende und von Disziplin geprägte Zeit.

▶ Wie motivierten und motivieren Sie sich zu Höchstleistungen? Was hat Sie als Sportlerin angetrieben?

Gerne setze ich mir Ziele und bin sehr neugierig darauf, ob sie dann auch wirklich realisierbar sind. Die Herausforderung an mich selbst treibt mich an. Wenn ich etwas erreichen möchte, dann bin ich bedingungslos und setze alles daran, um dieses Ziel auch zu erreichen. Bei großen Zielen sind gerade die Zwischenerfolge enorme Motivationsfaktoren, die einen bestärken. Erst wird man Deutsche Meisterin, dann Weltmeisterin und dann fragt man sich selbst: „Na, geht da etwa noch mehr?"

▶ Welche Rituale hatten Sie im Sport?

Als Sportlerin hatte ich keine besonderen Rituale. Für mich war es wichtig, bei einem Wettkampf gut vorbereitet zu sein. Dies betraf nicht nur die Trainingssituation, sondern manchmal auch z. B. einen Friseurbesuch im Vorfeld. Gerade vor den Olympischen Spielen in Sydney habe ich meine langen Haare abgeschnitten. Denn die Haare dürfen im Fechten nicht die Trefferfläche bedecken, sonst bekommt man eine Gelbe Karte. Wichtig war für mich, dass nichts mich im Wettkampf ablenkt. Und siehe da, auch diese Maßnahme war ein Puzzleteil zum Erfolg.

▶ In welchen Bereichen, auch über den Sport hinaus, und in welcher Weise wirkt sich Mentaltraining bei Ihnen aus?

Beim Fechten ist es besonders wichtig, sich auf sich selbst und auf den Gegner zu konzentrieren. Man befindet sich in einem Gefecht mental im Ausnahmezustand. Nur wenn man diesen Zustand erreicht hat, können Körper und Geist harmonieren. Und auch der Gegner wird dann zum offenen Buch. Man erahnt, welche Bewegungen er ausführen wird, und man bekommt die Chance, ihn bei seinen Schwächen zu packen. Plötzlich ist der Weg zum Sieg sichtbar.

Auch beruflich habe ich dadurch gelernt, mit Drucksituationen umzugehen. Man gerät in schwierigen Situationen sehr schnell aus der Mitte und verliert die innere Balance. Aber je schneller man das erkennt und gegensteuert, umso schneller ist man in der Lage, Herr über sich selbst zu werden. Man weiß, Angriffe sind okay, auch wenn sie zunächst vielleicht unerwartet kommen und einen hart treffen. Aber dann führt man sich die Lösungsansätze vor Augen und entwickelt eine Strategie. Der Weg wird sichtbar und somit ist man in der Lage, einen Angriff abzuwehren und diesen als Chance zu nutzen. Man muss hierfür entscheidungsfreudig sein und sich trauen, mit den Konsequenzen umzugehen.

▶   Woher schöpfen Sie Kraft?

Meine Kraft schöpfe ich aus meinem Innersten. Freiheit bedeutet für mich sehr viel. Frei zu denken und zu handeln gibt mir die Kraft, für eine Sache zu kämpfen. Schwierige Situationen sind für mich Herausforderungen, die nur darauf warten, von mir bewältigt zu werden. Ich bin ein sehr positiver Mensch und umgebe mich gerne auch mit Dingen, die strahlen. Denn Licht und Sonne bedeuten für mich Energie. Daher verbringe ich sehr gerne meine freie Zeit in der Natur. Mit Kind und Hund hat man eine optimale und erfrischende Ablenkung.

▶   Wie gingen/gehen Sie mit Niederlagen/Scheitern um?

Scheitern und Niederlagen gehören zum Leben dazu. Wir sind Menschen und keine Roboter, also dürfen wir auch mal scheitern und Fehler begehen. Als junge Fechterin war ich bei einem Turnier nach einem verlorenen Kampf einmal am Boden zerstört. Da sagte ein erfahrener Trainer zu mir: „In deinem Leben werden dich Niederlagen begleiten, aber du wirst viele Gefechte auch gewinnen, weil du eine begnadete Fechterin bist". Und bei einem kannst du sicher sein: „Die Siege werden dein Leben prägen und die Niederlagen sind auf deinem Weg deine Lehrmeister." Dieser Satz hat meine Karriere geprägt.

▶   Woraus besteht Siegermentalität?

Siegermentalität bedeutet bedingungsloser Glaube an sich selbst und an die Ziele, die man sich selbst steckt. Glaube, Zuversicht und die Liebe, wozu für mich auch die Leidenschaft zählt, machen die Mentalität eines Siegers aus. Allein die Fähigkeit zu Eigenmotivation führt einen zum Sieg.

▶   Hatten Sie im Sport ein Motto?

Ein spezielles Motto hatte ich nicht, aber ich habe unheimlich gerne erfolgreiche Persönlichkeiten analysiert und versucht, ihre Denk- und Handlungsweise nachzuvollziehen. Nicht alles habe ich davon für mich übernommen, aber ich habe viel von meinem Umfeld gelernt.

▶   Was ist Ihr Leitsatz für Menschen, die Erfolg anstreben?

Erfolg kann etwas Wunderbares sein, solange man sich selbst treu bleibt. Grenzen entstehen in den Köpfen der andere – lassen Sie sich nicht von Ihren eigenen Überzeugungen abbringen! Richten Sie den Fokus auf sich selbst und hinterfragen Sie die Situation sofort, wenn äußere Einflüsse Sie von Ihren Zielen ablenken wollen. Und bedenken Sie stets: Auch Umwege bringen einen zum Ziel!

▶ Wie lauteten Ihre sportlichen Ziele? Waren diese schriftlich fixiert? Setzen Sie sich heute noch Ziele?

Sportlich hatte ich immer das Ziel, eine Olympische Medaille zu gewinnen. Es gab auch immer Zwischenziele, wie der Gewinn der Deutschen Meisterschaften in der Saison oder alleine die Qualifikation zu den Wettkampfhöhepunkten. Meine Ziele wurden zwar nie schriftlich fixiert, aber stets hatte ich Bilder vor Augen, was ich einmal erreichen wollte. Wenn ich die Fechthalle betreten habe, wusste ich, wofür ich trainiere. Diese Zwischenziele waren wie Ankerpunkte auf einer Schiffsreise mit dem Hauptziel, oben auf dem Olymp anzukommen. Dadurch, dass man als Sportler jeden Tag daran gearbeitet hat, sie zu verfolgen, waren diese Ziele für mich bei jeder Trainingssituation präsent.

Ja, und auch heute setze ich mir Ziele, sowohl beruflich als auch privat. Ich denke, das ist eine Eigenschaft, die jeder Leitungssportler in sich trägt.

▶ Sind Krisen eine Chance?

Krisen können eine Chance sein. Nur leider erlebe ich heute in unserer Gesellschaft, dass man gerne Leute scheitern sieht, anstatt bei einer hervorragenden Leistung Anerkennung zu zollen. Die Medien spielen hierbei eine wichtige Rolle. Man braucht eine sehr starke und gefestigte Persönlichkeit, um eine Krise als Chance zu betrachten. Und dies gelingt nur in einem Umfeld, das einen auffängt, einem Mut zuspricht und den nötigen Rückhalt gibt.

▶ Als Mentalcoach für Spitzensportler und Führungskräfte bin ich der Ansicht, dass Führungskräfte und deren Teams viel vom Spitzensport lernen können. Wo sehen Sie die Parallelen? Was können Unternehmer/Unternehmen von Sportlern lernen?

Auch ich vertrete Ihre Meinung. Eine Führungskraft zu sein bedeutet, Leistung zu erbringen und Verantwortung für das Unternehmen, aber auch für das gesamte Team zu übernehmen. Individuelle Bedürfnisse müssen oft zurückgestellt werden und man übernimmt eine Vorbildfunktion für das Team. Aber auch alle Prinzipien, die ein erfolgreicher Leistungssportler verfolgt, benötigt eine gute Führungskraft. Ziele setzen, den Weg zum Erfolg aufzeigen, Visionen haben, andere Menschen zu begeistern und sie in ihrer Handlungsweise zu unterstützen sind einige Gemeinsamkeiten. Aber auch Unternehmen können von erfolgreichen Sportlern nur lernen, denn bei beiden ist Erfolg als Hauptziel formuliert. Spannend finde ich die Betrachtungsweise in einem Unternehmen, wie man mit den Ressourcen, die den Weg zum Erfolg ebnen, umgeht, also mit den Mitarbeitern. Denn auch ein Spitzenathlet muss achtsam mit sich selbst und seinem Umfeld sein. Ich habe viele talentierte Sportler erlebt, die Raubbau an ihrem Körper betrieben haben, und einige, die geistig daran gescheitert sind, im Leistungsdruck zu bestehen. Ein Spitzenathlet kann nur in einem harmonischen Umfeld Topleistungen abrufen und sich jeden Tag aufs Neue motivieren, alles dafür zu tun.

Du bist, was du denkst: Die Macht der Gedanken

Denkgewohnheiten müssen nicht ewig gleich bleiben. Eine der bedeutendsten Entdeckungen der Psychologie in den letzten 20 Jahren ist, dass Menschen ihre Art zu denken verändern können.

Martin Seligman

4.1 Pessimistisches Denken

Der US-amerikanische Schriftsteller Mark Twain sagte auf dem Sterbebett: „Ich habe mir mein ganzes Leben lang viele Sorgen gemacht. Doch die meisten von ihnen sind niemals eingetreten." Wie ist das bei Ihnen? Verstehen Sie mich bitte nicht falsch. Niemand ist frei von negativen Gedanken und selbstverständlich erwarte ich nicht von Ihnen, künftig die Welt nur noch durch eine rosarote Brille zu betrachten. Und es geht auch nicht darum, negative Gedanken einfach zu verdrängen.

Ein Beispiel aus meinem Leben:

Beispiel

Ich segelte mit einem Bekannten rund um Korsika und Sardinien. Wir hatten drei Wochen Zeit. Für alle Mitsegler war es unerheblich, ob wir einen Tag früher oder später zurückkehrten. Mein Bekannter hingegen machte sich vom ersten Tag an Sorgen, dass wir auf dem Rückweg von Sardinien nach Saint Tropez, Südfrankreich, Starkwind wegen des Mistrals haben könnten. Er drängte uns, täglich große Strecken, bis zu 50 Seemeilen am Tag, zu segeln. Statt entspannt zwischendurch in einer Bucht zu liegen, in Ruhe zu frühstücken, neugierig Städte und Orte entlang der Küste zu erkunden. Was geschah? Die größte Strecke der 157 Seemeilen auf dem Weg zurück von Korsika in den Heimathafen Saint Tropez mussten wir mangels genügend Wind mit dem Motor zurücklegen. Würden Sie sagen, er hat sich als Skipper effizient für die ganze Reise Sorgen gemacht? ◄

Pessimismus ist kein Schicksal. Einstellungen lassen sich ändern. Was passiert beim pessimistischen Denken? Die Wahrnehmung des Pessimisten ist verzerrt. Sein Angstzentrum – wir erinnern uns an die Amygdala aus dem Abschn. 4.1 – ist übermäßig aktiv. Die daraus entstehenden Denkmuster sind ihm nicht bewusst. Der Pessimist spricht positive Ereignisse dem Zufall oder anderen zu, negative Ereignisse hingegen betrachtet er als selbst verschuldet. Das zerstört sein Selbstvertrauen. Er fühlt sich oft als Opfer. Das begünstigt, dass er sich selbst als minderwertig und schwach erlebt.

Martin Seligman, Professor für Psychologie an der University of Pennsylvania und Autor von Büchern wie „Pessimisten küsst man nicht" und „Der Glücksfaktor: Warum Optimisten länger leben", untersuchte die Denkweisen von Menschen, die sich selbst schnell hilflos fühlten. Pessimistisches Denken, so seine Erkenntnis, stellt in vielen Lebenssituationen ein echtes Hindernis dar: Es lähmt und macht handlungsunfähig. Seligman resümiert: „Nach 25-jähriger Forschungsarbeit auf diesem Gebiet bin ich überzeugt: Wenn wir, wie die Pessimisten, prinzipiell glauben, dass Unglück unsere eigene Schuld ist, dass es sich ständig wiederholen wird und all unsere Bemühungen zunichtemacht, dann stößt uns auch wirklich mehr Unglück zu als bei einer positiveren Einstellung" (Baumgartner 2013) (vgl. Abb. 4.1).

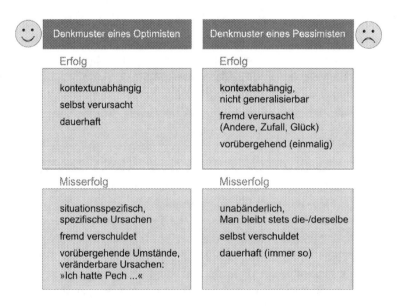

Denkmuster Optimist / Pessimist nach Martin Seligman

Abb. 4.1 Optimismus+Pessimist

4.2   Optimismus

So sehr, wie Sie sich mittels Ihrer Gedanken in einen sorgenvollen Zustand bringen können, können Ihre Gedanken Ihre Stimmung auch positiv beeinflussen. Wer an Schönes denkt und positive Botschaften bewusst wahrnimmt, kann sich in eine gehobene Stimmung versetzen. Das zeigt ein Versuch des amerikanischen Psychologen Emmett Velten: Zwei Gruppen von Versuchspersonen erhielten Kartenstapel mit Botschaften. Während die eine Gruppe einen Stapel mit aufbauenden Botschaften vor sich hatte, die von Karte zu Karte positiver wurden, bekam die andere Gruppe neutrale Botschaften. Die Probanden sollten die Karten laut vorlesen. Am Ende des Stapels bat Velten seine Probanden, ihre Stimmung zu beschreiben. Die Gruppe, die die positiven Botschaften laut gelesen hatte, war im Gegensatz zur zweiten Gruppe in guter Stimmung. Das Experiment ist von zahlreichen Psychologen später wiederholt worden. Der Einfluss positiver Botschaften war immer derselbe. Wurden die Probanden darüber hinaus aufgefordert, so zu reden, als ob sie glücklich wären, veränderte das die Stimmung ebenfalls positiv (Corssen und Tramitz 2014).

Angenehme Erlebnisse aktivieren grundsätzlich das Belohnungssystem im Gehirn. Deshalb sind Optimisten handlungsfreudiger, kreativer, flexibler und geben nicht so schnell auf. Positives Denken ist ein Teil der optimistischen Grundhaltung. Gemäßigte Optimisten haben nachweisbar ein leichteres Leben, sie sind gesünder und haben mehr Erfolg im Beruf.

4.3   Gedanken: Kleine Ursache, große Wirkung

Jeder Handlung geht ein Gedanke oder ein Bündel von Gedanken voraus. Doch was ist ein Gedanke? Hirnphysiologisch betrachtet ist ein Gedanke ein biochemischer Prozess. Er ist ein Feuerwerk neuronaler Aktivität, gemacht von Neuronen, die Information in Form von elektrischen Impulsen darstellen und weiterleiten (vgl. Kumar et al. 2008). Auf wikipedia. de finden sich Erklärungen wie ein Gedanke sei eine Meinung, eine Ansicht, ein Einfall, ein Begriff oder eine Idee, ein Gedanke sei ein bewusster psychischer Akt. Einigen wir uns darauf, dass ein Gedanke das Produkt einer Denkleistung ist, an der unser Gehirn beteiligt ist. Entscheidender als die Definition ist die Tatsache, dass Gedanken sich auf unsere Haltung, unser Verhalten, unser Handeln und unsere Erwartungen auswirkt. Wir sind, was wir denken (Buddha).

Ihr eigenes Denken hat Auswirkungen auf Ihre Motivation und Ihr Allgemeinbefinden. Diese wiederum wirken sich über Spiegelneuronen auf Ihr gesamtes Umfeld aus! Das zu wissen und zu verstehen, ist für eine Führungskraft essenziell. Nur, wer sich selbst, seine Einstellung, seine Haltung, sein Denken über andere und über Dinge und Situationen, verändert, verändert so auch das System, in dem er sich befindet.

„Ich möchte, dass Sie herausfinden, wie Sie lernen können, Ihr eigenes Erleben zu verändern, um etwas Kontrolle über das zu bekommen, was in Ihrem Gehirn tatsächlich passiert. Die meisten Menschen sind Gefangene ihres eigenen Gehirns. Sie verhalten sich, als ob sie am Hintersitz eines Busses festgekettet wären, während jemand anderes lenkt. Ich möchte, dass Sie lernen, Ihren eigenen Bus zu fahren" (Bandler 1987). Gewinnen Sie mehr Kontrolle über Ihr Selbst und Ihr Gehirn, steuern Sie Ihre Gedanken bewusst (vgl. Abb. 4.2). Ob ein Glas halbvoll oder halbleer ist, hängt ausschließlich vom Betrachter ab. Werden Sie „Busfahrer". Übernehmen Sie auch in Ihrem Kopf die Führungsrolle. Jeder ist Konstrukteur seiner eigenen Realität.

Die neurowissenschaftlichen Befunde zeigen es: Gedanken und Emotionen verändern die Struktur unseres Gehirns. Wir müssen nicht zu Opfern unseres Gehirns werden, wir können es gestalten. Die Macht der Gedanken wird noch immer sehr unterschätzt. Doch unsere Gedanken wirken vielfach als sich selbst selbsterfüllende Prophezeiungen. Wie oft haben Sie schon etwas, das Ihnen sehr wichtig war, gar nicht erst versucht, weil Sie Angst hatten, zu scheitern? Wenn Sie sich nicht überwinden können, wenn Sie nichts riskieren, haben Sie auch nichts zu erwarten. Wenn Sie von etwas als Führungskraft nicht überzeugt sind, wie wollen Sie andere (Kunden, Mitarbeiter) überzeugen? Unmöglich. Wenn Sie es nicht versuchen, dann bleiben Sie auch genau dort, wo Sie sind. Wenn Sie es versuchen, haben Sie eine ausgesprochen reelle Chance auf Erfolg. Und werden sich großartig fühlen. Viele Menschen gehen aus Angst vor den Schmerzen und Sorge wegen des Befunds nicht

Abb. 4.2 Mindful. (© Kerstin Diacont)

zum Zahnarzt, obwohl sie es dringend müssten. Spüren Sie bei sich selbst nach, was das an Stress in Ihnen auslöst, wenn Sie wissen, Sie müssten gehen, tun es aber nicht und schieben den Besuch weiter vor sich her. Dass davon nichts besser wird, ist offensichtlich.

Kennen Sie Roger Bannister? Der Brite lief 1954 als erster Mensch die Meile schneller als vier Minuten. Was ihn ins Ziel und zum Rekord brachte, waren seine Gedanken und inneren Bilder. Er sagte später im Interview, er habe gedacht: „Wenn ich mein Tempo halte bis ins Ziel, werden mich die Arme der Welt empfangen – lasse ich nach, wird diese Welt kalt sein." Bannister gelang damals etwas, was man bis dahin für unmöglich hielt. Heute hofft er, sein Rekord inspiriere Athleten, nach dem Besten zu streben und zwar durch persönliche Anstrengung allein (vgl. Gernandt 2010). Die Grenzen existieren nur in unseren Gedanken und damit in unserem Kopf. Für die Leistungsfähigkeit des Körpers sind weniger körperliche Grenzen als vielmehr Willenskraft ausschlaggebend.

Negative Gedanken sind bei vielen von uns allgegenwärtig, häufig auch unbewusst. Gehören Sie zu den Menschen, die schon morgens via Funkwecker von schlechten Nachrichten geweckt werden, beim Frühstück und im Auto auf dem Weg zur Arbeit weiter Radio hören, wieder Beschallung mit überwiegend schlechten Nachrichten aus aller Welt, dann tagsüber sich auf dem Gang mit Kollegen über eben diese Neuigkeiten austauschen und abends eine erneute Dosis extrem negative Nachrichten und Katastrophen aus aller Welt zur Tagesschau-Zeit vorm Fernseher konsumieren? Wie lesen Sie Zeitung? Lesen Sie punktuell, lesen Sie alles oder lesen Sie vor allem die Dramen der Welt: von Verschwörungstheorien, Inflation, Arbeitslosigkeit, Doping, Drogen, Wirtschaftskrise, Vogelgrippe, Steuerbetrug, Mord und Totschlag? Sind Sie jemand, der sich überwiegend über Fehler unterhält? Fehler, die Sie gemacht haben, Fehler, die Kollegen oder Mitarbeiter gemacht haben? Statt über Ihre Erfolge und positiven Erfahrungen zu sprechen?

Während eines Kongresses zur Positiven Psychologie sah ich einen Film darüber, was Menschen glücklich macht. Im Anschluss unterhalte ich mich mit einem Bekannten über zentrale Aspekte des Films und berichte, dass Menschen nicht viel Geld glücklich mache, sondern Mitgefühl, Freunde, Großfamilie, Gutes tun, Sport innere und äußere Bewegung. Mein Gegenüber antwortet: „Weißt du, unglücklich machen mich Dinge wie „in der Luft sein", käufliche Werte und Illusionen." Daraufhin sage ich: „Ich rede nicht übers Unglücklichsein. Ich rede darüber, was mich und andere Menschen glücklich macht." Bei der Diskussion darüber, was käufliche Werte und Illusionen sind, kommen wir auf das Thema Liebe. Für meinen Bekannten ist Liebe nur in Verbindung mit einem Zuhause möglich, für mich hingegen ist Liebe unabhängig davon. Dieses Gespräch zeigt, wie unterschiedlich die Folgerungen sein können, je nachdem, welchen Gedankengang und welche Perspektive man wählt.

Gedanken sind ein Teil Ihrer inneren Haltung. Stellen Sie sich vor, Sie sitzen nach einem langen grauen Winter am ersten schönen Frühlingstag des Jahres auf einer Berghütte, vielleicht in Begleitung von Freunden oder Familie. Der Himmel ist strahlend blau, der erste Tag seit langem ohne Nebel, und Sie sitzen vor der Hütte in der Sonne. Gewähren Sie einer negativen Haltung die Oberhand, dann unterhalten Sie sich mit Ihren Begleitern darüber, wie schlecht der Staat bestimmte Dinge regelt, wie sehr Sie Ihr Job manchmal nervt, warum die Bedienung nicht schneller an Ihrem Tisch ist und die Speisekarte nicht genau das zu bieten hat, was Sie sich wünschen. Oder Sie betrachten die Situation grundsätzlich positiv: Sie genießen den wunderschönen Blick ins Tal, freuen sich darüber, dass Sie so gesund sind, dass Sie auf den Berg gehen konnten, dass Sie Zeit mit lieben Menschen verbringen können, die Ihnen wichtig sind, und dass die Sonne Ihre Haut erwärmt nach einem langen grauen Winter.

Eines der bedeutendsten Schriftwerke des Judentums, der Talmud, gibt uns eine bemerkenswerte Handlungsanweisung, was unser Leben angeht:

- Achte auf deine Gedanken, denn sie werden Worte.
- Achte auf deine Worte, denn sie werden Handlungen
- Achte auf deine Handlungen, denn sie werden Gewohnheiten.
- Achte auf deine Gewohnheiten, denn sie werden dein Charakter.
- Achte auf deinen Charakter, denn er wird dein Schicksal.

4.4   Das Prinzip der selbsterfüllenden Prophezeiung

Unsere Gedanken können uns entweder blockieren, auf unser Gemüt drücken, uns herunterziehen, uns die Motivation rauben und daran hindern, mutig zu sein und mit Selbstvertrauen etwas zu tun, gar Bestleistungen und Erfolg verhindern oder unsere Gedanken können uns beflügeln und Energien freisetzen. Wenn wir immer wieder das Gleiche denken, dann sind die Chancen sehr groß, dass Sie Recht haben und der Gedanke bzw. die Vorhersage zur Realität wird, sie werden zu sich „selbsterfüllenden Prophezeiungen". Die negativen Selbstgespräche treffen dann auch ein.

Gedanken bestimmen unser Handeln und unsere Gefühle. Vor einer Präsentation macht es einen großen Unterschied, ob ich denke: Wie wird das Publikum wohl mein Thema und meine Beispiele auffassen? Habe ich die richtigen Worte gewählt? Sind meine PowerPoint-Charts und Illustrationen ansprechend? Oder ob ich voller Selbstvertrauen auf die Bühne gehe und die Bühne rocke.

Wenn Sie sich für einen Pechvogel halten, wenn Sie überzeugt sind, etwas nicht zu schaffen, dann seien Sie nicht überrascht, wenn Sie tatsächlich häufig Pech haben oder vieles nicht erreichen. Im Alltag finden sich Menschen, denen so etwas passiert, oft in ihrer Meinung bestätigt und sagen: „Ich hab's kommen sehen!", „Hab' ich doch gleich gewusst, dass das nichts wird." oder „Ich wusste schon immer, dass er etwas gegen mich hat."

Unsere Erwartungen beeinflussen unser Verhalten. Was wir über andere Menschen denken, wird deshalb meist auch wahr. Was wir über jemanden denken, wird zum einen gespeist aus dem Wissen, dass wir zu dieser Person haben, zum anderen, gerade wenn sie uns noch unbekannt ist, aus der Art und Weise, wie uns dieser Mensch gegenübertritt. Begegnet Ihnen jemand kühl und reserviert, werden Sie denjenigen in der Regel nicht freudestrahlend und herzlich begrüßen, sondern selbst zurückhaltend, vielleicht sogar abweisend reagieren. Ihr Gegenüber reagiert darauf entsprechend und schon verfestigt sich ein gewisses Bild dieses Menschen bei Ihnen – Sie sehen Ihre Erwartungen bestätigt. Der eigene Umgangsstil ruft bei Ihrem Gegenüber jene Verhaltensweisen hervor, die Ihren Erwartungen entsprechen. Künftig werden Sie bei dieser Person besonders auf Indizien achten, die Ihr gefasstes Bild bestätigen. Verhaltensweisen, die Ihre Meinung über diesen Menschen widerlegen könnten, werden Sie weniger stark wahrnehmen. Prüfen Sie sich selbst: An wie viele Male erinnern Sie sich, bei denen ein in Ihren Augen unzuverlässiger Mitarbeiter seine Unzuverlässigkeit unter Beweis gestellt hat? Und wie oft haben Sie registriert, dass er auch zuverlässig sein kann? Ihr eigenes Denken – wir wissen das dank der Spiegelneuronen (siehe Abschn. 4.4) – wirkt sich auf Ihr gesamtes Umfeld aus. Welche einschränkenden, selbsterfüllenden Gedanken und Überzeugungen gibt es in Ihrem Verantwortungsbereich?

Eine Klientin von mir, die im Vertrieb arbeitet, litt unter Präsentationsangst. Ob vorm Vorstand oder auf Tagungen mit bis zu 300 Zuhörern – die Angst packte sie ab dem Moment, wenn sie von der Präsentation wusste. Sie bekam während einer Präsentation Magenschmerzen, weiche Knie und Kreislaufprobleme. Sie sprach ständig von „Horror" im Zusammenhang mit Präsentationen. Wochenlang beschäftigte sie sich in Gedanken mit dem bevorstehenden „Horror", während der Präsentation verstärkten unaufmerksame Zuhörer ihre Angst noch, weil sie sich dann permanent fragte, ob sie diese langweile. Im schlimmsten Fall mündete ihre Angst in einen Kreislaufzusammenbruch.

Was war geschehen? Sie hatte ihre „Horror"-Prophezeiung selbst erfüllt. Sie bahnte mit ihrem Denken eben solche neuronalen Pfade, die hinderlich waren, gewährte ihnen die Chefposition im Kopf und ließ sie zu mentalen Autobahnen werden. Unaufmerksamen Zuhörern unterstellte sie, dass sie gelangweilt seien von ihrer Präsentation und verstärkte so ihren eigenen Stress. Was hilft in einem solchen Fall? Stress lässt sich zum einen reduzieren, indem man die Beurteilung der Situation verändert und nicht alles auf sich bezieht. Zum anderen, indem man die Herausforderung positiv annimmt. Statt die Präsentation als „Horror" zu bezeichnen, hilft es, sie als „Entwicklungschance zum Lernen" zu sehen. Kommen selbstzerstörerische Gedanken auf, gilt es, diese zu stoppen (eine entsprechende Technik stelle ich Ihnen nachfolgend vor) und sich stattdessen positive Anweisungen zu geben.

Die Veränderung der Sichtweise allein reicht in einem solchen Fall indes nicht aus, um die Probleme in den Griff zu bekommen. Ich habe bei dieser Klientin Entspannungstechniken, wingwave®, Atemtechniken angewandt, Visualisierung und mit ihr nach einer Ausnahme, einer Referenzerfahrung in der Vergangenheit, gesucht, die ihr vor Augen führt, dass sie sehr wohl in der Lage ist, gute Präsentationen vor einer größeren Zuhörerschaft abzuhalten.

4.5   Der innere Dialog

Mit wem sprechen wir am häufigsten? – Genau, mit uns selbst. Wir sprechen innerlich ständig mit uns selbst. Haben Sie schon einmal bewusst auf Ihre inneren Stimmen gehört? Auf die Frage, wenn man sich wieder einmal als Idiot beschimpft, mit wem man da eigentlich spricht, erhält man meist unisono die Antwort: „Ich spreche mit mir selbst!". Daraus lässt sich ja nur schlussfolgern, dass zwei oder mehr Personen in einem wohnen (müssen), nämlich diejenige, die schimpft und meckert, und diejenige, die sich permanent diese unsäglichen Kommentare anzuhören hat (vgl. Heimsoeth 2012) (vgl. Abb. 4.3). Manchmal mahnt die innere Stimme uns zu mehr Disziplin, macht uns Vorwürfe, wertet uns ab, kritisiert uns oder erinnert uns an wichtige Dinge o. Ä. Wenn man sich mit seiner „inneren Stimme" also zu etwas auffordert, so entspricht dies nichts anderem als der Kommunikation zwischen Bewusstsein und Unterbewusstsein. Im Grunde gibt Ihr Bewusstsein einen Befehl, und Ihr Unterbewusstsein hat diesen auszuführen. In England sagt man zu den Stimmen auch „drunken monkey". Diesen Affen darf man nicht immer ernst nehmen, er spiegelt die Welt nicht objektiv wider. Innere Stimmen basieren auch auf bisherigen Lebenserfahrungen („Meine Mutter hat mich auch nie gelobt …"). Achten Sie auf Ihre inneren Stimmen: Ist es immer Ihre Stimme oder die eines anderen Menschen?

Ist Ihnen die Bedeutsamkeit Ihres inneren Dialogs und Selbstgespräche für Ihre Leistung bewusst?

Abb. 4.3   Innerer Dialog. (© alphaspirit/Fotolia.com)

Dem inneren Dialog kommt eine große Bedeutung für die Konstruktion unserer subjektiven Realität zu. Im inneren Dialog erklären wir uns, was wichtig und bedeutend ist. Die Qualität Ihres inneren Dialogs spielt in Ihrem Leben eine entscheidende Rolle, denn er kann helfen, unsere Leistung und unser Wohlbefinden zu steigern. Er ist gleichzeitig eine wichtige Grundlage für das Selbstmanagement. Mehr zur Bedeutung der Wechselwirkung zwischen Körper und Psyche in diesem Zusammenhang können Sie auch der Embodiment-Theorie entnehmen (vgl. Storch et al. 2006).

Die zwei „Ichs"
Soll unser innerer Dialog uns nutzen – und das sollte Ihr unbedingtes Anliegen sein – dann ist es wichtig, dass er wohlwollend und motivierend ist. Seien Sie sich selbst Ihr bester Freund! Aus welchen Gründen? Weil Höchstleistungen nur möglich sind, wenn Sie Ihren inneren Dialog zielführend und positiv gestalten. Wer Profi-Tennisspieler beim Match beobachtet, stellt fest, dass viele Spieler mit sich selbst reden, sie erteilen sich am laufenden Band Befehle. Diesem Phänomen widmet sich W. Timothy Gallwey in seinem Buch „The inner game of tennis" (2003). Er betrachtet das „Ich" und das „Selbst" als „offenkundig getrennte Wesen", die miteinander kommunizieren. „Das eine „Ich" erteilt offenbar die Anweisungen, während das andere, das „Selbst", sie ausführt. Daraufhin gibt das „Ich" eine Bewertung der Aktion ab." Die Qualität des Tennisspiels hängt, so Gallwey weiter, von der Art der Beziehung zwischen dem „Ich" und dem „Selbst" ab. Der innere Dialog des Spielers sei „entscheidend für seine Fähigkeit, technisches Wissen in wirkungsvolle Handlung umzusetzen" (Gallwey 2003). Mit anderen Worten: Je besser Sie mit sich umgehen, umso leistungsfähiger sind Sie.

Ex-Fußball-Nationaltorwart Oliver Kahn sagt zum inneren Dialog: „Der innere Dialog ist ein Werkzeug, mit dem es gelingt, einen Zustand zu erreichen, den ich mit „stark im Kopf" und „mental stark" bezeichne. Das ist die Fähigkeit, Herr seiner Gedanken zu sein und sich in einen positiven Zustand zu versetzen, der von tiefer Überzeugung und Zuversicht geprägt ist" (Kahn 2010).

Der innere Dialog läuft in der Regel eher unbewusst ab. Ihr Unterbewusstsein ist wie einer Ihrer gewissenhaften Angestellten. Es braucht und sucht nach Führung. Bekommt es diese Führung nicht von Ihnen, holt es sich die benötigten Direktiven von externen Quellen: von Arbeitskollegen, Mitarbeitern, vom Vorgesetzten, vom Partner oder sogar aus den Medien. Wie viele der Gedanken, die Sie täglich im Kopf bewegen, stammen wirklich von Ihnen? Und wie hören sich Ihre Gedanken an? Unterstützen sie Sie oder behindern sie Sie? Es ist wichtig, die eigenen Gedanken bewusst zu kontrollieren, damit negative Gedanken sich nicht weiter ausbreiten können und destruktiv wirken. Negative Gedanken wie „Ich kann das nicht", „Ich kann nicht mehr", „Du Ochse, das hätte deine Oma ja besser gekonnt", „Oh Gott, ich glaube, das schaffe ich nicht", „Es war schon immer so, es wird wieder so sein.", „Ich bin mir nicht sicher, ob ich gut genug vorbereitet bin", „Das schaffst du sowieso wieder nicht", „Jetzt werde ich schwere Beine bekommen" (im Sport), „Ich weiß nicht, ob ich der Richtige für die Aufgabe bin", „Er könnte mich ablehnen", „Ich bin blöd" führen zu Stress, Angst oder Verspannung. Das Ergebnis ist in der Regel eine schwache Leistung. Und noch mehr: Ständig negative Gedanken machen krank. Positive Gedanken hingegen stärken mich, bauen mich auf, machen mich sicherer.

Kennen Sie die „Geschichte mit dem Hammer" aus der Feder des österreichisch-US-amerikanischen Psychologen und Kommunikationswissenschaftlers Paul Watzlawick (1921–2007)?

Geschichte

Ein Mann will ein Bild aufhängen. Den Nagel hat er, nicht aber den Hammer. Der Nachbar hat einen. Also beschließt unser Mann, hinüberzugehen und ihn auszuborgen. Doch da kommt ihm ein Zweifel: „Was, wenn der Nachbar mir den Hammer nicht leihen will? Gestern schon grüßte er mich nur so flüchtig. Vielleicht war er in Eile. Aber vielleicht war die Eile nur vorgeschützt, und er hat etwas gegen mich. Und was? Ich habe ihm nichts angetan; der bildet sich da etwas ein. Wenn jemand von mir ein Werkzeug borgen wollte, ich gäbe es ihm sofort. Und warum er nicht? Wie kann man einem Mitmenschen einen so einfachen Gefallen abschlagen? Leute wie dieser Kerl vergiften einem das Leben. Und dann bildet er sich noch ein, ich sei auf ihn angewiesen. Bloß weil er einen Hammer hat. Jetzt reicht's mir wirklich." Und so stürmt er hinüber, läutet, der Nachbar öffnet, doch bevor er „Guten Tag" sagen kann, schreit ihn unser Mann an: „Behalten Sie Ihren Hammer für sich, Sie Rüpel!" ◄

Für Paul Watzlawick ist die Wirklichkeit das, was wir aus ihr machen.
Kennen Sie diese Reaktion? Wie reagieren Sie?

4.5.1   Übung Gedankenprotokoll

Es ändert sich nichts in unserem Leben, solange unsere alten negativen Denkmuster und Gewohnheiten dominieren. Wie sieht Ihr innerer Dialog aus? Ärgerlich? Wütend? Schädlich? Ängstlich? Oder positiv? Förderlich? Liebevoll? Freundlich? Glücklich? Motivierend? Anleitend? Haben Sie sich schon einmal aufmerksam selbst zugehört? Wissen Sie, wie Sie mit sich reden? Wie gehen Sie dabei mit sich selbst um? Was denken Sie über sich und andere? Was denken Sie über das, was gerade ist? Was lösen Ihre Gedanken in Ihnen aus?

Beobachten Sie einmal bewusst Ihre Gedanken. Während Sie eine leicht stressbesetzte Aufgabe, eine schwierige Aufgabe, eine aussichtslos scheinende Aufgabe erledigen oder sich in einer typischen Angst- oder Konfliktsituation oder Situation mit maximaler Belastung befinden, sprechen Sie alles, was Ihnen durch den Kopf geht, was Sie denken und wie sich das für Sie anfühlt, laut aus und zeichnen dies mit dem Smartphone oder Diktiergerät auf (vgl. Eberspächer 2007). Beobachten Sie vor, während und nach besonderen Herausforderungen, was Ihnen durch den Kopf geht und ab wann genau sich Ihre Gedanken verändern? Erinnern Sie sich an Ihre letzte erfolgreiche Präsentation, Verkaufsgespräch etc. Was haben Sie sich vor Beginn, währenddessen und danach gesagt? Erinnern Sie sich an Ihre letzte misslungene Präsentation, ein erfolgloses Verkaufsgespräch oder gescheitertes Projekt. Was haben Sie sich vor Beginn, währenddessen und danach gesagt?

Fertigen Sie eine schriftliche Dokumentation an und sortieren Sie Ihre Selbstgespräche (Gedanken) in unterstützende, positive und einschränkende, bremsende, negative Gedanken. Was stellen Sie fest? Leiten Sie Konsequenzen und Auswirkungen auf Ihre Leistung daraus ab. Welche Worte können Sie am besten beruhigen oder entspannen, welche Worte können Sie am ehesten aktivieren?

Halten Sie positive Bekräftigungen und Formeln fest, die Sie zu sich selbst vor, in und nach jeder Präsentation, jedem Gespräch oder Projekt während einer leichten oder schwierigen Aufgabe unterstützend sagen werden, und stellen Sie fest, wann und wie genau Sie sich während der Situation an diese positiven Formeln erinnern werden.

Gerade wenn Menschen in einem Stimmungsloch sitzen, ist es hilfreich, die Gedanken zu analysieren, die Einstellung zu sich und zum Leben zu reflektieren. Bin ich gerade wieder dabei, mich abzuwerten und den inneren Kritiker sehr laut zu stellen? Wie gestalte ich mein Gedankengut? Wenn Sie sich selbst verurteilen, dann sind Sie auf dem besten Weg mittels der Abwärtsspirale zu einem negativen Selbstbild zu gelangen.

4.5.2 „Ich schaffe es" – Selbstgespräche

Dieser vom bekannten Buchautor Hannes Lindemann geprägte Satz begleitete ihn bei seinen Atlantiküberquerungen mit einem Serienfaltboot. Er erkannte den Zusammenhang zwischen inneren Gedanken und der Leistungsfähigkeit seines Körpers. Lindemann war der Meinung, dass erfolglose Handlungen (z. B. eine Aufgabe bei seinen Überquerungen) ihren Ursprung in negativen Selbstgesprächen haben. Sein Fazit: „Ein Schiffbrüchiger gibt zuerst seelisch auf, dann erst folgen die Muskeln, und als letztes überlebt das Rettungsboot!" (Zerlauth 2000).

Der Sportpsychologe Hans Eberspächer hat die Funktion von Selbstgesprächen wie folgt erklärt: „In Selbstgesprächen formuliert man Pläne für sein Handeln, gibt sich selbst Anweisungen, ordnet seine Gedanken oder kommentiert das eigene Handeln" (Eberspächer 2007). In ausführlichen Studien hat sich gezeigt, was einen erfolgreichen Menschen im Bereich des inneren Dialogs auszeichnet: Das Selbstgespräch verläuft konstruktiv, anspornend und handlungsorientiert. Bei Misserfolgen berichten Menschen oft, dass ein vorhergehendes negatives Selbstgespräch bereits die Weichen in Richtung des unerwünschten Verlaufs gestellt habe. Negative innere Dialoge beeinflussen also auch das Handeln negativ.

Negative Gedanken lassen sich nicht vermeiden. Sie können nicht ausgeschaltet, unterdrückt oder verdrängt werden, aber Sie können Ihre passive und negative Einstellung aufgeben und diese mit diszipliniertem Üben durch eine aktive und positive Einstellung ersetzen. Dies erreichen Sie durch die Umwandlung negativer Gedanken in positive Gedanken, mit sogenannten Affirmationen, d. h. positive Selbstgespräche, mit denen negative Gedanken, Gefühle, Vorstellungen durch positive ersetzt werden.

Mit Hilfe von Affirmationen programmieren wir unsere Gedanken um und verändern unser Fühlen und Verhalten. Das Wort Affirmation beinhaltet das lateinische Wort „firmare", was so viel bedeutet wie „festigen, verankern". Eine Affirmation ist ein bejahender, autosuggestiver Satz, der bei ausreichender Wiederholung die Kraft hat, Gedanken und Überzeugungen zu verändern. Affirmationen haben eine große Wirkung (vgl. Heimsoeth 2012).

4.5.3 Erstellungsregeln für Affirmationen

Für die Formulierung von Affirmationen gilt es, ein paar Grundsätze zu beachten. Wählen Sie:

- immer positive, bejahende Formulierungen, z. B. Ich habe Selbstvertrauen. Ich bin geduldig.
- kurze, knappe, klar formulierte Sätze, die leicht auszusprechen und zu wiederholen sind.
- Formulierungen, die rhythmisch oder auch lustig und originell sind.
- Formulierungen in der Gegenwartsform, so als hätten Sie es bereits erreicht.
- einen Satzbeginn mit „Ich".
- keine Affirmation, von der Sie selbst nicht glauben, dass sie auf Sie zutrifft.

Lassen Sie die Affirmation durch ständiges Wiederholen zum Ohrwurm werden. Gut eignen sich auch Metaphern wie „Ich bin ein Fels in der Brandung" oder „Ich bin stark und selbstbewusst wie ein Löwe."

Wohlgemerkt, Affirmationen haben nichts mit dem „Tschakka"-Ruf von Motivationsgurus zu tun. Sie stellen vielmehr eine klar formulierte, konkrete, bekräftigende Anweisung dar, mit der Sie Ihre Gedanken und damit auch Ihr Handeln positiv beeinflussen können. Positives Denken bedeutet indes nicht, dass Sie jetzt alles erreichen, was Sie sich zum Ziel gesetzt haben. Auch dem positiven Denken sind Grenzen durch die objektiven Leistungsbedingungen des Menschen gesetzt (vgl. Baumann 2011). Aber positive Gedanken wirken wie ein Keil, der sich zwischen negative Programme und Ausführungen schiebt. Konsequentes Training positiver Denkinhalte lässt den Keil immer tiefer eindringen, um die Wirkung der negativen Glaubenssätze langsam auszuschalten. Sprechen Sie darum täglich positive Affirmationen!

Sprechen Sie sich den Satz häufig vor – wenn möglich laut, sonst leise – und schreiben Sie ihn auf. Notieren Sie ihn auf einem Haftzettel an Ihrem Arbeitsplatz, programmieren Sie das Hintergrundbild Ihres Computers oder Smartphones damit, hängen Sie sich eine Haftnotiz an den Badezimmerspiegel oder den Kühlschrank. Das wiederholte Lesen der eigenen Affirmation hat eine autosuggestive Wirkung. Sprechen Sie die Sätze bewusst und regelmäßig laut in schwierigen Situationen, beim täglichen Zähneputzen, nach dem Aufstehen oder vor dem Schlafengehen.

Affirmationen dienen der Stärkung des Selbstvertrauens, der Selbstmotivierung, dem Relativieren und der Konzentration. „Tief atmen!" oder nur Signalworte wie „Fokus!" helfen Ihnen zum Beispiel, konzentriert zu bleiben.

Ich liebe, glaube, vertraue, bin dankbar und mutig!
Ich liebe … mich selbst, meinen Partner, meine Eltern, die Menschen um mich herum, meinen Sport, meinen Beruf, die Aufgaben, die mir gestellt werden … Wenn ich mich nicht liebe, wer dann? Wir wollen geliebt werden, aber viele lieben sich selbst nicht. Und wundern sich dann, wenn sie nicht geliebt werden.

Ich glaube … an mich, an meinen Trainer, an meinen Partner, an das Unternehmen, an Wachstum, an die Fähigkeiten, Stärken und Talente, die ich habe …. Wenn ich nicht an mich glaube, wie sollten die Sportler, die ich als Trainer betreue, an mich glauben? Wenn ich nicht an den Sportler und seine Karriere glaube, spürt dieser das.

Ich vertraue … mir, meinem Trainer, meinen Kollegen, meinem Partner, meinen Freunden, auf Ethik und Werte … Wenn ich mir nicht vertraue, wie sollen andere mir ihr Vertrauen schenken?

Ich bin dankbar … für das Leben, den Sport, mich, meine Möglichkeiten, für all das, was ich (schon) erreicht habe, für all das, was ich noch erreichen werde, für das bevorstehende Training/Turnier, die Pizzeria um die Ecke, spielende Kinder, Vogelgezwitscher, eine problemlose Anreise, ein gutes Glas Wein, Blumen am Feldwegrand, Sonne, die Reinigungskraft in der Umkleidekabine oder im Büro, für den Trainer oder Freund, der sich mit meinen Sorgen beschäftigt …

4.5.4 Übung Gedankenstopp

Der deutsche Spitzengolfer Martin Kaymer war im Jahr 2010 die Nummer Eins der Weltrangliste. Binnen vier Jahren rutschte er auf Platz 61. Doch dann, beim Players Championship 2014 in Ponte Verda Beach, Florida, stürmte er zurück an die Spitze. Kaymer sagte dazu: „Ich habe in den vergangenen zwei Jahren viel über meine Schwungänderungen nachgedacht. Nach jedem Schlag habe ich versucht, herauszufinden, was ich falsch und was ich richtig gemacht habe. Es behindert einen einfach, wenn man zu viel nachdenkt und versucht, perfektes Golf zu spielen." Er brachte sein Erfolgsrezept mit einem Satz auf den Punkt: „Ich habe aufgehört, groß nachzudenken" (Dillenburg 2014). So sehr wir uns auch bemühen, optimistisch und zielfokussiert zu sein – grüblerische, hemmende, zweiflerische und destruktive Gedanken hat jeder von uns. Dann hilft es, negative Gedanken anzuerkennen und sie in positive Gedanken umzuformulieren. Als Erste-Hilfe-Maßnahme hilft der Gedankenstopp, um aufkommenden negativen Gedanken Einhalt zu gebieten.

Sobald negatives Denken oder eine selbsterfüllende Prophezeiung aufkommen, visualisieren Sie ein Stoppschild wie im Straßenverkehr oder ein ähnliches Symbol, schauen es an und sagen „STOPP!" (leise, wenn möglich laut). Sie können das Wort mehrmals hintereinander sagen. Zusätzlich können Sie noch mit einer Hand auf den Oberschenkel klopfen. Atmen Sie dabei ruhig und tief ein und aus und nehmen Sie eine aufrechte Körperhaltung ein. Wenn es Sie unterstützt, können Sie sich beim Ein- und Ausatmen vorstellen, wie sich dieser Gedanke in Luft auflöst.

Nach dem STOPP-Signal richten Sie Ihre Gedanken entweder auf etwas, das Ihnen gut tut, oder auf die anstehende Aufgabe, suchen nach einer Lösung für die Aufgabe bzw. konzentrieren sich auf die Aufgabe. Dies unterstützen Sie mit einem positiv formulierten und unterstützenden Gedanken, z. B. der Erinnerung an etwas Schönes, einen Glücks- oder Erfolgsmoment, damit Sie nicht wieder in das alte belastende, negative Denkmuster verfallen!

Lassen Sie dieses Stopp-Verfahren zur Gewohnheit werden. Das dauert erfahrungsgemäß etwas. Setzen Sie den Gedankenstopp in stressfreien Situationen ein, damit Sie diesen dann auch an Tagen der „schlechten Befindlichkeit" wirkungsvoll einsetzen können. Wenn Sie sich unter Stress befinden, neigen Sie dazu, gewohnte Verhaltensweisen oder Stereotypen durchzuführen, ob diese nun der Situation angemessen sind oder nicht. Das heißt: Verhaltensweisen, die kaum trainiert sind, sind unter Stress nicht abrufbar.

Natürlich ist damit das zugrunde liegende Problem nicht gelöst, doch gewinnen Sie erst einmal inneren Abstand und verderben sich nicht mit Grübeln die Stimmung. Später können Sie klar entscheiden, ob bzw. wann Sie aktiv werden und das, was da in Ihnen arbeitet, lösungsorientiert angehen. Ich führte früher selbst unwahrscheinlich viele negative Selbstgespräche. Ich konnte mich nur selten in einem positiven Licht sehen, Erfolg haben oder mich über diesen freuen. Meine negativen Selbstgespräche haben sich dann auch meist bewahrheitet.

Bitte denken Sie daran: Das neue, bewusste und positive Denken bedeutet Training – wie technisches und körperliches Training im Sport auch. Geben Sie sich Zeit und haben Sie Geduld mit sich und Ihrem Umfeld! Üben Sie sich im Umformulieren von einschränkenden, hemmenden, negativen Gedanken. Achten Sie so, wie Sie auf körperliche Hygiene achten, genauso auf Gedankenhygiene: Nehmen Sie wahr, was Sie denken.

Hinterfragen und analysieren Sie alte Denkmuster. Machen Sie sich dauerhaft positive Gedanken und Gefühle! Schreiben Sie Ihre Affirmationen auf und lesen Sie diese mehrmals täglich, tragen Sie sie bei sich, sprechen Sie sie auf Ihr Smartphone. Richten Sie Ihre Aufmerksamkeit auf Lösungen statt auf Probleme – das unterscheidet den Erfolgreichen vom Erfolglosen!

4.6   Das innere Team

Der deutsche Psychologe und Kommunikationswissenschaftler Friedemann Schulz von Thun hat zu unseren inneren Stimmen einmal Folgendes gesagt: „Der gesellschaftliche Raum ist von einer Vielzahl von Stimmen erfüllt, und es kann nicht ausbleiben, dass sich dieses Stimmengewirr in mir niederschlägt, dass die Außenstimmen sich mit eigenen

Regungen verbinden und dass ich, wenn ich vor einer bestimmten Frage stehe und in mich hineinhorche, es mit dieser inneren Pluralität viel heftiger zu tun bekomme als meine Urgroßeltern" (Groher 2014).

Es gibt, wenn ich abends nach Hause komme nach einem Seminar, einen Teil in mir, der sagt, „Antje, nimm deine Sporttasche und gehe ins Fitnessstudio" oder im Sommer, „Antje, fahr zum Simssee und schwimme eine große Runde. Baue Adrenalin ab und bewege dich, das tut dir gut, das weißt du." Dann gibt es in mir den Entspannungsteil, der sagt: „Komm, leg dich aufs Sofa und mach dir einen Tee oder schenk dir ein Glas Rotwein ein. Lass es dir gut gehen, lies etwas oder höre Musik." Und es gibt einen dritten Teil, den Arbeitsteil, der dann sagt: „Hey, du hast etwa 150 E-Mails auf dem Rechner, es gibt genug zu tun. Du musst an deinem Buch weiterarbeiten, Dinge organisieren, Flüge buchen etc. Also, ran, Rechner hochfahren und los geht's!" Diese drei Teile sitzen in meinem Innern gemeinsam an einem Konferenztisch. Meist gehen sie friedlich miteinander um, die Entscheidung ist schnell gefällt, manchmal gehen sie auch eine Kooperation ein und manchmal ist es weniger friedlich. Dann können wir beobachten, was wir auch von Menschen in Konferenzen kennen: Die Teile streiten miteinander.

Ansätze fürs innere Team finden sich im NLP (Neuro-Linguistisches Programmieren), bei Friedrich Schulz von Thun und dem US-amerikanischen Psychotherapeuten Richard C. Schwartz („Das System der Inneren Familie" oder „Internal Family Systems", kurz IFS-Modell). Wenn ich einen Vortrag halte, gibt es ein inneres Team, zu dem z. B. die „erfahrene Trainerin" gehört, die sagt: „Toll, dass heute wieder so viele Teilnehmer gekommen sind und sich für meine Arbeit, Methoden, Impulse und meine Person interessieren. Super, dass ich wieder zeigen kann, was ich kann und wie viel ich weiß." Dann gibt es auch einen inneren „Fan" für das Thema Mentale Stärke, Motivation und Selbstführung und dieser Teil sagt: „Ich nehme wieder alle mit und begeistere meine Teilnehmer." Es gibt aber auch eine „Qualitätsbeauftragte", die sich fragt: „Na, hast du dich auch wirklich gut vorbereitet? Kannst du alle abholen?" Bei Menschen, die unter Prüfungsangst leiden, kommt noch der ängstliche Teil, vielleicht in Form des „schüchternen Mädchens" hinzu, der fragt: „Uff, sind das nicht zu viele Menschen?"

Schulz von Thun sieht den Menschen nicht als innerlich einheitliches Wesen, sondern identifiziert verschiedene, unterschiedliche Teile in der Gesamtpersönlichkeit: zum Beispiel Beschützer, Bewacher, Repräsentant, Didaktiker, Entertainer, Kämpfer, Dialogbereiter, Selbstzweifler, Mitleidige, Anerkennungsbedürftige, Arbeitsgestresste etc. Die Teile stehen für unterschiedliche Wertehaltungen, Motive und Ziele. Nach Schulz von Thun (1998) ist die Erkundung des inneren Teams eine Methode zur Selbstklärung (beruflich und privat), zur inneren Teamentwicklung und zur Verbesserung einer guten Aufstellung für herausfordernde Rollen und schwierige Situationen. So können wir, je nach Situation und Gegenüber, die innere Mannschaftsaufstellung variieren. Die nähere Betrachtung unseres inneren Teams hilft, ein inneres gutes Betriebsklima herzustellen statt einen inneren Bürgerkrieg zu pflegen. Ziel ist, zu einer Haltung zu gelangen, die jeden Persönlichkeitsanteil anerkennt, frei nach dem Motto: „Gut, dass ihr alle da seid!" In unserer inneren Mannschaft sind alle gleich wichtig und jedes Mitglied ist unkündbar.

Abb. 4.4   Inneres Team. (© Antje Heimsoeth & Kerstin Diacont)

Ich erlebe aber oft innere Teams als einen zerstrittenen Haufen statt als konstruktives Team (vgl. Abb. 4.4). Meistens melden sich bei einem konkreten Anliegen mehrere Stimmen, die sich nicht einig sind. Einige sind laut, andere sehr zaghaft und schüchtern. Werden die Bedürfnisse einzelner innerer Teile verletzt – durch Zurückweisung, Verletzung, Abwertung, Kränkung, Beleidigung und Beschämung – bilden sich Bewältigungsschemata, die oftmals Trotz, Angst und Vermeidungsstrategien sind. Sie nähren negative Selbstüberzeugungen („Ich bin nicht okay", „Ich bin nicht gut genug"). Alle Teile, die wir nicht hören und ablehnen, randalieren. Die gefühlte Ausstoßung innerer Teile verursacht Schmerz und Angst. Im Außen zeigen wir uns dann hart und unverletzlich. „Meine abgelehnten Persönlichkeitsanteile nehme ich überdeutlich dort wahr, wo es selbstwertschonend möglich ist: Beim Gegenüber (Kinder, Lebenspartner, Vorgesetzte, Mitarbeiter)! Um sie dann dort zu bekämpfen" (Schulz von Thun 2010). Innere Teamkonflikte rauben uns den Schlaf (zu wenig gehörte Teammitglieder reden dann) und erschrecken. Sie machen auf der anderen Seite beweglich, fördern unsere persönliche Weiterentwicklung und suchen Balance.

Da die Qualität von Führung und Selbstführung eng zusammenhängt, gilt auch hier: Je geklärter Ihr inneres Team ist, desto klarer ist auch Ihr externer Führungsstil gegenüber Ihren Mitarbeitern. Je besser Sie sich selbst führen können, weil Sie Ihre inneren Persönlichkeitsanteile anerkennen und berücksichtigen, umso sicherer treten Sie als Führungskraft auf.

Klarheit im inneren Team verbessert auch Ihre Kommunikation. Schulz von Thun: „Wer mit sich selber einig (geworden) ist, kann der Welt mit vereinten Kräften begegnen. Sie verleihen ihm Ausstrahlung von Eindeutigkeit, Sicherheit, Ruhe, Souveränität, Autorität und das damit verbundene Gewicht, die damit verbundene Durchsetzungskraft" (Schulz von Thun 2010, S. 155). Persönlichkeitsanteile anzuerkennen, die man selbst am liebsten gar nicht hätte, ist nicht immer leicht, aber für die Entwicklung echter Stärke unerlässlich. Schulz von Thun sagt dazu: „Ein mit allen Wassern gewaschener Profi muss auch dem inneren Menschen gewachsen sein, der in ihm wohnt und dort fortwährend sein Wesen, manchmal auch sein Unwesen treibt!" (Schulz von Thun 2010).

4.6.1   Selbsterforschung des inneren Teams

Jeder kann sein inneres Team erkunden, die einzelnen relevanten Teilnehmer identifizieren und mit Namen versehen, Einzelstimmen anhören, die Teile in wertschätzender Weise beschreiben, eine freie Diskussion anregen und zulassen. Und nach einem Brainstorming Lösungen finden, denen alle zustimmen können. Haben Sie Schwierigkeiten eine Entscheidung zu treffen, liegt dem auch manchmal das Ungleichgewicht Ihres inneren Teams zugrunde. Schaffen Sie in solchen Momenten Distanz zu sich selbst, dann werden die Gründe für Ihr Zögern greifbarer. Haben Sie diese erkannt, fällt die Entscheidung meist leichter und schneller. Wenn Sie sich mit Ihrem inneren Team beschäftigen, gewinnen Sie Klarheit darüber, aus welchen Gründen Sie manches einfach nicht tun.

Wie beim Management Ihres realen Teams im Beruf, ist auch bei Ihrem inneren Team das Ziel, aus teilweise kontrovers denkenden Anteilen ein Team zu formen und es kooperativ zu führen. Arbeiten Sie alle Einwände Ihrer inneren Anteile ab und kümmern Sie sich um vernachlässigte Teammitglieder. Ermitteln Sie eine Idealaufstellung Ihres inneren Teams. Fragen Sie sich: Wie wäre es für mich ideal? Fehlt jemand im Team? Können Sie den fehlenden Teil mental aufbauen, z. B. mit Verhaltensübungen?

Hilfreiche Fragen zur Erkundung Ihres inneren Teams sind z. B.: Mag es sein, dass ich unterschiedliche innere Stimmen habe? Was ist in meinem Kopf los? Welche inneren Teammitglieder stehen mir in der Führungsrolle zur Verfügung? Mit welcher typischen Mannschaftsaufstellung trete ich als Führungskraft/Lebenspartner/Trainer an? Wer „bewacht" meine Komfortzone, z. B. der innere Schweinehund („Eigentlich wollte ich, aber …")? Wer ist es bei mir, der meine Lebenslaune eintrübt? Wer ist es bei mir, der mir nicht helfen will, aufzublühen (in einer konkreten Situation oder in allen möglichen Lebenslagen)? Welche inneren Stimmen melden sich angesichts eines konkreten Anliegens bei mir zu Wort? Was oder wer regt und rührt sich in mir? Wie sieht er/sie aus? Was sagt jede einzelne Stimme? Was ist die prägnante Kernbotschaft? Passen diese Stimmen eigentlich zur Situation? Welches Teammitglied könnte ich stärker zum Leben erwecken? Wer empört sich denn hier in mir? Wer in dir hat sich etwas anderes erhofft bzw. ersehnt? Wer macht sich bei mir überhaupt nicht bemerkbar? Kenne ich den Teil auch sonst in meinem Leben? Wer gehört zusammen? Wer ist im Konflikt mit wem? Was vertritt wer? Wie ist die Dynamik? Verbündete? Koalitionen? Seilschaften? Machtverhältnisse? Was hält meine Stimme X davon, dass …? Kann ich das Argument meiner inneren Stimme übergehen? Ist es so banal, dass ich es nicht zu berücksichtigen brauche? Befassen Sie sich mit jeder Stimme einzeln. Hören Sie jeder einzelnen aufmerksam zu. Identifizieren Sie sich mit all Ihren inneren Anteilen. Erkunden Sie die Motivation jedes inneren Anteils: Was ist die gute Absicht? Welche alternativen Methoden gibt es?

Aus welchen Gründen Sie diesen Aufwand betreiben sollten? Es fördert Ihre seelische Gesundheit und keinesfalls den Weg zur multiplen Persönlichkeit, falls Sie das fürchten. Die Auseinandersetzung mit unserem inneren Team führt zu einem liebevolleren Umgang mit uns selbst. Wer sich darauf einlässt, hat in Sachen Selbstführung schon viel gewonnen.

Jeder Teil will etwas für uns sicherstellen. Es gilt, die positiven Absichten der inneren Teile wahrzunehmen und zu hören. Entweder läuft es auf einen Kompromiss hinaus oder es gewinnt ein innerer Teil. Bei mir ist es (leider) oft der Arbeitsteil. Zu meinem inneren Team gehört auch „die Verantwortliche". Dieser Teil wirkt manchmal wie ein „Kontrolletti". Wenn dieser Teil zu stark in mir ist, dann ist es auch keine Stärke mehr. Darüber hinaus gibt es auch die „Macherin". Dieser Teil hilft mir in meinem Beruf oft sehr. Auch Gruppen profitieren davon oft. Dann gibt es noch eine „Planerin", die unter Druck auch mal zur Prinzipienreiterin werden kann, und eine „Mutige", denn ich habe ein starkes Unabhängigkeitsgefühl in mir. Es gibt eine „sachliche Problemlöserin", die viel analysiert und sich gelegentlich auch zurücknehmen darf. Es gibt in mir aber auch eine „Verletzte", vor allem privat, die ich nicht so gerne zeige. Manchmal gibt es auch eine „Unsichere", z. B. bei einer Rede vor ca. 3000 Zuhörern. In meinem inneren Team gibt es eine „Dünnhäutige", wenn ich wenig geschlafen habe, mich überfordert fühle, überarbeitet bin. Dann reagiere ich emotional stärker als sonst. Manchmal bin ich eine „Festbeißerin". Sicher gibt es noch mehr innere Anteile.

Jeder kann sein inneres Team erkunden und sich konkret zu einem bestimmten Anliegen oder einer Situation fragen: Welche inneren Stimmen melden sich bei mir zu Wort? Wer spricht? Wie sieht die innere Stimme aus? Was sagt jede einzelne Stimme? Was ist die Kernbotschaft? Hören Sie sich jede einzelne Stimme an und starten Sie im Anschluss eine Diskussion dieser Stimmen miteinander. Genau wie im Arbeitsleben kann bei Ihrem inneren Meeting das gemeinsame Brainstorming zu konstruktiven Lösungsvorschlägen führen.

Das innere Team spielt auch für das immer wichtiger werdende Thema Gesundheitsprävention eine wichtige Rolle. Berufen Sie eine „Gesundheitskonferenz" ein, die die verschiedenen Seiten Ihrer Persönlichkeit berücksichtigt – sowohl die ungern gezeigten als auch die gern gelebten. Ein Beispiel: Es gibt den „Sonnyboy", der sagt, wo es langgeht. Damit zeige ich meinen sportlichen, starken Anteil und den „Menschenfreund" in mir. Auf der anderen Seite zeige ich ungern meine Traurigkeit, dass ich vielleicht keinen Plan habe, gelegentlich ein „Faulenzer" bin oder wie ein kleines „Baby", manchmal ein „Schwein", das andere über den Tisch zieht, und mich manchmal sehr unattraktiv finde. Wenn ich an Grippe erkranke, ist die Krankheit vielleicht eine Botschaft des inneren „Faulenzers", der nicht gehört wird und nun als Reaktion den Organismus flach legt. Es sind immer beide Seiten in uns angelegt. Die Teile, die nicht zu ihrem Recht kommen, streiken irgendwann – gleich einer Waage, die sich bewegt. Es ist hilfreich, in sich hineinzuschauen: Wie sind die Teile bei mir gewichtet? Was kommt zu kurz? Welcher Teil in mir möchte gerne auf die Bühne des Lebens? Selbstverständlich gehört auch Mut dazu, die „hinteren" Anteile zu leben. Doch wenn wir in Schieflage mit unseren Anteilen leben, treten Symptome z. B. in Form von Erkrankungen auf, um das Gleichgewicht unter den inneren Anteilen wiederzustellen. Bei Krankheiten gilt es dann zu fragen: Welcher auf der Bühne hinten stehende Anteil ist durch die Erkrankung nach vorn gekommen?

Beim Umgang mit Niederlagen und Misserfolgen tritt oft der innere „Perfektionist" in Erscheinung, der sagt: „Es gibt nichts Schlimmeres, als Fehler zu machen!" Der „Ängstliche" gesellt sich hinzu und sagt: „Ich habe große Angst vor dem Versagen!" Dann kommt „Everybody's Darling" und meint: „Es ist wichtig, dass mich alle mögen!" Der „Hasenfuß" fürchtet sich: „Ich habe große Angst, kritisiert und zurückgewiesen zu werden!" Hier hilft es, eine weitere Stimme zu Wort kommen zu lassen, die die Äußerungen in Relation setzt, vielleicht den „Mentor" oder „die weise Alte". Diese Stimme könnte dem Perfektionisten entgegensetzen: „Was ist so schlimm daran, einen Fehler zu machen? Siehst du nicht, was du daraus lernen kannst? Dass du daran wachsen kannst?" „Everybody's Darling" müsste sich fragen lassen, ob es realistisch ist, dass er/sie von allen gemocht wird. Solche Gegenspieler in Ihrer inneren Diskussion helfen, Bedenken und Anliegen Ihrer inneren Anteile zu relativieren und auf ein gesundes Maß zu reduzieren.

4.7 Übung Dankbarkeits- und Erfolgstagebuch

Eine Veränderung der inneren Haltung, Denkweisen und Überzeugungen kommt nicht über Nacht. Aber Sie können jeden Tag ein Stück dazu beitragen: mit dem Führen besonderer Tagebücher. Der amerikanisch-ungarische Psychologe und Motivationsforscher Mihaly Csikszentmihalyi rät dazu, sich abends auf drei Dinge zu besinnen, die am Tag gut gelaufen sind. Glück ist für Csikszentmihalyi die Summe guter Momente, denen wir jeden Tag Aufmerksamkeit schenken. Unaufmerksamkeit sei deshalb der schnellste Weg ins Unglück, so der Wissenschaftler (Csikszentmihalyi 2013). Die Erkenntnisse der Glücksforschung zu den Effekten einer optimistischen Betrachtungsweise habe ich bereits in der Einführung erläutert. Nun ist es an Ihnen, es selbst auszuprobieren. Es braucht wirklich nicht viel Zeit. Ich würde mich freuen, wenn Sie sich auf diese Übung einlassen könnten. Mein Leben hat sich durch das Führen eines Dankbarkeitstagebuches definitiv verändert. Ich bin zuversichtlicher, ja glücklicher geworden und schlafe oft darüber ein (vgl. Abb. 4.5).

In Ihrem Dankbarkeitstagebuch halten Sie alles fest, was Ihnen tagsüber an Gutem widerfahren ist: All die schönen, kleinen und großen, besonderen Ereignisse, das Gute in Ihrem Leben. Dinge, für die Sie dankbar sind und die Ihnen heute Freude gemacht haben. Ebenso die Namen jener Menschen, die heute positiv auf Sie eingewirkt haben. Der Fokus wird auf die angenehmen Dinge des Lebens gelenkt, Selbst-Bewusstsein und Selbst-Wert werden gestärkt. Auf lange Sicht wird Sie das glücklicher und zufriedener machen. Wenig Aufwand, große Wirkung!

Abb. 4.5 Dankbarkeit. (© Antje Heimsoeth & Kerstin Diacont)

Vorausgesetzt, Sie widmen sich dieser Übung wirklich regelmäßig – und Sie benötigen täglich nur wenige Minuten dafür – dann werden Sie eine Veränderung bei sich feststellen. Überprüfen Sie, wie sich Ihr Leben nach einer gewissen Zeit durch das Führen eines Dankbarkeitstagebuchs verändert hat. Der US-amerikanische Psychologie-Professor Barry Neil Kaufman bringt es auf den Punkt: „Dankbarkeit ist der schnellste Weg zum Glück."

Nicht wenige Menschen neigen dazu, sehr selbstkritisch mit sich umzugehen und das Augenmerk vor allem auf die eigenen Defizite zu richten. Das schenkt uns aber in herausfordernden Situationen – und solchen sind Sie als Führungskraft oft ausgesetzt – keine Kraft. Sich hingegen auf die eigenen Stärken und Erfolge zu besinnen, nutzt uns als Kraftquelle, weil es u. a. positive Gefühle freisetzt. Deshalb lohnt es auch hier, ein wenig Zeit zu investieren, um ein Erfolgstagebuch zu führen. Damit verinnerlichen Sie die Erfolgserlebnisse nachhaltig. Diese Übung können Sie auch für Ihr Team nutzen, indem Sie die gemeinsam erzielten Erfolge des Teams in einem für alle zugänglichen Dokument erfassen, z. B. in Form einer PowerPoint-Präsentation, die Sie vor wichtigen Herausforderungen dem Team zur Motivation und Unterstützung zeigen.

4.8   Die Wirkung des Umfelds auf den Erfolg

Ihre Gesellschaft wird Ihr Spiegelbild sein.
  Napoleon Hill

Was Ihr Gedankengut ausmacht, ist von außen beeinflusst. Wir alle werden von unserem
Umfeld geformt. Wir passen unsere Denkweise der unseres Umfelds an. Das wirkt sich
auch auf unser Verhalten aus. Haben wir Freunde im Umfeld, die viel lesen, lesen wir auch
mehr. Hat man lauter Freunde, die rauchen, ist die Gefahr groß, dass man selbst damit
anfängt. Um erfolgreich zu sein, brauchen wir ein intaktes Umfeld, in dem wir uns wohl
fühlen. Bei der Betrachtung nicht-förderlicher Umfelder müssen wir unterscheiden in „zu
wenig" Umfeld, ein falsches Umfeld oder ein richtiges Umfeld, das falsch genutzt wird.
Wir brauchen mehr als eine Person in unserem Umfeld, um für die verschiedenen Facetten
unseres Lebens einen Sparringspartner zu haben: jemanden für berufliche Themen, für den
Sport, für den privaten Austausch, für besondere Hobbies, den Konzertbesuch etc. Selbst
in einer Beziehung kann der Lebenspartner nicht für alles herhalten. Verschiedene Personen mit unterschiedlichen Stärken im Umfeld zu haben ist wichtig. Ich kenne keinen erfolgreichen Menschen, der völlig allein an die Spitze gelangt ist. Häufig wird über das
Umfeld nicht gesprochen, aber es ist vorhanden. Niemand wird erfolgreich ohne ein entsprechendes Unterstützer-Umfeld (Netzwerk). Das ist im Spitzensport oft zu sehen. Das
fängt bei Trainingsgemeinschaften an und hört bei Wettkämpfen nicht auf. Die deutsche
Fußball-Nationalelf wäre nicht Weltmeister geworden ohne das Team aus Physiotherapeu-
ten, Ärzten, Athletiktrainern bis hin zu den Lebenspartnern im Hintergrund. Wolfgang
Mader hätte ohne sein Team nicht das „Race Across America" finishen können, Extremsportler Joey Kelly hatte seinen Freund, der Arzt ist, bei vielen Läufen dabei.Dasselbe
gilt fürs Business: Die Vorstände in Unternehmen sind nur so gut wie das Team des Vorstands, das ihm zuarbeitet.

Natürlich ist Zeit eine knappe Ressource und es fällt nicht immer leicht, sein Umfeld
zu „pflegen", Freunde zu treffen und dem Partner Aufmerksamkeit zu schenken. Was
zählt, ist jedoch oftmals die Qualität der Beziehung und nicht die Quantität. Und auch hier
gilt das Prinzip der Dankbarkeit: Bedanken Sie sich bei Ihren Unterstützern für deren
Unterstützung, drücken Sie Ihre Dankbarkeit für Freundschaften aus, z. B. mit einer netten
SMS oder Postkarte, einem Blumenstrauß oder dadurch, dass Sie echtes Interesse am anderen zeigen. Das heißt, offene Fragen stellen und aktiv zuhören. Bei solchen Gesprächen
sollte das Handy ausgeschaltet sein. Auch das zeugt von Wertschätzung dem anderen
gegenüber.

Unser Umfeld kann uns stärken und Bestleistungen möglich machen. Es ist nicht einfach, die richtige Besetzung fürs Dream Team zu finden. Und es ist auch nicht immer
einfach, die Menschen, die gut für uns sind, zu ertragen. Denn das sind in Regel Menschen, die uns fordern, die gelegentlich unbequem sind, die uns konfrontieren und zwingen, manches genauer anzuschauen. Für unsere persönliche Weiterentwicklung sind sie

extrem wichtig. Wer kann zu solch einem Dream Team zählen: Partner, Kinder, gute Freunde, Kollegen, ein Mentor und enge Mitarbeiter.

Aus der Gehirnforschung wissen wir bereits, dass es drei wichtige Säulen im Leben gibt: Spaß, Selbstvertrauen und soziale Kontakte, also das Umfeld. Fehlt uns ein unterstützendes Umfeld, kann uns das schwächen, zurückhalten, abhalten oder gar stoppen. Wenn ich die Denkweise meines Umfelds in Frage stelle, nicht länger übernehme, ist die Gefahr groß, ausgeschlossen zu werden. Auch wenn es weh tut: Manchmal muss man das Umfeld wechseln. Ein schlechtes Gewissen und Schuldgefühle gehen damit oft einher. Doch wenn ich ein klares Ziel vor Augen habe, muss man das riskieren. Wenn man sich verändern möchte, z. B. beruflich etwas ganz anderes machen möchte oder sein Denken und Verhalten verändert, dann muss man vielleicht auch sein Umfeld verändern. Als ich anfing, als frühere Vermessungsingenieurin fortan als Mental Coach und Speaker zu arbeiten, hielt mich mein Umfeld für total verrückt. Hält man am früheren Umfeld fest, kann es sein, dass man scheitert.

Schaffen Sie sich ein positives Umfeld. Das bedeutet nicht, dass sie alle Freunde verlassen müssen. Man braucht Gleichgesinnte, mit denen man sich über die Zukunft oder den Beruf austauschen und sich inspirieren lassen kann.

Das Umfeld beginnt übrigens schon beim Auditorium während eines Vortrags: Was hilft Ihnen mehr – wenn Sie in mürrische, gelangweilte, müde Gesichter schauen oder wenn Sie nach aufmunternden, lächelnden Gesichtern Ausschau halten, nach Gesten, die anzeigen, dass Ihre Präsentation ansprechend ist? Mir selbst hat es einmal sehr zu schaffen gemacht, als ein Zuhörer, ein ehemaliger Ausbilder von mir, zwei Stunden mit stoischer Miene im Plenum saß. Sein Pokerface verunsicherte mich und ließ meinen inneren Kritiker sehr laut werden. Daher: Konzentrieren Sie sich auf die positiven Einflüsse in Ihrer Umgebung, nur das hilft Ihnen weiter.

Wer sich aber bereits ein funktionierendes, positives Umfeld aufgebaut hat, darf etwas auf keinen Fall vergessen: „Danke!" zu sagen. Heben Sie ganz bewusst die Leistung Ihres Unterstützerteams hervor und bieten Sie ihm eine Bühne, auf der auch seine Leistungen gewürdigt werden. Dann können Sie sich dieser Unterstützung auch in der Zukunft gewiss sein.

Vorbilder

Was weiterhilft, ist die Orientierung an echten Vorbildern, die Kontinuität, Mut, Klarheit und Konsequenz, Werte wie Respekt und Fairness verkörpern. Das können Menschen in Ihrem direkten Umfeld, zum Beispiel die Eltern, sein, aber auch Spitzensportler, besonders erfolgreiche Menschen und Prominente, fiktive Personen in Filmen oder historische Persönlichkeiten, deren Haltung und Handeln Sie positiv inspirieren. Wichtig ist, dass Sie sich der Tatsache bewusst sind, wie sehr Ihr eigenes Umfeld zu Ihrem Gedankengut und damit auch zu Ihrer Haltung beiträgt – und wie sehr Sie wiederum als Führungskraft mit Vorbildfunktion zu der Haltung Ihres Teams beitragen. Als Führungskraft gehört es zu Ihren Aufgaben, ein gutes Vorbild für Ihre Mitarbeiter zu sein, das Mitarbeitern und Kunden mit Empathie begegnet. Suchen Sie sich ein Vorbild, von dem Sie auch in dieser Hinsicht noch lernen können.

Ein Klient von mir arbeitete als Vorstandsmitglied in einem großen Konzern. Im Vorstand herrschte kein Miteinander, sondern ein kontinuierliches Hauen und Stechen. „Ich wusste, dass jener Kollege, der mich eben noch angelächelt hatte, ab dem Moment, wenn ich den Raum verlassen hatte, gegen mich intrigieren würde", sagte mein Klient. Die Folge eines solchen Umfelds stellte er nach geraumer Zeit an sich selbst fest: „Meine Haltung wurde zunehmend negativer, auch außerhalb des Unternehmens. Für mich war irgendwann das Glas nur noch halb leer und nicht mehr halb voll." Die Entwicklung, die sich bei ihm vollzog, fasste er unverblümt zusammen: „Ich mutierte zum Arschloch." Seine größte Sorge war, dass er diesen Zustand beibehalten würde, selbst wenn er zu einem anderen Unternehmen wechselte.

Wie sehr die Wahrnehmung äußerer Widerstände uns an unserer persönlichen Zielerreichung hindern kann und wie erfolgreich Sie sein können, wenn Sie sich auf sich fokussieren, zeigt die Fabel von den Fröschen, deren Verfasser unbekannt ist:

Geschichte

Eines Tages entschieden die Frösche, einen Wettlauf zu veranstalten. Um es besonders schwierig zu machen, legten sie als Ziel fest, auf den höchsten Punkt eines großen Turms zu gelangen. Am Tag des Wettlaufs versammelten sich viele andere Frösche, um zuzusehen. Als der Wettlauf begann, glaubte keiner der Zuschauer wirklich, dass auch nur ein einziger der teilnehmenden Frösche tatsächlich das Ziel erreichen könne. Statt die Läufer anzufeuern, riefen sie also: „Oje, die Armen! Sie werden es nie schaffen!" oder „Das ist einfach unmöglich!". Und wirklich schien es, als sollte das Publikum recht behalten, denn nach und nach gaben immer mehr Frösche auf. Nur ein Frosch kletterte schließlich noch unverdrossen den steilen Turm hinauf – und erreichte als einziger das Ziel. Die Zuschauer waren völlig verdattert und wollten von ihm wissen, wie er das möglich war. Einer der Teilnehmerfrösche näherte sich ihm, um zu fragen, wie er den Wettlauf gewinnen konnte. Da merkte er: Der Frosch war taub! ◄

Literatur

Bandler, R. (1987) Veränderung des subjektiven Erlebens. Fortgeschrittene Methoden des NLP. Junfermann, Paderborn, S. 20.

Baumann, S. (2011) Psyche in Form. Sportpsychologie auf einen Blick. Meyer & Meyer, Aachen, S. 93, 282.

Baumgartner, E. (2013) Schauen Sie nach vorn, Frau Lot! In: Wiener Zeitung, 29. April 2013. http://www.wienerzeitung.at/themen_channel/wissen/mensch/542801_Schauen-Sie-nach-vorn-Frau-Lot.html. Zugegriffen: 25. November 2014.

Corssen, J., Tramitz, C. (2014) Ich und die anderen: Als Selbst-Entwickler zu gelingenden Beziehungen, Knaur Verlag, München, S. 24–25; 80–81.

Csikszentmihalyi, M. (2013) Flow: Das Geheimnis des Glücks, Klett-Cotta, Stuttgart, 16. Auflg.

Dillenburg, D. (2014) Kaymer mit Platzrekord. In: golf.de, 9. Mai 2014. http://www.golf.de/publish/60102365/pgatour/kaymer-mit-platzrekord. Zugegriffen: 21. Januar 2015.

Eberspächer, H. (2007) Mentales Training. Ein Handbuch für Trainer und Sportler, 7. Auflg., Copress Sport, München, S. 21; 106 ff.

Gallwey, W. (2003) The inner game of tennis. Die Kunst der entspannten Konzentration. New School, Königswinter, 2. Auflg., S. 29.

Gernandt, M. (2010) Der Ritter von der Traummeile. In: Süddeutsche.de, Momente der Sportgeschichte, erschienen am 19. Mai 2010. http://www.sueddeutsche.de/sport/momente-der-sportgeschichte-der-ritter-von-der-traummeile-1.927687. Zugegriffen: 22. Oktober 2014.

Groher, J. (2014) Führungskraft. Erfolgreiche Führung beginnt mit Selbstführung. Gabal, Offenbach, S. 90.

Heimsoeth, A. (2012) Golf Mental: Pockettraining. pietsch. Stuttgart. S. 19–27.

Kahn, O. (2010) Ich. Erfolg kommt von innen. Goldmann, München, S. 165.

Kumar, A. et al. (2008) The High-Conductance State of Cortical Networks. In: *Neural Computation*, 20(1): 1–43.

Schulz von Thun, F. (1998/2010) Miteinander Reden. Das Innere Team und situationsgerechte Kommunikation. Band 3, Rowohlt, Reinbek.

Storch, M. et al. (2006) Embodiment. Die Wechselwirkung von Körper und Psyche verstehen und nutzen. Verlag Hans Huber, Bern.

Zerlauth, T. (2000) Sport im State of Excellence. Junfermann Verlag, Paderborn, S. 224.

Weiterführende Literatur

Bauer, J. (2013) Arbeit. Warum unser Glück von ihr abhängt und wie sie uns krank macht. Karl Blessing Verlag, München, S. 44.

Heimsoeth, A. (2014) Love it – Leave it – Change it. In: Buchenau, P. (Hrsg.) Chefsache Prävention I: Wie Prävention zum unternehmerischen Erfolgsfaktor wird. Springer Gabler, Wiesbaden, S. 81 ff.

Hoffmann, J., Engelkamp, J. (2013) Lern- und Gedächtnispsychologie. Springer, Berlin, Heidelberg, S. 23.

> Wer nicht weiß, wohin er will, darf sich nicht wundern, wenn er ganz woanders ankommt.
>   Mark Twain

5.1   Was ist eine Vision, was ein Wunsch?

Eine Vision ist manchmal wie ein Traum, der Zugkraft entfalten kann, eine Art Über-Ziel. Visionen sind kraftvolle Bilder, für die es lohnt aufzustehen und arbeiten zu gehen. Eine Vision ist die klare Vorstellung, ein Bild von der Zukunft, mit einem großen, kühnen, lebendigen und anspruchsvollen Ziel, das in zehn oder 30 Jahren erreicht werden soll. Aus Visionen können Ziele werden, eine Vision kann mehrere Ziele in sich vereinen. Doch zunächst ist eine Vision per Definition eine im Hinblick auf die Zukunft entworfene, oft träumerische Vorstellung oder Imagination bezüglich eines Zustands (vgl. www.wissen.de). Sie ist sehr weit weg, einfach und bildhaft. Diese Vorstellung stiftet Sinn, gibt einen Fokus, fokussiert Energie, motiviert und bewirkt, dass wir uns anstrengen, um Bestleistungen zu bringen. Eine Vision stellt einen größeren Zusammenhang her. Sie ist eine von uns und unserer Zukunft entworfene Vorstellung. Sie gibt die Richtung der Entwicklung vor, wert-orientiert, mitreißend, verpflichtend nach innen und nach außen, meist nicht völlig klar, eher verschwommen. Synonyme für das Wort Vision sind z. B. Lebenszweck, Lebensaufgabe oder Mission State.

Um eine Vision zu entwickeln, helfen uns Fragen wie: Wo will ich hin? Wo geht es hin? Wie sehe ich mich in der Zukunft? Was will ich erreichen? Warum tue ich das? Wofür tue ich das? Wofür steht meine berufliche Tätigkeit? Was würde mich glücklich machen? Wie soll sich das anfühlen? Meine größten Momente von Glück und Erfüllung? Wozu stehe ich auf? Wozu arbeite ich? Wozu verdiene ich Geld? Welche Werte verkörpere ich? Wie sieht meine „Mission" aus?

© Springer Fachmedien Wiesbaden GmbH, ein Teil von Springer Nature 2022
A. Heimsoeth, *Kopf gewinnt!*, https://doi.org/10.1007/978-3-658-36131-0_5

Brauchen auch Unternehmen eine Vision? Ich glaube – ja. Die Vision sollte zum Ausdruck bringen, wofür das Unternehmen steht. Folgende Fragen sind dafür hilfreich: Was ist der Zweck des Unternehmens? Wofür steht das Unternehmen? Welchen Beitrag will das Unternehmen leisten? Wo will man in den nächsten zehn oder 30 Jahren hin? Was würden die Mitarbeiter voller Stolz über das Unternehmen sagen? Was würde die Presse über das Unternehmen schreiben? Walt Disney nannte einst als seine Vision für sein Unterhaltungsimperium: Menschen unterhalten und glücklich machen. Es ist wichtig, dass die Mitarbeiter eines Unternehmens dessen Vision verstehen. Aus welchen Gründen? Weil nur dann auch wirklich alle, Mitarbeiter wie Führungskräfte, im Unternehmen mit ihrem Bestreben in die gleiche Richtung ziehen. Betrachten Sie die Vision Ihres Unternehmens mal genauer. Bei näherer Betrachtung werden Sie feststellen, dass die Vision das stärkste Mittel ist, um Mitarbeiter ebenso wie Kunden ans Unternehmen zu binden. Wohlgemerkt, eine Vision ist kein Garant für Erfolg, aber sie ist seine Initialzündung. Wer erreichen will, dass alle im Unternehmen an einem Strang in die gleiche Richtung ziehen, muss seine Mitarbeiter auf die Vision einschwören.

Der deutsche Ex-Nationaltorhüter Oliver Kahn sagt über die Vision, die seine Karriere begründete: „Meine Vision, und sie stand schon sehr früh für mich fest, war folgende: Ich wollte der beste Torhüter der Welt werden. Der beste Torhüter der Welt! Der beste! Eine gewaltige Vision, gewaltig weit weg damals, ein Über-Über-Ziel. Irgendwie gar nicht nebulös, sondern sehr konkret. Ein gewaltiger Anspruch an mich selbst, den ich mir mit dieser Vision auflud" (Kahn 2010).

Was der Vision fehlt, ist die Strategie zur Umsetzung. Das gilt auch für Wünsche. Sie sind gefühls- und lustbezogen, wirken als treibende Kraft. Doch die Erfüllung des Wunsches bleibt meist dem Zufall überlassen und unterliegt manchmal allein unserem Einfluss. Der Wunsch ist sozusagen Vater des Ziels. Erst die Entwicklung einer Strategie zur Umsetzung macht aus einer Vision oder einem Wunsch ein Ziel. Der Weg zum Erfolg wird von klaren, positiven, aktiven Ziele (Ergebnis- und Prozessziele) bestimmt. Haben Sie Ihre Ziele klar definiert? Und wissen Sie, wo Sie gerade stehen? Eine Standortbestimmung ist unerlässlich, um zu wissen, welchen weiteren Weg Sie beschreiten wollen. Wenn ich mein Ziel kenne, aber meinen Standort nicht, kann ich meinen Weg zum Ziel nicht planen. Häufig machen wir uns Gedanken über unsere Ziele und die des Unternehmens, für das wir arbeiten, aber keine Gedanken über unsere Ist-Situation.

5.2   Übungen zur Visionsentwicklung

5.2.1   Das Fernsehporträt

Angenommen, in zehn Jahren dreht ein Fernsehsender einen Film über Ihr bisheriges Lebenswerk, einen Film über all die Dinge, die Ihnen wichtig sind. Über Projekte, die Sie realisiert haben, und vor allem über jene Menschen, die Sie auf Ihrem Weg begleitet haben. Welche Bilder werden gezeigt? Wer taucht an Ihrer Seite auf? Worauf sind Menschen in Ihrem Umfeld und Sie besonders stolz? Welche Ziele haben Sie schon erreicht – und welche Träume möchten Sie noch verwirklichen? Was berichtet der Sender? Danach stellt Ihnen der Moderator noch zwei Fragen: Wie haben Sie das alles geschafft? Welche Ihrer Talente und Stärken waren bei der Umsetzung besonders wichtig?

Für die Antworten haben Sie nur fünf Minuten Zeit. Schreiben Sie alles auf, was Sie sagen wollen.

Diese Übung können Sie regelmäßig wiederholen. Sie ist wunderbar, um uns die eigenen Stärken, aber auch Wünsche und scheinbaren Grenzen bewusst zu machen. In Situationen, in denen wir an uns zweifeln, können unsere Visionen uns Mut schenken, weiterzumachen und uns selbst treu zu bleiben.

5.2.2 Vision

Diese Übung ist sehr effektiv und kostet Sie nur fünf Minuten täglich. Schreiben Sie schnell, ohne nachzudenken oder zu pausieren, Sätze auf, die wie folgt beginnen: „Ich möchte …", „Ich will …", „Ich hätte gern …", „Ich wünsche …" Bedingung: Die Sätze müssen positiv formuliert sein. Das kennen Sie bereits von den Affirmationen. Worte wie „nicht", „nichts", „kein" sind tabu.

Wenn Sie Ihre Visionen in einem Büchlein dokumentieren, merken Sie rasch, was und wohin Sie wollen, welche Visionen nach Umsetzung schreien. Ich mache diese Übung mindestens einmal pro Jahr. Dann überlege ich schon tagsüber – bewusst oder unbewusst –, was ich abends in mein Buch schreiben möchte. Diese Arbeit hält mich im Prozess. Wesentliche Dinge können Sie wiederholen, auch wenn es dieselben Sätze oder Worte sind. Diese Übung kann zu einer Art Gebet werden. Vergessen Sie bei Ihren Überlegungen nicht Ihre Gesundheit. Es sollten nicht nur materielle oder berufliche Dinge auf der Liste zu finden sein.

Für die Realisierung Ihrer Visionen sollten Sie sich, je nach Inhalt, einen Zeitraum von acht Wochen bis zu zwei Jahren setzen. Formulieren Sie erste Umsetzungsschritte: Was ist konkret zu tun, um die Vision zu realisieren? Wir müssen uns klar sein über die Bedingungen. Oftmals haben wir falsche Vorstellungen von den Voraussetzungen zur Realisation. Wenn ich Sie frage, welche Bedingungen fürs Bergsteigen erforderlich sind, werden Sie vielleicht antworten: Leine, Ausrüstung, Berg, Beine, Kleidung etc. Falsch. Es braucht zum Bergsteigen lediglich einen Berg – und den Willen, ihn zu besteigen.

5.3   Die Zielsetzung

Der Langsamste, der sein Ziel nicht aus den Augen verliert, geht immer noch geschwinder, als der, der ohne Ziel umherirrt.
    Gotthold Ephraim Lessing

Kennen Sie Ihre Ziele? Nicht nur Ihr Urlaubsziel oder wirtschaftliche Ziele, sondern auch Ziele im Sport, im Beruf, in Bezug auf Fitness und Gesundheit, für Ihre Familie, für die Karriere, materielle, zwischenmenschliche und finanzielle Ziele? Wenn ich Sie bitte, mir diese näher zu erläutern, haben Sie eine Antwort parat? Wer keine Ziele hat, kann nirgendwo ankommen, kann keine konkreten Pläne schmieden und seltener Erfolge verbuchen, was sich wiederum auf das Selbstvertrauen, das Selbstwertgefühl und den eigenen Energiehaushalt auswirkt. Viktor Frankl hat gesagt: „Es ist nicht schlimm, ein Ziel nicht zu erreichen. Viel schlimmer ist es, kein Ziel zu haben." Zielarbeit ist der erste, enorm wichtige Schritt im Mentaltraining und -coaching. Ohne Ziele generieren wir kein Wachstum, kein selbstbestimmtes Leben, keine persönliche Weiterentwicklung. Oliver Kahn sagt dazu: „Man kann nicht nicht wachsen. Sie haben schon recht, wenn Sie protestieren. Natürlich kann man auch „schrumpfen". Was ich meine, ist: Man sollte nicht schrumpfen wollen. Man sollte nicht mal „auf der Stelle treten" wollen. Denn bereits „Nullwachstum" zähle ich dem Schrumpfen zu. Nur wer sich bewegt, kann auch wachsen." (Kahn 2010).

5.3.1 Ziele

Mein Kollege Jörg Löhr hat für die Zielformulierung einen anschaulichen Vergleich formuliert: „Wie beim Autofahren per Navigationssystem führen uns im Leben nur genaue Zieldaten dahin, wohin wir wollen." (Pfeffer und Pridun 2009). Wenn wir in ein Taxi steigen, sagen wir dem Taxifahrer auch nicht, wo wir nicht hin wollen, sondern wo genau er uns hinfahren soll. Wenn wir im Restaurant bestellen, sagen wir dem Ober auch nicht, was wir nicht essen und trinken wollen, sondern was er uns konkret von der Speisekarte bringen soll. Mit **positiven, realistischen, sinnesspezifisch konkreten, zeitlich fixierten, aktiven, überprüfbaren, interessanten, individuellen und visionären** Zielen überwinden wir unsere Bequemlichkeit, sind motivierter, übernehmen Verantwortung für uns und unser Leben. Der POSITIVE Zielrahmen gibt die Kriterien an die Hand, die ein motivierendes Ziel ausmachen:

P	positiv und in der Gegenwart formuliert, ohne Verneinungen und Vergleiche
O	ökologisch (ohne innere und äußere Widerstände und Einwände; im Bewusstsein für positive und negative Konsequenzen und Auswirkungen des Ziels)
S	sensorisch/sinnesspezifisch konkret (den Zielzustand mit allen Sinnen vorweg im Kopf erleben: sehen, hören, fühlen, evtl. riechen und schmecken (VAKOG), wie es ist, am Ziel zu sein)
I	individuell, realistisch, selbst kontrollier- und initiierbar
T	testbar, überprüfbar, messbar („Ich steigere bis 31.12.2013 meinen Umsatz um zehn Prozent." Nicht: „Ich verdiene mehr Geld.")
I	interessant/relevant (Bedeutung des Ziels für mich; sind noch Zwischenziele nötig?)
V	visionär – Formulieren Sie Ihre Ziele so, dass sie den Kern Ihrer Wünsche treffen. Welches größere (übergeordnete) Ziel gibt es hinter dem Ziel?

Generell müssen Ihre Ziele Sie motivieren! Spüren Sie ein Kribbeln, wenn Sie sich vorstellen, am Ziel zu sein? Kontrollieren Sie stets, ob Sie mit voller Aufmerksamkeit dabei sind. Denken Sie daran, Ihr Ziel muss erreichbar sein. Der Glaube, das Ziel erreichen zu können, muss unerschütterlich sein. Die zeitliche Fixierung („innerhalb der nächsten sechs Monate") hilft Ihnen, den Eigenantrieb zu erhöhen. Für (fast) alles gibt es Termine – so auch für Ihre Ziele! Vergleiche („ich bin besser als …") haben in Ihrem Zielsatz nichts zu suchen.

Hilfreiche Fragen zur Zielformulierung und -festlegung sind:

Positiv (ohne sprachliche Verneinung, ohne Vergleich mit anderen wie „ich möchte besser sein als du", ohne möchte, will, kann):

„Wenn ich das nicht will, was will ich dann?", „Sondern?", „Was denn …?", „Wie mache ich etwas „nicht"?", „Wenn ich keine Angst hätte, was würde ich statt dessen empfinden?", „Was würde ich gern tun, statt (mich selbst zu kritisieren)?", „Wie wäre es, wenn ich in der Lage wäre, …?"

Ökologisch (Auswirkungen? Konsequenzen? Kosten?):

„Was wird es mir bringen, dass ich dieses Ziel erreiche?" „Was kostet mich das Erreichen des Ziels? Wie sehr bin ich bereit, diesen Preis zu bezahlen?" „Welchen Preis bin ich bereit, dafür zu bezahlen?" „Welche anderen Ziele habe ich, die damit in Konflikt geraten könnten? Und wie gehe ich damit um?" „Wie würde meine Umgebung (Familie, Partner/in, Arbeitskollegen, Chef, …) reagieren, wenn ich dieses Ziel erreicht habe? Und wie gehe ich damit um?" „Was ist es mir wert?"

Sensorisch konkret

„Woran werde ich erkennen, dass ich mein Ziel erreicht habe?", „Was sehe ich, höre ich, spüre ich?", „Welche Bilder, Gefühle, Klänge/Geräusche (evtl. auch welchen Geschmack und Geruch) verbinde ich mit meinem Ziel?" „Was heißt …(z. B. Freiheit) konkret? Woran erkenne ich …?", „Wo liegt der Unterschied zwischen Ist und Ziel?"

Individuell (im eigenen Einflussbereich/in deiner eigenen Kontrolle):

„Was ist mein persönlicher Anteil (an diesem Ziel)?" „In wessen Verantwortung liegt die Erreichbarkeit meines Zieles?" „Wer ist dafür zuständig?"

Testbar

„Woran werde ich merken, dass ich auf mein Ziel zugehe oder mich davon entferne?", „Woran werde ich, du oder ein anderer (Mensch) erkennen, ob ich das Ziel erreicht habe?", „Wann darf mich jemand nach dem Ergebnis fragen?"

Interessant (in der Gegenwart):

„Wie wird es sein, am Ziel zu sein?", „Was bedeutet es für mich?", „Was wird es mir bringen, dass ich dieses Ziel erreicht habe?"

Visionär

„Warum ist das für mich wichtig?", „Wie passt dieses Ziel zu meiner Vision/Zukunft?", „Wozu will ich mein Ziel erreichen? Ein größeres Ziel „dahinter"?", „Welcher Sinn …?", „In welchem Zusammenhang …?"

Beispiel aus dem Profisport

Der Weltklasse-Tennisspieler Roger Federer sollte als 15-Jähriger im Tennisinternat seine sportlichen Ziele aufschreiben. Während seine Mitschüler Sätze formulierten wie „Berufsspieler werden" oder „unter die ersten 100 der Weltrangliste vorstoßen", schrieb Roger Federer: „In die Top Ten kommen und dann die Nummer Eins werden" (Weltwoche 2007). Ein hohes Ziel, aber offensichtlich ein sehr motivierendes. Knapp zehn Jahre später, im Jahr 2005, steht der Schweizer auf Platz Eins und sagt dazu im Interview: „Das zeigt mir, dass ich mich richtig organisiert habe als Profi, dass ich mein Potential ausspiele" (Berliner Morgenpost 2006). Federer hat stets sehr zielstrebig agiert, immer nach Platz Eins gestrebt und mit jedem Erfolg an Durchsetzungskraft gewonnen. Erfolgreiche Menschen eint eines: Sie denken realistisch groß und nicht, wie viele von uns, zu klein. ◄

Der ehemalige deutsche Skispringer und Olympiasieger Sven Hannawald verrät: „Mein Ziel war nicht Weltmeister oder Olympiasieger, sondern mein Ziel war immer der perfekte Sprung – das hat mich länger motiviert" (Tigers Career Day, Uni Tübingen, Juli 2014). Der Extremsportler Norman Bücher, der mehr als 100 Marathon- und Ultramarathonläufe absolviert hat, sagt zu seiner Zielsetzung: „Für mich als Extremsportler sind nicht Bestzeiten, irgendwelche Platzierungen oder Rekorde entscheidend. Ich habe, außer einem 5-Kilometer-Volkslauf als Jugendlicher, noch keinen einzigen Wettkampf gewonnen. Das stört mich nicht, solange ich meine persönlich gesteckten Ziele erreichen kann. Nicht die Wettkämpfe sind für mich entscheidend, nicht auf das Sammeln von Marathonläufen kommt es mir an und nicht irgendwelche Medaillen und Pokale motivieren mich. Für mich stehen die persönlichen Erfahrungen bei meinen Laufabenteuern im Vordergrund. Die sehr intensiven Laufmomente bei meinen Abenteuern, sich an seine persönlichen Grenzen heranzuwagen und diese zu überwinden und zu erfahren, was man alles im Leben mit dem Willen und der Vorstellungskraft erreichen kann. Diese Erfahrungen und Eindrücke sind in meinen Augen viel mehr wert als irgendeine Zeit in Minuten und Sekunden" (Bücher 2011).

Sich die richtigen Fragen für die Zielerreichung zu stellen, ist enorm wichtig: Wo stehe ich jetzt (Ausgangszustand, Ist-Analyse)? Wo will ich hin? Warum ist das Ziel wichtig für mich? Was hindert mich, das jetzt schon zu erreichen? Welche Wege und Ressourcen erschließe ich mir? Wen oder was brauche ich noch für die Zielerreichung? Wer kann mir helfen, meine Ziele zu erreichen? Prüfen Sie, welche Unterstützer, internen und externen Ressourcen oder Informationen Sie dafür benötigen. Wer wird mich unterstützen, kontrollieren und Strafen verhängen, wenn ich die Dinge schleifen lasse, aber auch mit mir Siege feiern? Welches Vorbild oder Idealbild könnte mich zusätzlich anspornen? Wer könnte mein Mentor oder Wegbegleiter sein, der mich regelmäßig an mein Ziel erinnert und mit dem ich einen Zielvertrag schließen könnte?

Fragen Sie sich jeden Tag: Bringt mich das, was ich jetzt gerade tue, meinem Ziel näher? Und hinterfragen Sie kritisch: Wofür vergeude ich Zeit oder wofür vergeuden wir im

Team Zeit? Gerade bei der Beantwortung dieser Frage gilt es, radikal zu sein – sowohl sich selbst als auch Mitarbeitern gegenüber. Jegliches Tun und Handeln sollte aufs Ziel ausgerichtet sein. Der Fokus zählt.

Und wann dürfen wir ein Ziel aufgeben? Natürlich dann, wenn es erreicht ist. Aber auch immer dann, wenn Sie es wollen. Wenn der „Preis" für die Zielerreichung zu hoch ist oder die Bedingungen sich geändert haben. Weiterentwicklung kann manchmal auch bedeuten, sich von Zielen zu verabschieden statt sie unbedingt zu erreichen.

Mut zum Kurswechsel

Es ist wichtig, gesetzte Ziele und geplante Wege zwischendurch zu überprüfen, ggf. zu aktualisieren und anzupassen oder gar neue Ziele zu formulieren. Ziele sind nicht in Stein gemeißelt. Ist es noch das, was ich erreichen will oder haben sich die Rahmenbedingungen verändert? Ist eine Neuausrichtung nötig geworden? Wenn Sie von A nach B segeln und vor Ihnen eine kleine Insel auftaucht, die nicht in Ihrer Seekarte vermerkt ist, was tun Sie dann? Am errechneten Kurs festhalten, auf die Insel zuhalten und Schiffbruch erleiden? Oder korrigieren Sie Ihren Kurs und nehmen nach Umfahren der Insel wieder Ihr geplantes Ziel ins Visier (vgl. 5.1)? Der Bestsellerautor Paulo Coelho sagt: „Es ist richtig, wenn wir uns im Leben Ziele setzen, aber die Wege, die zu unseren Zielen führen, können manchmal erheblich von dem abweichen, wie wir uns das vorgestellt haben" (Kahn 2010).

Eine korrekte Zielformulierung ist ein entscheidender Erfolgsfaktor. Als der FC Bayern München das Champions-League-Finale 2012 vor heimischer Kulisse verlor, lag das u. U. auch an der falschen Ausrichtung. Monatelang, im Grunde zwei Jahre lang, war das erklärte Ziel gewesen, ein Finale „dahoam" zu bestreiten. Die Medien feierten bereits Wochen vorm Finale die Zielerreichung. Das Finale im heimischen Stadion darüber hinaus zu gewinnen, war als Ziel lange nicht konkret formuliert worden, zumindest nicht

Abb. 5.1 Ziel. (© Kerstin Diacont)

öffentlich und in der medialen Berichterstattung, der Fokus war entsprechend nicht rechtzeitig genug darauf ausgerichtet. Was den Bayern-Spielern im Finale dann fehlte, waren
die Bestimmtheit und Durchsetzungskraft, um zu siegen, weil im Kopf kein Programm für
das „Siegen dahoam" verankert war, das Ziel Finale war ja bereits mit dem Spiel an sich
erreicht.

Erst klar definierte Ziele helfen, herausragende Ergebnisse zu erreichen – im Sport wie
in der Wirtschaft. Nur wenn Sie genau wissen, wo Sie hin wollen, können Sie den Weg
dorthin festlegen und sofort die ersten Schritte in die richtige Richtung gehen. Die Fokussierung auf etwas, das uns wichtig ist, setzt darüber hinaus Kraft frei, anderes auszublenden.

Ziele motivierend formulieren
Wer seine Mitarbeiter mit Zielen führt, muss die jeweiligen Ziele motivierend formulie-
ren. Denn es gibt einen grundlegenden Zusammenhang zwischen Zielen und Motivation.
Bei zu niedrigen und leicht erreichbar wirkenden Ziele sinkt die Motivation, damit ist die
Zielerreichung gefährdet. Ziele dürfen hochgesteckt sein. Sind sie allerdings zu hoch ge-
steckt und erscheinen von vornherein als unerreichbar, sind Frust und Enttäuschung vorprogrammiert. Dann sinkt die Motivation. Die fehlende Motivation und das unterbliebene
Engagement schlagen sich im erreichten Ergebnis nieder. Ideal sind ambitionierte Ziele,
für die Sie sich anstrengen müssen.

Ziele werden dann erreicht, wenn sie mit den persönlichen Werten übereinstimmen.
„Ideal ist, wenn die unbewusst vorhandenen Motive mit den bewusst gesetzten Zielen
vereinbar sind. In diesem Fall spricht man in der Psychologie von motivkongruenten Zielen. Personen, die solchen Zielen nachgehen, gelingt die Verfolgung ihrer langfristigen
Ziele in der Regel besser, sie sind erfolgreicher und empfinden dabei in einer Leistungssituation weniger Anstrengung, gleichzeitig mehr Freude. Ist ein motivkongruentes Ziel
vorhanden, dann werden in der Leistungssituation über das Unterbewusstsein automatisch
sämtliche leistungsrelevanten Prozesse (Energiemobilisierung, Energiedosierung, Auf-
merksamkeitsausrichtung) in Gang gesetzt" (Emberger und Prinz 2013).

Es gibt langfristige Ziele (ab 3 oder 5 Jahre), mittelfristige (bis zu 5 Jahre) und kurzfris-
tige Ziele (ein Geschäftsjahr oder weniger), auch Quartalsziele. Der Weg zu jedem Ziel
lässt sich einteilen in Zwischen- oder Etappenziele. Mit jedem erreichten Zwischenziel
wächst die Erfolgszuversicht. Und das lenkt die Aufmerksamkeit auf die Umsetzung und
den Prozess. Wird ein solches Zwischenziel nicht erreicht, gilt es, nach den Ursachen zu
suchen (Analyse) und diese zu beheben. Erreichen Sie mehr als ein Zwischenziel nicht,
fragen Sie sich, ob Sie sich das Ziel zu hoch gesetzt haben oder das Ziel gar unreali-
sierbar ist?

5.3.2 Annäherungsziele statt Vermeidungsziele

Was versteht man unter Vermeidungszielen? Bei einem Vermeidungsziel nehme ich mir vor, etwas nicht mehr zu tun oder weniger von etwas zu tun. Zum Beispiel: „Ich will keine Versagensangst mehr haben." „Ich will bei Präsentationen vor Kunden keine Aufregung mehr zeigen." Oder: „Ich gehe ohne Angst in das Gespräch."

Jeder kennt das: Unser direktes Umfeld hat unaufgefordert Ratschläge parat, wenn wir vor besonderen Herausforderungen stehen – sei es eine schwierige Verhandlung mit Geschäftspartnern, ein entscheidender Akquisetermin, ein Personalgespräch mit weitreichenden Konsequenzen oder ein Bewerbungsgespräch – stets erhalten wir gut gemeinte Anweisungen, wie wir uns verhalten, woran wir denken sollen. In den meisten Fällen handelt es sich dabei um Vermeidungsanweisungen („Lassen Sie XY immer ausreden, er hasst Unterbrechungen", „Fangen Sie bloß nicht mit dem Thema XY an, darauf sind die anderen gar nicht gut zu sprechen"). Ziele, die sprachlich eine Handlung beschreiben, die vermieden werden soll, heißen Vermeidungsziele, z. B. „Riskiere nichts!". Ihr Fokus liegt auf „weg von …". Solche Aussagen sind wenig hilfreich, da sie nicht aufzeigen, wie Sie sich tatsächlich verhalten sollen. Vermeidungsziele können vorhandene Unsicherheit noch erhöhen statt sie abzubauen. Bei „Riskiere nichts!" ist der Fokus auf die Auswirkungen des Versagens gerichtet. Das erzeugt negative Emotionen, nämlich Versagensangst. Formulieren Sie das Ziel positiv, werden auch positive Gefühle mit dem Ziel verbunden. Das ist wesentlich zuträglicher für die Zielerreichung. Gerade als Führungskraft nützt Ihnen das Wissen um die richtige Formulierung auch hinsichtlich der Arbeitsanweisungen, die Sie aussprechen. Vermeidungsziele lassen sich in Annäherungsziele („Hin zu …") umformulieren. Ziele, die das Thema so beschreiben, dass der angestrebte Zustand enthalten ist, wirken motivierend. Aus „Riskiere nichts!" könnte ein „Ich führe das Gespräch gelassen und konzentriert!" werden. Gestalten Sie Ihre Zielformulierung so, dass sie zum Annäherungsziel wird.

Starke motivationale Annäherungsziele sind der Motor aller Veränderungs- und Lernprozesse. Aus welchen Gründen? Weil sie in unserem Gehirn konstruktive Prozesse auslösen. Die messbare neuronale Aktivierung der sinnesspezifischen und emotionalen Zentren ist bei lebhafter Imagination und bei tatsächlicher Wahrnehmung fast identisch. Mit „Riskiere nichts!" sorgen wir für eine dauerhafte neuronale Hintergrundaktivität, weil ich permanent daran denke, dass ich zu viel riskieren könnte. Diese Unabschließbarkeit des Ziels frisst Ressourcen wie Aufmerksamkeit, die für andere kognitive Funktionen benötigt werden. Vermeidungsziele aktivieren unsere Stresssysteme und legen zusätzliche Ressourcen lahm, sie schwächen uns also. Hinzu kommt, dass die dauerhafte Beschäftigung mit einem Vermeidungsziel dank der Neuroplastizität (siehe Kap. 3) die Ausführung der unerwünschten Handlung wahrscheinlicher macht. Die Vorstellung einer gelassenen und konzentrierten Gesprächsführung hingegen suggeriert den gewünschten Zustand bereits. Mit dieser Zielformulierung befriedigen wir ein Bedürfnis. Es gilt, in den Rezeptoren Kanäle zu öffnen, die die physiologische Neuverknüpfung neuronaler Netzwerke im positiven Sinne ermöglichen. Wie schon im zweiten Kapitel festgestellt, ist Begeisterung der Dünger für

Nachhaltigkeit, also für dauerhaftes Lernen. Positiv formulierte Annäherungsziele, verbunden mit angenehmen Gefühlen, beflügeln und beleben. Wollen Sie, dass Ihre Anweisungen Früchte tragen und Ziele in Ihrem Sinne erreicht werden, ist es wichtig, auch in Sachen Formulierung der Neurobiologie Rechnung zu tragen.

5.3.3 Ergebnis- und Handlungsziele

Die meisten von uns legen ihre Ziele auf der Basis von konkreten Ergebnissen fest. Ergebnisziele beschreiben, was erreicht werden soll. Ein Ergebnisziel beschreibt ein klar quantitativ messbares Ergebnis („Ich erfülle die Vorgaben und erreiche noch fünf Prozent mehr", „Im Geschäftsjahr 2015 habe ich 20 % mehr Kunden", „Dieses Jahr steigere ich meinen Umsatz um 12 %", „Heute gewinne ich." Oft werden im Sport Ergebnisziele an Platzierungen festgemacht. Sie sind sozusagen sinnvolle „Wunsch"-Ziele, weil sie uns als Grundantrieb dienen.

Vorteil von Ergebniszielen: Sie machen die genaue Überprüfung der Zielerreichung möglich. Doch die Zielerreichung unterliegt hier nicht vollständig Ihrem Einfluss, Sie haben sie nicht immer selbst in der Hand und deshalb kann ein Ergebnisziel leicht verfehlt werden. Frust, Unzufriedenheit, Druck und Demotivation sind vorprogrammiert. Haben Sie bei Nicht-Erreichen des Ziels dann versagt? Nicht unbedingt. Ein Handlungs- oder Prozessziel können Sie auch erreichen, wenn das Ergebnisziel nicht erreicht wurde.

Ein Handlungsziel – Wie will ich das Ziel erreichen? Wie will ich vorgehen? – beschreibt die Qualität Ihrer Handlungen und Tätigkeiten auf dem Weg zum Ziel („Ich schaffe optimale Arbeitsbedingungen, um das Erreichen der Vorgaben möglich zu machen", „Ich mache täglich eine Stunde Akquisearbeit und eine halbe Stunde Social Media"). Handlungsziele haben wir in der eigenen Hand. Sie sorgen zudem für das „Sein im Hier und Jetzt". Und das ist ein entscheidender Faktor für die Zielerreichung.

Wenn wir uns nicht allein aufs Ergebnis fokussieren, sondern uns dem Augenblick voll und ganz hingeben, also den Prozess verinnerlichen, unsere gesamte Energie fürs Gelingen einsetzen und Fortschritte verzeichnen, dann empfinden wir in der Regel Freude und Flow dabei. Diese Freude wird dann zur Motivation und stützt die Erreichung des Ergebnisziels.

Meine Klienten aus dem Spitzensport arbeiten meist mit einem Mix aus Ergebnis- und Handlungszielen. Das empfehle ich Ihnen auch als Führungskraft: Verzichten Sie nicht vollständig auf Ergebnisziele, sondern stützen Sie diese durch entsprechende Handlungsziele. Ein Werbeslogan der Marke Gatorade, einem isotonischen Getränk, bringt die Kunst der Zielerreichung mit folgendem Satz auf den Punkt: „Führe deinen Körper dorthin, wo dein Kopf hin möchte."

5.4   Zielvisualisierung: Mental arbeiten

Die bisherigen Schritte der Zielarbeit verlaufen überwiegend auf der gedanklich-kognitiven Ebene. Das vollständige Potenzial entfaltet sich dann, wenn Sie die Zielerreichung zusätzlich emotional und körperlich erleben. Formulieren Sie daher Ihr Ziel so konkret, dass Sie den Zielzustand sehen, hören und spüren, vielleicht auch riechen und schmecken können.

Nehmen Sie sich Zeit, um für die Zielvisualisierung tief entspannt zu sein. Ziehen Sie sich an einen ruhigen (dunklen) Ort zurück, wo keine Störungen für Ablenkung sorgen. Wenn Sie wollen, hören Sie eine beruhigende, schöne Musik. Sie können es sich auf Ihre ganz persönliche Art bequem machen, die Augen, wenn Sie mögen, und sanft hinab treiben an einen Ort, wo Sie alles loslassen. Und Sie können sich erlauben, die Gedanken kommen und gehen lassen, so wie ein Baum ganz entspannt die alten Blätter der Vergangenheit einfach loslässt und sie hinab treiben, um Platz für Neues zu schaffen. So können Sie diese Zeit in einem Reich Ihres Ziels nutzen. Atmen Sie langsam und tief in den Bauch. Dann zählen Sie in Gedanken von eins bis zehn und entspannen mit jeder Zahl tiefer und vollständiger. Sie sind gleichzeitig aufmerksam und wach. Wenn Sie in Ihrer Entspannung bei der Zahl 10 angelangt sind, lassen Sie allmählich ein Bild vor Ihrem inneren Auge auftauchen, auf dem Sie sehen, wie Ihr Ziel genau aussieht und was Sie alles sehen, wenn Sie Ihr Ziel erreicht haben. Erleben Sie möglichst intensiv auf allen Sinneskanälen, wie es sein wird, am Ziel zu sein! Sehen Sie sich selbst und andere Personen, Gegenstände und so weiter. Hören Sie die Stimmen, Applaus und Geräusche. Sehen Sie den Ort des Geschehens in allen Details, versuchen Sie, Gerüche wahrzunehmen. Erlauben Sie sich, erfolgreich zu sein. Genießen Sie Ihren Erfolg. Freuen Sie sich, Ihr Ziel erreicht zu haben.

Der Effekt der Visualisierung ist nicht zu unterschätzen: Einem Klienten von mir, ein Triathlet, wurde bei der gemeinsamen Zielarbeit bewusst, dass der einzige Triathlon, den er nicht beendet hatte, obwohl er topfit war, jener war, für den er kein Zielbild entwickelt hatte. Er hatte sonst für jeden Wettkampf immer ein Bild vor Augen, das ihn beim Zieleinlauf zeigt. Nur für diesen einen Triathlon nicht. Das Resultat spricht für sich. Die Kunst des Visualisierens bildet hinsichtlich Ihres Leistungsvermögens eine Brücke zwischen Geist und Körper. Mehr dazu führe ich im Kap. 12 aus.

Ein anderer Klient, ein Marathonläufer, beschreibt seine Zielvisualisierung wie folgt: „Ich sehe mich über den roten Teppich am Frankfurter Römer laufen. Sobald ich dieses Bild visualisiere, steigen mir Tränen in die Augen, weil es noch nie in meinem Leben ein Ziel gab, das ich so bewusst angestrebt und auf das ich mich so lange vorbereitet habe. Bei jeder Trainingseinheit durchdenke ich Passagen des Wettkampfs."

Das Vorwegerleben der Zielerreichung weckt Begeisterung und aktiviert Energien. Ziele, die in der Vorstellung bereits mehrfach erfolgreich erlebt wurden, stärken das Selbstvertrauen und die Willenskraft. Sie wirken im Sinne von „sich selbst erfüllenden Prophezeiungen" positiv in die Gegenwart zurück. Sie können dieses Erleben der Zielerreichung so oft wiederholen, wie Sie möchten. Mit jeder Wiederholung (durchaus an unterschiedlichen Tagen) verstärken Sie Ihre innere Motivation und ggf. die Ihres Teams, die Ihnen dabei hilft, Ihre Ziele zu verwirklichen. Es lohnt sich: Zweifel, Stress und Ängste werden weniger, positive Gefühle werden in Gang gesetzt, die Konzentration auf das Ziel steigt. Je öfter man sich in diesen Zielzustand versetzt, umso stärker wird die diesbezügliche mentale Landkarte ausgeprägt (Amler et al. 2006). Hier wird, wie in Kap. 4 bereits ausführlich beschrieben, der Weg zum Erfolg gebahnt.

Sie können die Visualisierung übrigens auch zur Überprüfung Ihrer Umsetzungsstrategien nutzen. Gehen Sie mental zu Ihrem positiv formulierten Ziel und schauen Sie von dort aus in die Gegenwart. Formulieren Sie Tipps und Impulse für sich, die Ihnen in Ihrer gegenwärtigen Situation helfen, dieses Ziel zu erreichen. Was brauchen Sie noch an externen und inneren Ressourcen, damit Sie Ihr Ziel erreichen?

5.5   Zielcollage, digitaler Bilderrahmen, Vision Board

Eine Zielcollage ist eine Collage aus Bildern, Fotos und Affirmationen, Zitaten und Worten, die Ihre Ziele und Dinge, die Sie glücklich machen, in Bildern ausdrückt. Zielcollagen helfen, Klarheit darüber zu bekommen, was man im Leben wirklich möchte, ob man auf dem richtigen Weg ist, an Zielen dranzubleiben und sich an Ziele zu erinnern. Dazu schneiden Sie aus Zeitschriften, Illustrierten, ausgedruckten Bildern aus dem Internet und aus Ihrem persönlichen Fundus an Fotos passende Bilder zu Ihren formulierten Zielen aus und kleben diese intuitiv auf eine Tafel, ein großes Blatt Papier – ich empfehle Ihnen alle Verwendung eines Flipcharts – oder Karton. Kleben Sie Ihre Ziele über alle Lebensbereiche wie Gesundheit, Beruf, Interessen/Hobbies, soziales Umfeld, Freunde, Familie, Finanzen, Vermögen, Eigentum, sehnlichster immaterieller Wunsch, Lebensstil, „Abenteuer", Reisen und persönliche Weiterentwicklung hinweg. Sie können auch eine Zielcollage schaffen, die sich speziell auf eines Ihrer Ziele konzentriert. Wenn Sie beispielsweise innerhalb des nächsten Jahres Ihr Traumhaus finden und kaufen wollen, können Sie eine Zielcollage mit Ihrem Traumhaus als Thema kreieren (Abb. 5.2).

Lassen Sie sich von einer Vertrauensperson dazu Feedback geben. Diese assoziiert, was sie im Bild sieht oder ihr besonders auffällt – ohne vorher viel über das Ziel zu wissen. Ein Coaching-Klient, ein Sportler, hatte z. B. das Ziel, bei seiner Teilnahme an einer Weltmeisterschaft auf dem Siegertreppchen zu stehen. Auf seiner Zielcollage war zwar ein „Stockerl" abgebildet, aber dort stand niemand drauf! Die glückliche Ehe, von der er erzählt hatte, war auf der Zielcollage nicht abgebildet. Solche Beobachtungen geben Ihnen wertvolle Hinweise auf die Stimmigkeit Ihres Ziels.

Eine andere Klientin von mir, Pilotin und dreifache Mutter, war beim Kleben der Zielcollage emotional sehr berührt. Die Collage brachte nämlich hervor, dass ihr BWL-Studium für sie kein Thema mehr war, obwohl ihre Mutter sie permanent drängte, aus dem Abschluss etwas zu machen und sich entsprechend zu bewerben. Auch ihr Mann vermisste beim Betrachten der Collage das Thema BWL. Doch sie hatte durch die Zielcollage an Überzeugung gewonnen, dass sie ein sehr zufriedenes und befriedigendes Leben führt,

Abb. 5.2 Zielcollage von Wolfgang Mader aus dem Jahre 2010. Diese wurde angefertigt zwei Jahre vor seinem Start am „Race Across America" (RAAM), dem schwersten Radrennen der Welt. (© Wolfgang Mader)

nachdem sie sich zu Beginn des Coachings noch sehr unzufrieden über ihr Leben geäußert hatte. Alles sei gut, so wie es ist. Sie verfolge nun konsequent das Thema Sport-Mental-Coach als zukünftige Berufsausübung neben ihrem Job als Pilotin. Das genüge ihr und mache sie glücklich. Sie gelangte durch das Kleben der Zielcollage zu der Erkenntnis: „Mensch, mir geht es ja richtig gut im Leben!" Ich bin sicher, das Gefühl der Unzufriedenheit wird sich total verändern – durch die Zielcollage hat sie sich selbst vor Augen geführt, wie gut es ihr tatsächlich geht.

Ein anderer Klient hatte in seiner Zielcollage nur ein oder zwei Menschen. Stattdessen wählte er vor allem Tierbilder, auch für sich und seine Frau. Die Tiere symbolisierten bestimmte Eigenschaften. Zum beispiel, stand ein Krokodil fürs „Zähne zeigen", ein Adler für den „Überblick", ein Chamäleon für „Anpassungsfähigkeit", ein auf dem Rücken liegender Hund für „Hingabe" und ein Schmetterling für „Leichtigkeit". Das Augenpaar eines Löwen, das den Betrachter anschaute, stand für „Ich weiß, was ich will". Durch die Arbeit an der Zielcollage fand er für sich heraus, dass er mit dem Start seiner geplanten Selbstständigkeit noch warten möchte. Seine beiden Kinder seien noch zu klein, das dritte Kind war unterwegs. Deshalb möchte er die Sicherheit der Festanstellung noch nicht aufgeben.

Suchen Sie sich einen geeigneten Platz an der Wand für Ihre Zielcollage und betrachten Sie diese jeden Tag. Verstecken Sie Ihre Zielcollage also nicht in einer Schublade oder einem Schrank. Wenn die Zielcollage etwas sehr Persönliches für Sie darstellt, müssen Sie sie ja nicht ins Wohnzimmer hängen. Wenn Ihnen auffallen sollte, dass auf der Zielcollage noch etwas fehlt, können Sie dies jederzeit ergänzen. Wenn sich Ihr Ziel verändert, muss sich auch die Zielcollage ändern.

Diese unterstützende Maßnahme zur Zielerreichung lässt sich für den Einsatz in Familien und im Team adaptieren. Jedes Teammitglied kann etwas zur Collage eines (gemeinsam) formulierten Ziels beitragen. Das fertige Werk kann als Reminder im Gang hängen oder an die Flurwände gemalt werden.

Wem das Anfertigen einer Collage zu viel Bastelarbeit oder zu „kindisch" ist, dem sei das Nutzen eines digitalen Bilderrahmens empfohlen. Dieser kann in Dauerschleife Bilder und Fotos zeigen, die Sie mit Ihrem Ziel verbinden. Sie können diese Bilder leicht be- und überarbeiten und zusätzlich Affirmationen (bestärkende Sätze) und Fotos Ihrer Erfolge bzw. schöner Orte (Ruhebilder) einfügen. Steht der Bilderrahmen auf Ihrem Schreibtisch, haben Sie Ihr Ziel immer vor Augen – Unterbewusstsein und Bewusstsein beschäftigen sich so oft damit. Solche Bilder und Affirmationen lassen sich selbstverständlich auch in eine PowerPoint-Präsentation einfügen, die das gemeinsame Team-Ziel visualisiert und bei Meetings vorab gezeigt werden kann.

Ähnlich wie eine Zielcollage funktioniert ein Vision Board. Auf eine große Pinnwand oder ein Magnetboard heften Sie alles, was Sie an Ihre Ziele (Lebensziele, Zwischenziele) erinnert: Fotos, Zitate, Smileys, Namen, Affirmationen, Postkarten, Zeitschriftenbilder etc. Sehen Sie es sich oft an. Fügen Sie Dinge hinzu bzw. entfernen Sie etwas, wenn nötig. Das Erstellen der Zielcollage ist ein Prozess und braucht Zeit.

Eines gilt es dabei jedoch zu beachten: Die Visualisierung von Zielen allein reicht nicht, um diese zu erreichen. Sie müssen ins Tun kommen und Strategien ausarbeiten, um dorthin zu gelangen, wo Sie hin wollen (vgl. Abb. 5.3).

Abb. 5.3 Der Unterschied zwischen einem Traum und einem Ziel ist die Tat. (© Kerstin Diacont)

5.6   Erinnerungshilfen

Soll ein Ziel erreicht werden, entspricht das im Gehirn dem Ausbau eines neuen neurona-len Netzes. Dieses muss nun gestärkt, im Fachjargon „gebahnt" werden (vgl. Kap. 3), um Neues zu verinnerlichen. Das sogenannte Priming (aus dem Zürcher Ressourcen Modell, kurz ZRM®) ist eine Form unbewussten Lernens. Dabei wird ein Reiz gesetzt, der unbe-wusst verarbeitet wird und später bei der Bewältigung einer Aufgabe hilfreich ist. Primes wirken sofort und immer (Heimsoeth 2013). „Die wissenschaftlichen Ergebnisse sprechen dafür, dass wegen der unbewusst verlaufenden Lernprozesse, die in den Primingstudien untersucht wurden, die Wahrscheinlichkeit des Auftretens von zieladäquaten Handlungen deutlich erhöht werden kann. […] Unbewusste – automatische – Informationsverarbei-tung […] ist gerade in komplexen und schwierigen Situationen eigentlich das effizientere Handwerkszeug, um das eigene Handeln zu steuern" (Storch 2009b). Wir profitieren da-von, so Storch, wenn wir vor und während entscheidender Situationen gute Priming-Prozesse in Gang setzen, damit der unbewusste Verarbeitungsmodus gut instruiert ist.

Wenn Sie sich während der Verfolgung eines Ziels überall Erinnerungshilfen (Primes) platzieren, die im Zusammenhang mit dem Ziel stehen, arbeitet das Unterbewusstsein ständig an der Zielerreichung. Nutzen Sie stationäre und mobile Erinnerungshilfen dafür. Den Zielsatz oder ein Symbolbild dafür können Sie z. B. als Hintergrundbild Ihres Com-puters oder Smartphones abspeichern, auf einem Haftzettel an Ihrem Arbeitsplatz notie-ren, als Passwort für Ihren Rechner nutzen etc. Damit setzen Sie Reize, die das Hirn unbe-wusst verarbeitet. Finden Sie mindestens fünf mobile und fünf stationäre Primes. Je schwieriger eine Situation, desto mehr Primes.

> **Beispiel**
>
> Ein Klient von mir, ein Extremsportler, hatte das Ziel, das härteste, schwerste und längste Radrennen der Welt, das „Race Across America" (RAAM), zu bestreiten. Als das Ziel gesetzt war, ließ er sich umgehend ein entsprechendes Autokennzeichen ferti-gen mit RAAM 2 (die 1 war in diesem Zusammenhang bereits vergeben). Das Kenn-zeichen hing zwei Jahre, bevor er überhaupt in den USA an den Start ging, an seinem Auto – und sein Unterbewusstsein hatte viel Gelegenheit, sich mit diesem Ziel zu be-schäftigen. Derselbe Klient nutzt Erinnerungshilfen übrigens auch zum Verankern von Erfolgen. Er macht seine Erfolge ebenfalls täglich sichtbar, indem er u. a. seine Handy-hülle mit Fotos seiner Rennsiege bebildert hat. ◄

5.7   Übung Stärkendusche

Um sich selbst oder einen Mitarbeiter in einen optimalen Zustand für die Zielerreichung zu bringen, ist diese Übung sehr hilfreich. Manchmal stehen uns Selbstzweifel oder Ängste im Weg, um selbstbewusst einer anstehenden Herausforderung entgegenzublicken. Dann

Abb. 5.4 Stärkendusche (© Kerstin Diacont & Antje Heimsoeth)

hilft die sogenannte Stärkendusche (vgl. Abb. 5.4), um positive Gefühle hervorzurufen, die uns Zuversicht schenken. Diese Übung lässt sich nur in einer Gruppe durchführen.

Der Betreffende steht oder sitzt auf einem Stuhl in der Mitte eines Kreises. Nacheinander benennt jeder aus dem Kreis mindestens eine Fähigkeit, Fertigkeit, Stärke und positive Eigenschaft desjenigen, der in der Mitte weilt. Das kann z. B. etwas sein, was er an der Person in der Mitte besonders schätzt. Viele von uns wissen gar nicht, was alles in ihnen steckt. Es tut gut, das von anderen zu hören. Das Bewusstsein, über sehr viele Ressourcen zu verfügen und auf sie zurückgreifen zu können, ist beruhigend und räumt Selbstzweifel aus dem Weg.

5.8   Emotionale Bindung an Ziele

Für die erfolgreiche Zielerreichung braucht es eine starke emotionale Bindung ans Ziel. Geeignete Mentaltechniken dafür sind die Musik und das Motto.

Mit Musik können Sie, das werden Sie längst selbst wissen, Stimmungen erzeugen – bei sich oder auch bei Ihrem Team. Geht es darum, sich frei von allen anderen Dingen zu fühlen, um sich ganz und gar aufs Ziel konzentrieren zu können, dann hilft vielleicht „To be free" von Mike Oldfield oder zur Entspannung klassische Musik und stille Gitarrenklänge. Geht es darum, sich oder andere zu motivieren, sind Pop-Klassiker wie Frank Sinatras „My way", Gloria Gaynors „I am what I am" oder die Rocky-Hymne „The Eye of the Tiger" geeignet. Durchhaltewille, Aggressivität oder höchster Krafteinsatz werden mit schneller, aggressiver, lauter Musik begünstigt. Nützlich sind hier Songs wie „Smells like teen spirit" von Nirvana, „Rolling" von Limp Bizkit oder „Firestarter" von The Prodigy. Vielleicht wählen Sie eine „Team-Hymne", mit der Sie jene Präsentationen unterlegen, die sich mit dem gemeinsamen Ziel beschäftigen und spielen den Song kurz vor der anstehenden Herausforderung. Sie können sicher sein, die Koppelung von Ziel und Song arbeitet in Ihren Mitarbeitern weiter.

Nach Liliane R. Morell und Michael Draksal ist das Motto ein weiterer positiver Verstärker für Ihre Ziele, der nicht logisch sachlich Ihr Handeln begründet, sondern emotional ein Gefühl der Motivation erzeugt (Morell und Draksal 2003). Was könnte Ihr persönliches Motto für Ihre Ziele sein? Passt dazu „Vor dem Erreichen eines großen Ziels liegen viele kleine Schritte" oder „In der Ruhe liegt die Kraft"? Oder eignet sich eher „Wer nicht kämpft, hat schon verloren!" oder „Nicht das, was wir wollen geschieht, sondern das, was wir glauben!"? Entscheiden Sie, was in Ihren Leitspruch eingeht. Die wirklich wichtigen Dinge sollen so in den Vordergrund treten. Der Leitspruch sollte Ihre Grundwerte widerspiegeln. Er ist wie Ihr persönliches „Grundgesetz", auf dessen Basis Sie Ihre Entscheidung fällen. Ihr Leitspruch leitet sich aus der Beschaffenheit Ihres Innenlebens ab und hat eine starke Verbindung zu Ihren Werten. Ein gutes Motto soll sie inspirieren und vorwärts treiben. Legen Sie Ihren Leitspruch in einer für Sie sinnvollen Weise schriftlich nieder. Sie können eine einzige Aussage für Ihr Leben oder verschiedene Leitsprüche für die verschiedenen Bereiche Ihres Lebens formulieren. Damit das Motto einprägsam ist, sollte der Satz nicht zu lang sein. Passen Sie ihn Ihren Lebensveränderungen im Laufe der Zeit entsprechend an.

Die deutsche Fußballnationalmannschaft wählte zur WM 2014 das Motto „Bereit wie nie". In einem TV-Spot stellte sich ein Spieler nach dem anderen vor die Kamera und begründete, warum er bereit wie nie sei für diese WM, Trainer Joachim Löw sprach von „weltmeisterlicher Vorbereitung". Das Team hatte ein Motto gefunden, das für jeden zutraf, mit individuellen Begründungen. Das lässt sich wunderbar adaptieren für Ihre Teamziele. Die Nationalelf stellte ihr Motto, wie wir alle wissen, eindrucksvoll unter Beweis. Eines darf dabei nicht vergessen werden: Hinter diesem Motto verbarg sich jahrelange, harte Arbeit aufs große Ziel hin.

Literatur

Allmeroth, J. (2006) Federer: Die ganze Tennis-Welt jagt mich. http://www.morgenpost.de/printarchiv/sport/article259613/Federer-Die-ganze-Tennis-Welt-jagt-mich.html. Zugegriffen: 22. August 2014.

Amler, W., Bernatzky, P., Knörzer, W. (2006) Integratives Mentaltraining im Sport. Meyer & Meyer, Aachen.

Bücher, N. (2011) Extrem. Die Macht des Willens. Goldegg, Wien, S. 27.

Emberger, G., Prinz, A. (2013) Rennfahrer Training. Körperliche und mentale Optimierung im Motorsport. Heel, Königswinter, S. 215.

Heimsoeth, A. (2013) Mein Kind kann's. Mentaltraining für Schule, Sport und Freizeit. pietsch, Stuttgart, S. 34–36; 42–43.

Kahn, O. (2010) Ich. Erfolg kommt von innen. 2. Auflg., Goldmann, München, S. 51–55; 73.

Morell, L.R., Draksal, M. (2003) Golf Mental. Praxisbuch für Golfer & Trainer, Draksal, Leipzig, S. 22.

Pfeffer, A., Pridun, C. (2009) Locker sein, aber nicht locker lassen. In: WirtschaftsBlatt, 29.10.2009. http://wirtschaftsblatt.at/archiv/1121259/index. Zugegriffen: 21. Januar 2015.

Storch, M. (2009a) Mottoziele, S.M.A.R.T.-Ziele und Motivation. In: Birgmeier, B. (Hrsg.) Coachingwissen. Denn sie wissen nicht, was sie tun? VS Verlag für Sozialwissenschaften/GWV Fachverlage GmbH, Wiesbaden, S. 7–10; 17–19.

Storch, M. (2009b) Die Arbeit mit dem Unbewussten messbar machen. In: Klein, D., Weyerstraß, H. (Hrsg.) Jung heute. Verlag: cgjung.com, S. 7–8.

Ziauddin, B. (2007) Global Player. http://www.weltwoche.ch/ausgaben/2007-12/artikel-2007-12-global-player.html. Zugegriffen: 22. August 2014.

Weiterführende Literatur

Baumann, N., Kaschel, R., Kuhl, J. (2005) Striving for unwanted goals: Stress-dependent discrepancies between explicit and implicit achievement motives reduce subjective well-being and increase psychosomatic symptoms. *Journal of Personality and Social Psychology*, 89, S. 781–799.

Jiménez, F. (2013) Was man über andere Menschen denkt, wird wahr. In: Die Welt, erschienen am 04.01.13. http://www.welt.de/gesundheit/psychologie/article112397907/Was-man-ueber-andere-Menschen-denkt-wird-wahr.html. Zugegriffen: 22. Oktober 2014.

Motivation – was entfacht das innere Feuer?

Der eine wartet, dass die Zeit sich wandelt, der andere packt sie an und handelt!
  Dante Alighieri

Siegertypen eint ein klares, interessantes, positives Ziel und der unbedingte Wille, es zu erreichen. Ihr Motor ist die Motivation, das innere Feuer, das sie antreibt. Die Glut dieses Feuers wird geschürt von ihrem Selbstvertrauen und der Überzeugung, dass man Erfolg haben wird, kurz: vom unerschütterlichen Glauben an sich selbst. Erfolgreiche Menschen erreichen ihre Ziele kraft ihrer Gedankenhygiene und inneren Bilder, dank ihres Muts, ihrer Disziplin und ihrer Entschlossenheit. Was sie tun, tun sie mit Freude, Begeisterung, Disziplin und Willensstärke. Selbstmotivation ist dabei eine Schlüsselkompetenz. Im Wort Motivation steckt das lateinische Wort „movere" (= bewegen) und das Wort „Motiv". Das Motiv ist der Grund, sich zu bewegen. Motivation ist also der Antrieb für Verhalten. Leader „brennen" für das, was sie erreichen wollen. Eine solche Leidenschaft beflügelt und reißt, im Falle einer motivierten Führungskraft, auch das Umfeld mit – das innere Feuer sorgt für Funkenflug, entzündet weitere Feuer. Nur wer selbst motiviert ist, kann auch andere zur Aufgabenerfüllung motivieren. Betrachtet man z. B. Trainer in der Fußball-Bundesliga während wichtiger Spiele am Spielfeldrand, fällt auf, was viele von ihnen eint: Leidenschaft, Improvisationstalent und Begeisterung. Sie leben das Spiel förmlich, brüllen voller Inbrunst, winden sich still auf der Bank oder tigern unruhig auf und ab. Kaum einer, der unberührt vom Spielgeschehen wirkt. Sie müssen blitzschnell Entscheidungen treffen, auf den Spielverlauf reagieren und ihre Mannschaft entsprechend umstellen. Je größer die Motivation und je besser das Miteinander, umso erfolgreicher ist ihre Mannschaft. Doch eines steht dabei bereits vor Spielbeginn fest: Ohne Freude und Spaß an den Aufgaben beflügeln wir niemanden zu Höchstleistungen.Der berühmte Funke, der bei Ihrem Team im Idealfall zum Flächenbrand führt, kann nur von einem Feuer stammen. Wer Begeisterung schaffen will, muss als Führungspersönlichkeit selbst mit Leidenschaft dabei sein. Wie wollen Sie sonst Ihre Mannschaft inspirieren und mitreißen? Viele

A. Heimsoeth, *Kopf gewinnt!*, https://doi.org/10.1007/978-3-658-36131-0_6

Führungskräfte unterschätzen, wie stark ihre eigene Einstellung die Performance ihrer Mitarbeiter beeinflusst. Die mentale und emotionale Stärke eines Teams speist sich u. a. aus der Freude an der Tätigkeit, an gemeinsamen Erfolgen, an dem Spaß miteinander – und aus der Art und Weise, wie Sie mit dem Team umgehen. Der brasilianische Ex-Fußballprofi Rivaldo hat über den ehemaligen Trainer der brasilianischen Fußballnationalmannschaft Luiz Felipe Scolari, der bei 21 WM-Spielen als verantwortlicher Trainer auf der Bank saß, gesagt: „Charakteristisch für ihn ist, dass er den Spieler führt und die richtige Ansprache findet. Training ist heutzutage überall ähnlich. Die Stärke von Scolari ist sein Umgang mit den Spielern. Er bringt dich als Spieler dazu, das Maximale aus dir rauszuholen" (Gold o. J.). Pep Guardiola, ehemaliger Trainer beim FC Bayern München und einer der besten Fußballtrainer der Welt, sagt zum entscheidenden Wir-Gefühl im Team: „Das Gefühl, erwünscht zu sein und gebraucht zu werden, ist das Wichtigste in unserem Leben. Das gilt für die Menschen um uns herum ebenso wie für einen Club. Sie sollen dir zeigen, dass sie dich wollen, und du brauchst die Vorstellung, dass du dort Spaß haben wirst" (Guardiola 2013). Guardiola beschreibt hier treffend eines der menschlichen Grundbedürfnisse, das für die Motivation – sowohl des Einzelnen auch des ganzen Teams – eine entscheidende Rolle spielt. Ich werde nachfolgend noch näher darauf eingehen.

Beispiel

M., Abteilungsleiter in einem größeren Unternehmen, beklagte sich im Coaching, seine Mitarbeiter seien unmotiviert. Er vermisse bei so manchem die Leidenschaft für ihren Job, so würden sich z. B. Projekte verschleppen und ständig müsse er hinter allem her sein, sonst ginge nichts voran. „Wie, meinen Sie, könnte denn die Motivation Ihrer Leute wieder gesteigert werden?" fragte ich ihn. Er antwortete prompt: „Erstens werden sie gut bezahlt und zweitens können sie froh sein, dass sie von den Stellenkürzungen im Haus nicht betroffen sind. Man könnte doch meinen, das ist heutzutage Motivation genug!" ◄

Motivation ist die Triebfeder des Erfolgs

Wer den Verzicht auf Stellenabbau bereits als ausreichende Motivation und Arbeit primär als Pflichterfüllung betrachtet, hat die enorme Wirkung von gezielter Motivation noch nicht erkannt. Der ehemalige Nationaltorhüter Oliver Kahn sagt zur Motivation: „Motivation ist das, was das Feuer in euch am Brennen hält. Und wie bei einem echten Feuer muss man auch bei der Motivation darauf achten, dass man regelmäßig nachlegt, damit dir die Glut nicht erlischt" (Kahn 2010). Was sein „Feuer" während seiner Karriere am Brennen hielt, verrät der ehemalige Skispringer Sven Hannawald: „Mein Ziel war nicht Weltmeister oder Olympiasieger, sondern mein Ziel war immer der perfekte Sprung – das hat mich länger motiviert" (Tigers Career Day, Uni Tübingen, Juli 2014). Interessieren Sie sich für das, was Sie gerade tun? Haben Sie einen Nutzen davon? Wozu tun Sie, was Sie tun? Was motiviert Sie wirklich? Was entfacht in Ihnen das Feuer, das Sie Anstrengungen, Herausforderungen und Hürden meistern lässt, wieder und wieder?

Bei näherer Betrachtung werden Sie feststellen, dass Ihre Motivation in Zusammenhang mit einem Ziel steht. Motivation ist die momentane Sicht des Menschen auf ein Handlungsziel. Er empfindet einen Drang, etwas zu erreichen und ist bereit, dafür Energie aufzuwenden, häufig mit Freude, aber manchmal – bei unliebsamen Pflichten – auch nur mit Aufwand. Doch es fällt ihm dank seiner Motivation leichter, unangenehme Dinge auf dem Weg zum Ziel zu erledigen, weil er davon überzeugt ist, dass sie ihm helfen, das zu erreichen, was er erreichen will. Seine Motivation trägt ihn sozusagen auch über den steinigen Teil des Weges zum Ziel – so wie der Spitzensportler eine harte Trainingseinheit nach der anderen absolviert als Vorbereitung für den anstehenden Wettkampf. Wie können Sie als Führungskraft Ihre Mitarbeiter so begleiten, dass Sie das „innere Feuer" entfachen, Lebensfreude erhalten bleibt und Zufriedenheit entsteht?

6.1   Intrinsische und extrinsische Motivation

Ob Mitarbeiter oder Führungskraft – wer glaubt, andere seien allein dafür zuständig, ihn zu motivieren, der irrt. „Motivieren Sie mich mal!", funktioniert nicht. Die Motivation für ein Ziel können Sie nur ganz allein entwickeln und in Handlungen umsetzen. Fremd- und Eigenmotivation wirken nämlich ganz unterschiedlich, wenn es um die Zielerreichung geht.

Die Motivation, die von innen kommt (intrinsisch), ist die Leidenschaft für eine Sache. Je höher die intrinsische Motivation z. B. bei Mitarbeitern ist, desto mehr begeistern sie sich für ihre Aufgabe. Das bedeutet für Sie als Führungskraft: Je mehr Möglichkeiten für Eigeninitiative Sie bei Ihrem Team schaffen, je mehr sich der Einzelne mit seiner Aufgabe identifizieren kann und je mehr Mit-Verantwortung für bestimmte Tätigkeitsfelder von Ihren Mitarbeitern getragen wird, desto höher ist der Motivationsgrad in der Belegschaft. Dazu gehört auch, das Erkunden neuer Aufgabenbereiche zu ermöglichen – oder, was ihre eigene Motivation betrifft, diese für sich zu erschließen.

Die extrinsische Motivation wird ausschließlich von der Umwelt erzeugt. Man bekommt etwas als Lohn für seine Leistung. Treibende Kraft sind hier Prämien, Privilegien, Status oder Anerkennung durch andere. Tritt allerdings der Effekt der Gewöhnung ein, gehen die Anstrengungen und damit auch die Motivation zurück. Geld als äußerer Anreiz ist umstritten. Es gibt Studien, die behaupten, ohne finanzielle Zuwendungen leisten Menschen nicht mehr, als sie unbedingt müssen. Andere zeigen auf, dass Geld nur bedingt motiviert und dies zudem in Abhängigkeit vom Aufgabenbereich. Wer also anstelle (oder zusätzlich) materieller Reize die Motivation vor allem durch Leidenschaft weckt, erzeugt einen nachhaltigeren Effekt.

Intrinsische Motivation erhöht neben der Leistungsfähigkeit auch die Ausdauer beim Lösen von Problemen. Studien der US-amerikanischen Psychologin Barbara L. Frederickson (1998) belegen, dass intrinsisch motivierte Personen Aufgaben und Herausforderungen kreativer angehen. Frederickson zeigte auf, dass positive Gefühle unser Gedanken- und Handlungsrepertoire erweitern. Sie sorgen zudem für mehr Energie und Ausdauer.

Die Säulen der intrinsischen Motivation

Die beiden US-amerikanischen Psychologen Edward L. Deci und Richard M. Ryan legen ihrer Selbstbestimmungstheorie der Motivation („self-determination theory of motivation", Deci und Ryan 1985) drei psychologische Grundbedürfnisse zugrunde, die Motor für die persönliche Entwicklung und psychisches Wohlbefinden sind: Autonomie (selbst entscheiden), Kompetenz (selbstwirksam) und Beziehung (verbunden mit anderen). Diese Säulen stehen auf dem Boden der Sicherheit, die Sie als Führungskraft idealerweise vermitteln – durch Begleitung, Beziehung, Förderung.

„Untersuchungen haben gezeigt: Relevant ist nicht nur der reale Grad der Selbstbestimmung, sondern auch die gefühlte Entscheidungsfreiheit." (Reusche 2014). Gilt es, Probleme zu lösen, ist es für den Mitarbeiter befriedigend, wenn er feststellt, dass Sie ihm die Kompetenz dafür zutrauen. Fragen Sie ihn z. B.: „Wie würden Sie das Problem lösen?"

Hat der Mitarbeiter das Problem erfolgreich selbstständig gelöst, geben Sie ihm ein wertschätzendes, auf die Tatsachen fokussiertes Feedback. Je konkreter Ihr Feedback, desto besser fühlt sich Ihr Mitarbeiter wahrgenommen. Damit erfüllen Sie sein Bedürfnis nach Selbstwirksamkeit. Fragen Sie ihn, welche seiner Stärken er zur Lösung der Aufgabe genutzt hat. Damit schaffen Sie beim Mitarbeiter ein Bewusstsein für die eigenen Stärken und wie sich diese erfolgreich einsetzen lassen.

Mit diesem Vorgehen erzeugen Sie menschliche Nähe – und nähren damit das dritte Grundbedürfnis, nämlich das nach Beziehung. Wer Aufmerksamkeit erhält und durch Ihre Führung erfährt, dass er mit all seinen Facetten gesehen wird und diese gewinnbringend für alle einsetzen darf, wird das mit Treue belohnen und eine starke emotionale Bindung aufbauen.

Stärken stärken

Je mehr ich mein Können einbringen kann, desto motivierter bin ich für meine Aufgabe. Fühle ich mich unterfordert, sinkt meine Motivation, fühle ich mich überfordert, ebenfalls. Ein gutes Gespür für die Fähigkeiten des Einzelnen hilft Ihnen als Führungskraft ebenso wie Ihrem Mitarbeiter, der sein Können unter Beweis stellen möchte und dafür die passende Aufgabe braucht. Wissen Sie, wo Ihre Stärken liegen? Glauben Sie an sich? Vertrauen Sie sich? An die Spitze gelangt, wer vollen Zugang zu seinem Potenzial hat und seine Ressourcen für Ziele nutzt. Je besser man sich selbst und seine Stärken kennt, sich seines Selbstwertes bewusst ist, desto weniger gerät man unter Druck. Und wissen Sie auf Anhieb, wo die Stärken einzelner Mitarbeiter liegen? Mehr zum Umgang mit Stärken erfahren Sie im Kap. 13.

Freude, schöner Götterfunken

Zur Motivation gehören Spaß, Freude und eine gewisse Leichtigkeit im Umgang mit den Herausforderungen des Arbeitslebens. Wie gut das Betriebsklima ist, darauf haben Sie als

Führungskraft einen erheblichen Einfluss. Je mehr Freude Ihre Mitarbeiter an der Zusammenarbeit im Team und mit Ihnen haben, desto besser wird auch die Stimmung sein. Sie können Ihren Teil dazu beitragen, jeden Tag aufs Neue. Beginnen Sie den Arbeitstag mit einer freundlichen Begrüßung, pflegen Sie regelmäßig den Kontakt zu allen. Zeigen Sie Herzlichkeit. Wer auch in Krisen lächelt, überwindet viel eher die Verbissenheit, die Stress oft erzeugt – und animiert sein Umfeld, mitzulächeln. Das setzt nicht nur bei Ihnen förderliche positive Energie frei. Mit anderen Worten: Lachen tut gut – es fördert die Leistung und die Gesundheit gleichermaßen. Gute Stimmung erhöht die Kreativität, steigert die körperliche Leistungsfähigkeit, verbessert die Informationsaufnahme, schafft Risikobereitschaft und last, but not least, steigert das Miteinander im Team.

6.2 Führung ist Beziehungsarbeit

Wer unter Führen nur das Prinzip „Ich der Chef, du der Befehlsempfänger" versteht, wird vieles ernten – nur keine Motivation. Ich stelle immer wieder fest, dass beim Thema Führung der Aspekt der Beziehungsaufgabe, die jede Führungskraft hat, gerne unter den Teppich gekehrt wird. Dabei ist die Beziehung zum Mitarbeiter die Basis für eine motivierende, erfolgreiche Zusammenarbeit (vgl. Abb. 6.1). Die Gallup-Experten Marcus

Abb. 6.1 Sach- und Beziehungsebene. (© pixabay und Kerstin Diacont)

Buckingham und Donald O. Clifton sagen: „Um ihre volle Leistungsfähigkeit und ihr Potenzial zu erreichen, brauchen Ihre Mitarbeiter eine Führungskraft, der sie vertrauen, die das Beste von ihnen erwartet und die sich Zeit nimmt, sich mit ihren Eigenheiten zu befassen. Kurz gesagt, sie brauchen eine Beziehung" (Buckingham und Clifton 2011).

Zur Selbstführung gehört auch das eigene Beziehungsmanagement. Beziehungen muss man pflegen wie ein empfindliches Pflänzchen – sei es die Beziehung zu Lebenspartnern, Kindern, Freunden, Geschäftspartnern, Kollegen oder eben zu Mitarbeitern. Die eingangs erwähnte Gallup-Studie macht es deutlich: Die emotionale Bindung eines Mitarbeiters ans Unternehmen basiert auf der Art des Umgangs mit ihm. Gelingt es Ihnen, seine Grundbedürfnisse nach Information und Unterstützung zu befriedigen, ist er darüber hinaus Teil eines funktionierenden Teams und sieht er Entwicklungschancen für sich, dann haben Sie die wesentlichen Faktoren einer erfolgreichen Beziehung erfüllt – und den Mitarbeiter dauerhaft fürs Unternehmen gewonnen.

Wie in Beziehungen außerhalb des Berufs ist es auch beim Arbeitsverhältnis wichtig, dass der andere weiß, was von ihm erwartet wird. Zudem schätzt jeder Mitarbeiter die Unterstützung des Vorgesetzten bei seinen Vorhaben. Dazu gehört auch, dass Sie seine Kompetenzen und Stärken anerkennen und respektieren. Manches können Sie beide gleich gut, anderes kann einer eindeutig besser als der andere. Zufriedenheit herrscht, wenn Ihr Mitarbeiter das tun darf, was er am besten kann. Gelingt ihm seine Aufgabe gut, erwartet er Anerkennung, Lob, Wertschätzung und Respekt dafür – und ist enttäuscht, wenn er es nicht bekommt. Jeder wünscht sich ehrliches Interesse an seiner Person, Einfühlungsvermögen, Dialog- und Kooperationsbereitschaft von Kollegen und Vorgesetzten. Wir wollen wissen, dass unsere Meinung Gewicht hat und in Entscheidungen einbezogen werden. Eine funktionierende Beziehung lebt von gemeinsamen Zielen, die als gemeinschaftliche Aufgabe betrachtet werden und davon, sich Freiräume zur Weiterentwicklung zu lassen. Fördern und entwickeln Sie die Handlungsspielräume Ihrer Mitarbeiter, z. B. durch selbstständige Projekte. Dabei ist die Herausforderung für Sie, eine gute Balance zu finden zwischen nötigen Vorgaben und genügend Gestaltungsfreiraum. Ihre Mitarbeiter brauchen Orientierung auf dem Weg zur Zielerreichung. Dafür sind Sie verantwortlich.

Pflegen Sie die Beziehung zu Ihren Mitarbeitern, aktiv und intensiv. Wertschätzung und Dankbarkeit gehen Hand in Hand. Zeigen Sie sich dankbar für den gemeinsamen Erfolg, die Beziehungen und die Verbundenheit im Team. Bedanken Sie sich öfter für erledigte Dinge und Engagement. Hören Sie zu! Leichter gesagt als umgesetzt. Gutes Zuhören setzt die Bereitschaft zur Hingabe voraus, Empathie, Konzentration und natürlich Zeit. Wohlwissend, dass gerade Zeit eine ständig knappe Ressource in Ihrem Alltag ist, rate ich Ihnen dennoch dazu, etwas davon regelmäßig für Gespräche mit Mitarbeitern aufzuwenden. Diese müssen nicht immer mit vorherigem Termin hinter verschlossener Bürotür stattfinden, sondern können auch entstehen, wenn Sie durch die Abteilung gehen. Glauben Sie mir, es ist gut investierte Zeit. Sie lässt das Vertrauen von Mitarbeitern zu Ihnen wachsen, gewährt Ihnen Einblicke in Abläufe und spiegelt Ihnen den Ist-Zustand wieder. Auch beim Zuhören gilt Präsenz. Schauen Sie Ihren Gesprächspartner an und konzentrieren Sie sich auf das Gespräch. Lassen Sie sich dabei weder von anderen Mitarbeitern noch vom Telefon unterbrechen. Reduzieren Sie Ihren Redeanteil, stellen Sie in diesem Augenblick Ihren Mitarbeiter in den Mittelpunkt. Auf diese Weise fühlt er sich gesehen und respektiert. Achten Sie auch auf das, was nicht gesagt wird, also Mimik, Gestik, Tonfall. Es verrät Ihnen mehr über die Gefühlslage Ihres Mitarbeiters und hilft Ihnen, ihn noch besser zu verstehen.

6.2.1 Die Kunst des Zuhörens

Woran erkennen Sie, dass Sie ein guter Zuhörer sind, wenn Sie mit jemandem sprechen? Was tun Sie, um ein guter Zuhörer zu sein? Wie würden Sie sich als Zuhörer am besten beschreiben? Hervorragend, sehr gut, überdurchschnittlich, durchschnittlich, unterdurchschnittlich, schlecht, miserabel? Was meinen Sie, wie würden Sie von anderen Personen (Lebenspartner, Chef, Freund, Mitarbeiter/Kollegen, Kunden/Geschäftspartnern) eingeschätzt? Erzählen Sie schnell von sich? Geben Sie schnell Tipps? Gehen Sie gedanklich spazieren? Sprechen Sie dazwischen?

Aktives Zuhören (vgl. Abb. 6.2) ist eine wichtige Grundkompetenz der Gesprächsführung. Manager und Führungskräfte müssen zuhören, zuhören, zuhören. Ein guter Zuhörer sein zu wollen, ist eine bewusste Entscheidung für den anderen. Echtes Zuhören ist nur in einem Zustand der Aufmerksamkeit, in der Gegenwart, möglich und gelingt nur jenseits von Bagatellisierungen, Vorurteilen, von Werten und Abqualifizieren. Sie sollten mit dem Herzen dabei sein und nicht ungeduldig darauf warten, endlich selbst zu Wort zu kommen. Zuhören bedeutet auch, in die Welt des anderen einzutreten, die Welt mit den Augen des anderen zu sehen und sich in den anderen einzufühlen. Eigene Werte, Vorstellungen, Ziele, Prinzipien lasse ich vollständig außen vor. Verzichten Sie auf Sachfragen, Verallgemeinerungen und Belehrungen. Durch aktives Zuhören werden Missverständnisse vermieden.

In Konfliktsituationen, die zum Arbeitsalltag gehören, kommt dem Zuhören eine besondere Bedeutung zu. Stellen Sie viele offene Fragen (W-Fragen). Versuchen Sie, die Perspektive des anderen einzunehmen. Pflegen Sie einen konstruktiv-partnerschaftlichen

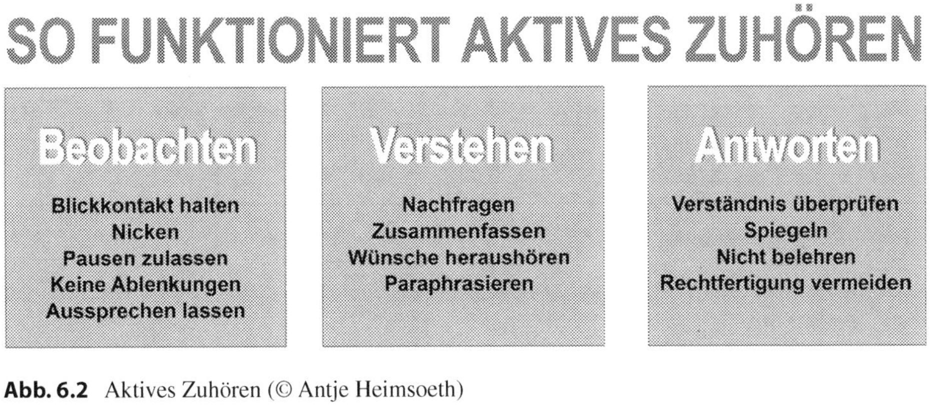

SO FUNKTIONIERT AKTIVES ZUHÖREN

Beobachten	Verstehen	Antworten
Blickkontakt halten Nicken Pausen zulassen Keine Ablenkungen Aussprechen lassen	Nachfragen Zusammenfassen Wünsche heraushören Paraphrasieren	Verständnis überprüfen Spiegeln Nicht belehren Rechtfertigung vermeiden

Abb. 6.2 Aktives Zuhören (© Antje Heimsoeth)

Kommunikationsstil und einen respektvollen Umgang miteinander. Dabei gilt es anzuerkennen, dass Emotionen zu Konflikten dazugehören. Verabschieden Sie sich vom Bewahren einer strengen Sachlichkeit in Konflikten. Sätze wie „Bleiben Sie sachlich, Herr Müller!" wirken als negativer Verstärker in Konflikten. Worauf Sie achten sollten: Vermeiden Sie persönliche Angriffe und verzichten Sie auf Abwertungen. Nehmen Sie bewusst die Haltung ein, dass beide Seiten Verantwortung übernehmen. Deshalb sollten Sie den Mitarbeiter auch nicht auf die Anklagebank setzen, sondern „Ich"- statt „Du"-Botschaften senden.

Bereiten Sie sich mental darauf vor, spielen Sie das Gespräch gedanklich vorher durch.

6.3   Die Schlüsselrolle von Wertschätzung und Anerkennung

Durch Anerkennung und Aufmunterung kann man in einem Menschen die besten Kräfte mobilisieren.
Charles M. Schwab

Das verinnerlichen leider nur wenige Menschen. Was der Motivation Ihrer Mitarbeiter zugrunde liegt, ist das, wonach wir uns als soziale Wesen alle sehnen: zwischenmenschliche Anerkennung, Wertschätzung, Bindung und Zuwendung. Wertschätzung bringen wir einer Person entgegen, hier geht es um ihren Wert als Person. Wertschätzung ist eine Kombination aus Haltung (Neugierde und Interesse am Gegenüber, Wissen um die Einzigartigkeit des anderen, Freude daran, mit einem anderen Menschen auf Augenhöhe in Kontakt zu sein), aus Verhalten und aus einer wertschätzenden, positiven Sprache (vgl. Abb. 6.3).

Abb. 6.3   Haltung der Führungskraft. (© Kerstin Diacont)

Mittels Anerkennung honorieren wir eine vollbrachte Leistung oder Anstrengung. Erfahren wir Lob, Zuspruch und Hinwendung, schüttet unser Körper Dopamin aus. Das sorgt für einen Motivationsschub, Energie und Antrieb. Unser Gehirn speichert dieses Erleben ab und signalisiert: Mehr davon! Anerkennung und Wertschätzung bauen unseren Selbstwert auf. Haben Sie Schwierigkeiten, andere Menschen wertzuschätzen? Können Sie andere akzeptieren und achten, so wie sie sind? Schätzen Sie sich selbst wert? Wertschätzung beginnt bei uns selbst. Wenn z. B. Frauen in der Vorstellungsrunde meines Seminars von sich sagen, sie seien „nur" Mutter von drei Kindern, dann werten sie sich selbst ab. Ein stabiles Selbstwertgefühl, Selbstvertrauen und -achtung helfen uns dabei, andere Menschen so akzeptieren zu können, wie sie sind.

Wertschätzung ist ein Gesundheitsfaktor, besonders im Arbeitsleben. Sie erleichtert den Ausstieg aus der Stressspirale, steigert das Wohlbefinden und die Motivation. Fehlt hingegen die Anerkennung des Chefs, kann das Mitarbeiter krank machen. Das hat Johannes Siegrist, Direktor des Instituts für Medizinische Soziologie an der Heinrich-Heine-Universität Düsseldorf, mit seinen Mitarbeitern empirisch gemessen. Die Wissenschaftler legten drei Formen der Gratifikation im Berufsalltag zugrunde: Gehalt, Arbeitsplatzsicherheit und Anerkennung. Unter Anerkennung fassten sie persönliche Entwicklungsmöglichkeiten, emotionale Wertschätzung und Zukunftsperspektiven zusammen. Siegrist: „Was zählt, ist nicht ein inflationäres Schulterklopfen, sondern echte Wahrnehmung. Wir haben bei Untersuchungen in Betrieben gesehen, dass Vorgesetzte mit 80 Untergebenen gar nicht dazu kommen, denen irgendeine Rückmeldung zu geben – höchstens negativ, wenn es zu einem Fehler kommt. […] Wenn zwischen der Leistung und der Anerkennung ein Ungleichgewicht besteht, wenn erbrachte Leistungen nicht beachtet werden, wenn Menschen unter einem massiven Kündigungsdruck stehen und gleichzeitig hohe Leistungen von ihnen verlangt werden, nennen wir das eine berufliche Gratifikationskrise. […] Solche Krisen gehen unter die Haut. Langfristig führen sie zu körperlichen und seelischen Erkrankungen" (Laudenbach 2008).

Fragen zur Selbstreflexion: Warum loben wir wenig und geizen mit Anerkennung? Wie ist es bei Ihnen? Bei wem fällt es Ihnen leicht, Anerkennung zu geben? Und bei wem nicht? Welche Gründe gibt es dafür? Und bekommen Sie selbst genug Anerkennung? Was ist zielführend? Welche Leistungen halten Sie für lobenswert? Wann haben Sie sich zuletzt wertschätzend verhalten? Woran machen Sie Wertschätzung fest? Was wünschen sich Mitarbeiter diesbezüglich von Ihnen? Sind Sie vielleicht zu anspruchsvoll? Was könnten Sie noch loben? Viele der Führungskräfte, die ich coache, fühlen sich „unterversorgt", sie bekommen selbst zu wenig Lob. Woran liegt das? Häufig wird die erbrachte Leistung als selbstverständlich betrachtet, sie ist eines Lobes nicht wert. Andere befürchten negative Konsequenzen – zu oft gelobt, könnte der Mitarbeiter künftig die Hände in den Schoß legen oder Privilegien einfordern. Ein weiterer Grund, Anerkennung vorzuenthalten, könnte sein, dass Sie sich selbst zu wenig loben, Ihre eigene Leistung gering schätzen. Was war die bisher größte Anerkennung in Ihrem Leben (privat, im Beruf, im Sport)? Und wie hat diese auf Sie gewirkt? (Heimsoeth 2014). Wie können Sie einem anderen Menschen –

unter Erfolgsdruck und mit Zeitmangel – das Gefühl vermitteln, das entsteht, wenn er erfährt: „Ich bin als Mensch wertvoll"?

Bei den meisten von uns sorgen Wertschätzung und Anerkennung dafür, dass wir uns stolz, glücklich und wichtig fühlen. Unser Zugehörigkeitsgefühl steigt, unser Selbstvertrauen wird gestärkt, es verleiht uns Selbstsicherheit. Es verbessert die Motivation für weitere Leistungen und unser Verhältnis zu demjenigen, der uns die Anerkennung entgegengebracht hat. Und genau dieses Verhältnis gilt es, zu pflegen. Wer Mitarbeiter dauerhaft zu Höchstleistungen motivieren möchte, sollte wertschätzenden Kontakt zu ihnen halten.

Im Grunde lässt sich das geeignete Vorgehen für Sie als Führungskraft auf ein einfaches Credo reduzieren: Behandeln Sie andere, wie selbst behandelt werden möchten. Und das ist – so unterstelle ich – mit Respekt, Anerkennung, Wertschätzung, Lob, positivem Feedback, Freundlichkeit sowie mit der Achtung Ihrer Bedürfnisse und Interessen.

6.4   Vertrauen fördert (Mitarbeiter-)Motivation

Vertrauen ist eine wichtige Grundlage für jede (Arbeits-)Beziehung, für gute Kommunikation und den Austausch zwischen Menschen. Vertrauen spielt für die erfolgreiche Zusammenarbeit in Teams eine entscheidende Rolle. Es hält Teams zusammen. Vertrauen macht Mitarbeiter stark und beflügelt deren Arbeitsleistung. „Vertrauen ist nicht nur der Schlüssel zu allen Beziehungen, sondern auch der Kitt, der das Unternehmen zusammenhält" (Covey 2006).

Vertrauen kommt von „sich trauen". Vertrauen beginnt bei uns selbst. Wann ist Ihnen der Satz „Kann man denn überhaupt niemandem mehr vertrauen?" durch den Kopf gegangen? Andere haben auch in Bezug auf Vertrauen eine Spiegelfunktion für uns. Wer sich selbst vertraut, vertraut auch anderen. Wer anderen vertraut, dem wird auch Vertrauen geschenkt. Kurz gesagt: Wer sich nicht vertraut, findet auch kein Vertrauen. Wenn Sie sich nicht vertrauen, wie sollen Ihnen dann Ihre Mitarbeiter vertrauen?

Es gibt prinzipiell zwei Arten von Vertrauen: das Vertrauen in sich selbst und seine Fähigkeiten und das Vertrauen zu anderen Menschen. Beide lassen sich zur Motivation einsetzen. Nutzen Sie Ihr Selbstvertrauen, um sich selbst zu motivieren („Ich weiß, dass ich ein guter Analyst bin. Heute zeige ich allen im Meeting, wie genau ich die Situation XY erfasst habe und welche Konsequenzen ich für uns daraus ableite."). Und motivieren Sie Ihre Mitarbeiter, in dem Sie ihnen Vertrauen schenken. „Organisationen funktionieren heutzutage nicht mehr auf der Grundlage von Macht, sondern auf der Grundlage von Vertrauen. Dass Menschen einander vertrauen, heißt nicht, dass sie einander mögen müssen. Es heißt, dass sie sich gegenseitig verstehen" (Drucker 1999). Eine vertrauensvolle Zusammenarbeit sollte für Sie mehr sein als eine Floskel, sie sollte Ihnen Verpflichtung sein. Vertrauen muss für eine erfolgreiche Zusammenarbeit wechselseitig vorhanden sein, aber es ist an Ihnen als Führungskraft, den ersten Schritt zu tun.

Wie hoch Ihr Maß an Vertrauen in sich und in andere ist, hängt allein von Ihnen ab. Wie groß Ihr Vertrauen in Sie selbst ist und wie groß in Ihre Mitarbeiter, in den Vorstand und weitere Führungsebenen, ins Unternehmen, das wissen nur Sie selbst. Wie sehr vertrauen Sie Ihrem Umfeld, wie sehr den Maßnahmen, die Kollegen ergreifen? Und wie sieht es mit Ihrem Vertrauen im Privatleben aus – wem schenken Sie wie viel Vertrauen, z. B. Eltern, Lebenspartnern, Freunden, Kindern? Vertrauen birgt immer das Risiko der Enttäuschung. Wer vertraut, macht sich verwundbar. Doch wer dieses Risiko nicht eingeht, wird nie durch sein Vertrauen motivieren und überzeugen.

Vertrauensvolle Führung
Entscheiden Sie sich bewusst für eine vertrauensvolle Führung. Das bedeutet nicht, Mitarbeitern blind zu vertrauen oder alle gleich zu behandeln. Vertrauen kann Kontrolle nicht ersetzen. Auf wichtige Kontrollinstanzen sollten Sie ebenso wenig verzichten wie auf klare Vorgaben. Und mancher Mitarbeiter wird ein größeres Vertrauen Ihrerseits mehr schätzen als ein anderer – das ist im Job nicht anders als im Privatleben. Aufgrund der Fähigkeiten und Stärken eines Mitarbeiters werden Sie manchem größere Projekte anvertrauen als anderen. Das ist legitim. Aber Führung bedeutet eben auch, Vertrauen zu gewinnen – und das Vertrauen Ihrer Mitarbeiter erlangen Sie nur, wenn Sie entsprechendes Vertrauen signalisieren und sich verlässlich verhalten, d. h. sich an Absprachen halten, klare Ansagen machen etc. Dazu gehört auch, vorzuleben, was Sie sich für Ihre Mitarbeiter wünschen: nämlich das Vertrauen in die eigene Leistungsfähigkeit zur Verwirklichung von Zielen. Das gilt auch für das Meistern von Rückschlägen – wer sich vertraut, erholt sich schneller von Niederlagen und blickt zuversichtlich nach vorn. Diese Haltung können Sie durch Ihre eigene Haltung auch bei den Mitarbeitern positiv beeinflussen.

Prozess zur Vertrauensbildung
Die Grundlage für Vertrauen sind praktische und positive Erfahrungen. Den Prozess der Vertrauensbildung können Sie z. B. auch durch das Feiern gemeinsamer Erfolge begünstigen. Dass ein Vertrauensverhältnis nicht über Nacht entsteht, weiß auch Joachim Löw, Trainer der deutschen Fußballnationalmannschaft, dennoch ist es für ihn ein entscheidender Erfolgsfaktor für funktionierende Teamarbeit: „Ein respektvolles, vertrauensvolles Miteinander in unserem Team ist mir sehr wichtig, Verlässlichkeit und Vertrauen sind in diesem Zusammenhang wesentliche Faktoren. Offene Kommunikation auf Augenhöhe, Kritikfähigkeit, Transparenz und Toleranz, das haben wir vorgelebt, aber es dauert eine Weile, bis so etwas von allen, den Spielern und auch den Betreuern, verinnerlicht wird. Bis alle einander vertrauen" (Hermann und Mayer 2014).

Wohlgemerkt, Vertrauen ist kein Allheilmittel im Umgang mit Mitarbeitern und Teams. Die Gefahr der Enttäuschung geht Hand in Hand mit dem Vertrauen. Deshalb empfehle ich Ihnen, sich als Führungskraft eine gesunde Skepsis zu bewahren, gepaart mit Optimismus und Zuversicht.

Fehlendes Vertrauen

Fehlt Ihren Mitarbeitern das Vertrauen, steht jede Ihrer gut gemeinten Handlungen und positiven Absichten im Verdacht, bloße Manipulation zu sein. Auf dem Boden des Misstrauens wächst kein Erfolg, zumindest kein dauerhafter. Wer mangels Vertrauen als Chef ständig überkontrolliert, sanktioniert und enge Vorgaben macht, erstickt jedes Bestreben seitens der Mitarbeiter nach Eigenverantwortung, selbstverantwortlichem Handeln, Entwicklung und Innovation im Keim.

Stattdessen wächst bei demjenigen die Angst, z. B. etwas falsch zu machen. Das Resultat ist Stillstand. Neue Wege bleiben unbeschritten. Zudem macht permanente Über-Kontrolle viele Abläufe ineffizient und verursacht zusätzliche Aufwände und Kosten. Ob als Führungskraft oder Mitarbeiter – jeder kommt weiter, wenn er Mut und Vertrauen hat. Für ein gewinnbringendes Miteinander braucht es Bereitschaft und Offenheit für Neues. Dem unberechenbaren Faktor Mensch zu vertrauen, mag bei Ihnen Unsicherheit auslösen, aber es ist unerlässlich, dass Sie den Mut dazu aufbringen. „Ohne Vertrauen kann man nicht miteinander ins Geschäft kommen. Ohne Vertrauen kann es keinen Einfluss auf andere geben. Ohne Vertrauen verlieren Vorgesetzte ihre Mannschaft. Ohne Vertrauen kommt kein Kauf zustande. Ohne Vertrauen verlieren Unternehmen Produktivität, Kontakte, ihren guten Ruf, talentierte Mitarbeiter, loyale Kunden, Kreativität, Einkommen und Gewinne" (Horsager 2013).

Welch kostbares Gut Vertrauen ist, zeigt auch der Leadership Communication Monitor 2014 (KLCM). Weltweit wurden im Auftrag der Kommunikationsagentur Ketchum rund 6500 Menschen in 13 Ländern auf fünf Kontinenten zum Zusammenhang zwischen effektiver Führung und effektiver Kommunikation befragt. Dem Monitor zufolge ist das Misstrauen in die Führungselite international groß, aber in Deutschland besonders ausgeprägt. Nur 16 % der Deutschen glauben an die Führungsqualitäten ihrer Top-Manager und nur 19 % halten die Arbeit des Top-Managements für effektiv. Die Erwartungen der Befragten zeigen bereits den Lösungsweg auf, wie sich Vertrauen gewinnen lässt: Nicht nur hierzulande, sondern weltweit erwartet man von einer guten Führungskraft offene und transparente Kommunikation sowie einen selbstbewussten und ruhigen Umgang mit Krisen. Bemerkenswerte 58 % der deutschen Befragten glauben zudem, dass weibliche Führungskräfte besser mit den Problemen der kommenden fünf Jahre zurechtkommen können als ihre männlichen Kollegen. Mit dieser positiven Einschätzung liegen die Deutschen um zwölf Prozentpunkte über dem weltweiten Durchschnitt.

Bernhard Peters, ehemaliger Hockeynationaltrainer und Autor des Buches „Führungsspiel", sagt zum Thema Vertrauen: „Vertrauen […] muss […] gewonnen, gefördert und gepflegt werden. Für mich ruhte das Vertrauensverhältnis zu meinen Spielern auf drei Säulen: 1. Klarheit, 2. Transparenz, 3. Berechenbarkeit. Auf dieser Basis wuchs das Vertrauen der Mannschaft zu mir, ebenso wie meines in die Fähigkeiten der Spieler und – nicht zuletzt: mein Vertrauen zu mir selbst. Eine solche Entwicklung lässt sich jedoch nicht methodisch in Angriff nehmen oder in einzelnen Schritten planen. Die Entwicklung von Vertrauen und Selbstvertrauen unterliegt einem Prozess, zu dem bei mir vor allem auch viel Selbstreflexion beitrug" (Peters et al. 2012).

Literatur

Buckingham M., Clifton D. (2011) Entdecken Sie Ihre Stärken jetzt! Das Gallup-Prinzip für individuelle Entwicklung und erfolgreiche Führung. Campus, Frankfurt am Main, New York, S. 231.

Covey, Stephen R. (2006) Der 8. Weg. Mit Effektivität zu wahrer Größe. Gabal, Offenbach, S. 175.

Deci, E. L., & Ryan, R. M. (1985). Intrinsic motivation and self-determination in human behavior. Plenum, New York.

Drucker, P. (1999) Managing Oneself. In: *Best of Harvard Business Review. Managing Yourself, January 2005*, S. 8.

Fredrickson, B. L. (1998) What good are positive emotions? In: *Review of General Psychology, 2*, S. 300–319.

Gold, Dr. T. (o. J.) Gesundes Führen für Trainer – sich selbst und die Athleten. http://www.baspo. admin.ch/internet/baspo/de/home/ehsm/nachwuchs-_und_spitzensport/trainerbildung/tagungen/ berufstrainerausbildung.parsys.35568.downloadList.32220.DownloadFile.tmp/14input3gesund-fhrengoldd.pdf. Zugegriffen: 21. Januar 2015.

Guardiola, P. (2013) I've missed the game. Fifa.com, 17. Januar 2013. http://www.fifa.com/world-match-centre/news/newsid/198/692/5/index.html. Zugegriffen: 11. November 2014.

Heimsoeth, A. (2014) Love it – Leave it – Change it. In: Buchenau, P. (Hrsg.) Chefsache Prävention I: Wie Prävention zum unternehmerischen Erfolgsfaktor wird. Springer Gabler, Wiesbaden, S. 81 ff.

Hermann, H.-D., Mayer J. (2014) Make them go! Was wir vom Coaching für Spitzensportler lernen können. Murmann, Hamburg, S. 12.

Horsager, D. (2013) Vertrauen – die Währung von morgen. Books4Success, Kulmbach, S. 21–22.

Kahn, O. (2010) Du packst es! Wie du schaffst, was du willst. Pendo, München, S. 104.

KLCM, Ketchum Pleon, Leadership Communication Monitor 2014, Düsseldorf, 2014. http://www. ketchum.com/leadership-communication-monitor-2014. Zugegriffen: 30. September 2014.

Laudenbach, P. (2008) Der tödliche Cocktail. *brand eins*, 09/08, S. 81–82.

Peters, B. et al (2012) Führungsspiel. Ariston, München, S. 163; 203; 239.

Reusche, U. (2014) Was Mitarbeiter wirklich motiviert. http://www.business-wissen.de/index.ph-p?id=9739&ref=&ref=nl. Zugegriffen: 5. November 2014.

Foto: Marian Chytka

© Springer Fachmedien Wiesbaden GmbH, ein Teil von Springer Nature 2022
A. Heimsoeth, *Kopf gewinnt!*, https://doi.org/10.1007/978-3-658-36131-0_7

Sie gehört zu den weltweit erfolgreichsten Frauen im Motorsport und ist bislang die einzige Frau, die eine Gesamtwertung der Rallye Dakar gewinnen konnte. Jutta Kleinschmidt, Jahrgang 1962, wuchs in Berchtesgaden auf. Sie studierte Physikingenieurwesen und arbeitete in der Fahrzeugentwicklung bei BMW, bevor sie Profi-Rallyefahrerin wurde. Ihre ersten Erfolge erfährt sie bereits Ende der 80er-Jahre auf dem Motorrad. Als sie 1992 die Damen-Wertung der Rallye Paris-Dakar gewinnt, sucht sie neue Herausforderungen und steigt 1994 aufs Auto um – und in den professionellen Rennsport ein. Im Rückblick war ihr erster Dakar-Zieleinlauf einer der wichtigsten Erfolge für sie, weil zu jener Zeit höchstens ein Drittel der Teilnehmer überhaupt bis ans Ziel gelangte. Der größte Meilenstein in ihrer Karriere ist jedoch 2001 der erste Platz bei der Rallye Paris-Dakar mit Mitsubishi. In diesem Jahr wird sie auch „ADAC Motorsportlerin des Jahres", „ARD Sportlerin des Jahres" und „Rallyefahrerin des Jahres" bei Motorsport aktuell. Der Verein Deutscher Ingenieure würdigt zudem ihre Leistung bei der Mitentwicklung des Mitsubishi Pajero Evo. Als sie für VW 2005 den dritten Platz bei der Rallye Dakar gewinnt, steht sie als erste Fahrerin mit einem Dieselfahrzeug auf dem Podium. Auch hier trug ihre Mitarbeit am Touareg zur Konkurrenzfähigkeit bei. Nach 17 Dakar-Teilnahmen mit sechs Platzierungen unter den Top 5 interessiert sie heute mehr die technische Weiterentwicklung von Fahrzeugen als das Fahren selbst. Als Instruktorin, Rednerin und Autorin gibt sie mittlerweile ihre Erfolgsgeheimnisse auch an ein breites Publikum weiter. Kleinschmidt lebt in Monaco.

▶   Welchen geschätzten prozentualen Anteil hat mentale und emotionale Stärke an Ihren sportlichen Erfolgen?

Wenn es im Kopf nicht stimmt, geht gar nichts. Meine sportlichen Erfolge basieren auf etwa fünf wirklich wichtigen Punkten, die ich relativ gleich gewichten würde: Talent, die Qualität des Materials, das Team und direkte Partner, in meinem Fall der Beifahrer. Wenn sich der Beifahrer verfährt, kann ich auch nicht gewinnen. Und dann entscheidet die mentale Stärke des Fahrers selber und des Beifahrers, die Performance nicht aus mentalen Gründen zu versemmeln. Wenn der Kopf nicht „stimmt", ist das einfach ein K.O.-Kriterium. Bei jedem sportlichen Erfolg, den ich eingefahren habe, war ich in den Momenten mental ganz stark, sonst hätte es nicht funktioniert. Im Endeffekt ist der Wettbewerb so eng, dass mentale und emotionale Schwäche ein Kriterium ist, nicht zu gewinnen.

▶   Wie bekommen Sie Kopfprobleme in den Griff?

Das Wichtigste ist zunächst, sie zu erkennen. Viele Menschen erkennen Kopfprobleme gar nicht und lassen diese negativen, störenden Gedanken weiter zu. Wenn ich diese Gedanken erkenne, dann kann ich dagegen angehen. Ich versuche dann, diese Gedanken durch positive Gedanken zu ersetzen, indem ich mir vor Augen führe: „Ja, was ist denn, wenn das jetzt passiert, was du jetzt vielleicht gerade befürchtest? Was tue ich dann, oder ist das wirklich so schlimm?" Manchmal macht man sich verrückt wegen einer Sache, die überhaupt nicht schlimm ist. Wenn man sich die Konsequenzen überlegt, ist es vielleicht gar nicht so schlimm, wie man es sich gerade ausmalt. Oder man findet dafür eine Lösung.

Im Sport zählt auch eine gute Vorbereitung, d. h. Situationen vorab mental durchzuspielen: Was kann mir alles passieren, z. B. Plattfuß, Verfahren, technische Probleme? Passiert mir etwas davon real im Rennen und ich habe mich darauf sehr gut vorbereitet, dann weiß ich, wie ich handeln muss. Dann kommt eine Routine in den Ablauf hinein, die mich davon abhält, in Stress zu geraten. Natürlich gibt es immer noch Situationen, die man nicht trainiert hat, weil sie nicht trainierbar waren oder man nicht daran gedacht hat. Dann gilt in dieser Situation das Gleiche: Man muss sich erst mal darüber klar werden, was jetzt gerade passiert, um wieder klare Gedanken fassen zu können. Wenn man sich jedoch von dieser Stresssituation einfangen lässt, dann wird es schwierig, weil man nicht mehr klar denkt. Man muss sich diese paar Sekunden Zeit geben und sagen: „So, ich muss das jetzt erkennen. Ah ja, so ist das. Jetzt lass mich erst mal nachdenken, wie ich hier vorgehe."

Wenn es bei mir wirklich extrem gefährlich wurde, ich mich überschlagen habe oder aus der Kurve geflogen bin und ich Angst um meine Gesundheit hatte, dann ließ mein Körper das Ganze in Zeitlupe ablaufen. Ich hatte wirklich klare Gedanken, und das, was passierte, kam mir vor, als wenn es in Zeitlupe abliefe. Ich habe mich mal mit einem sehr kleinen Auto bei einem 24-Stunden-Rennen am Nürburgring überschlagen. Und bei diesem Überschlag dachte ich: „Na ja, jetzt bist du sehr, sehr schnell und das Auto ist jetzt nicht gerade das sicherste, das könnte richtig böse ausgehen. Okay, du bist eh schon in der Luft. Damit du dich ein bisschen schützt, kannst du die Hände vom Lenker nehmen, weil du hier nichts mehr bewirken kannst, und schützt am besten dein Gesicht. Denn jetzt kommt sicher alles rein: Scheiben und weiteres vom Fahrzeug." Dann habe ich mich überschlagen, stand wieder auf den Rädern und dachte: „Ah ja, ist ja gar nicht so schlimm, sieht noch ziemlich gut aus, jetzt kann ich wieder versuchen, irgendwas zu lenken." Dann fing ich wieder an, das Auto zu bedienen. Das Ganze ging ohne Stresssituation im Kopf ab, also sehr langsam und überlegt. Das ist, glaube ich, eine Schutzfunktion des Körpers, die aber leider nicht abrufbar ist. Das wäre perfekt, wenn man sie in solchen Situationen abrufen könnte. Das geht aber, glaube ich, nur in Situationen, wo du in Lebensgefahr bist. Doch was man daraus lernen kann, ist Folgendes: Wenn man die Ruhe behält in solchen Situationen und wirklich dem Kopf die Chance gibt nachzudenken, statt die Zeit mit hektischen, stressigen Bewegungen und panischen Gedanken zu vergeuden, dann kann man solche Situationen ganz gut lösen. Lass die Stressgedanken nicht rein, sondern behalte die Ruhe. Man muss sich wirklich dazu zwingen, dass man nicht einfach sagt: „Schnell, schnell, schnell, alles schnell erledigen!", denn dann geht gar nichts mehr, sondern dass man sagt: „Du nimmst dir jetzt einfach die Zeit dafür", und dann ist man schneller, obwohl es einem langsamer vorkommt.

➤   Was sind für Sie Höchstleistungs- und Stresssituationen?

Für mich sind Hochleistungen und Stresssituationen nicht dasselbe. In einer Hochleistungssituation muss ich voll meine Leistungen abfragen, sprich: Ich habe darauf trainiert, und jetzt kommt der Punkt im Wettbewerb oder im Training, wo ich sage: „Okay, alles, was ich trainiert habe, muss ich jetzt abverlangen von meinem Körper." Das ist eigentlich relativ einfach, denn dafür habe ich trainiert, und wenn ich gut trainiert habe, dann kann ich meine Hochleistung auch abfragen in dem Moment, wo es sein muss – wenn es im Kopf stimmt. Aber wenn ich natürlich im Kopf immer sage: „Ich kann das nicht", dann geht das nicht.

Stresssituationen kommen für mich eigentlich nur auf, wenn etwas passiert, was ich nicht wirklich eingeplant habe. Es passiert etwas, das mich von meiner Höchstleistung abhält bzw. sie nicht mehr zulässt, weil das Fahrzeug kaputt ist oder ich einen Fehler gemacht habe. Oder der Beifahrer hat einen Fehler gemacht und wir verfahren uns. Das sind für mich Stresssituationen. Hier muss ich wirklich ganz bewusst mit dem Kopf reagieren, weil die Stresssituation versucht, meinen Körper zu beeinflussen, so dass ich meine, etwas ganz schnell machen zu müssen, und dann passieren Fehler. Bei der Stresssituation ist es sehr wichtig, dass das Kopfkino stimmt, dass man seine Klarheit behält und auf Routinen zurückgreift.

▶   Wenn Sie sich auf Höchstleistungen vorbereiten, machen Sie das anders, als wenn Sie sich auf mögliche Stresssituationen vorbereiten?

Absolut. Deswegen sind es für mich zwei getrennte Sachen. Höchstleistung zu trainieren heißt Konditionstraining, Techniktraining und Fahrtraining. Aber wenn man Stresssituationen trainieren will, ist das ein ganz anderes Training. Weil ich davon ausgehe, dass Stresssituationen immer nur dann auftreten, wenn etwas passiert, was nicht gut ist. Wir überlegen uns im Team, was alles passieren kann. Das einfachste sind Reifenpannen. Das wird natürlich komplett trainiert. Das ist eine Stresssituation, die schon fast keine mehr ist, so routinemäßig ist sie geworden. Das wird komplett auf Zeit trainiert, dass es schnell geht. Dann gibt es andere Stresssituationen, die natürlich nicht so häufig passieren, z. B. wenn eine Antriebswelle kaputt geht. Da überlegt man sich: Was kann man reparieren unterwegs? Wie geht man da vor? Wenn man dann ein technisches Problem hat und darauf vorbereitet ist, ist das schon nicht mehr so stressig. Dann hat man den Stress schon ein bisschen rausgenommen, weil man seine Routine hat. Für mich ist Stress immer etwas, was mein normales Handeln negativ beeinflusst. Sobald ich aber im Kopf klar bin und weiß, was ich jetzt tun muss, ist es kein großer Stress mehr, weil ich meine Routine abspielen kann. Wenn ich heute z. B. in eine Besprechung gehe, die sehr wichtig ist, so dass ich deshalb vielleicht auch in Stress geraten könnte, weil unangenehme Fragen auf mich zukommen können, dann überlege ich mir schon vorher: Was könnte auf mich zukommen, welche unangenehme Frage könnte ich bekommen und was sage ich darauf?

▶   Bereiten Sie sich auch mental auf Höchstleistungen vor?

Ja. Es ist mental sehr wichtig, dass ich glaube, dass ich das kann. Wenn ich nicht selber an mich glaube, dann werde ich es auch nicht können. Gerade im Sport, wo die Leistungen so eng beieinander liegen, muss ich neben aller Vorbereitung auch glauben, dass ich das wirklich kann. Es geht hier um Selbstvertrauen und Selbstbewusstsein. Es nützt mir ja nichts, wenn mir einer sagt, du musst Selbstvertrauen haben, und ich habe es gar nicht. Ich muss etwas dafür tun, damit ich es wirklich selber glaube. Mir hilft hier eine extrem gute Vorbereitung, so dass ich weiß, ich bin körperlich fit genug und auch mein Material ist topfit. Ich kenne das Auto, kann es genau bedienen, weiß, wie ich jede einzelne Funktion ausnutzen kann. Und ich habe versucht, ein gutes Verhältnis zu meinem Team zu haben, was ganz wichtig ist. Denn auch mein Team wird nur seine Höchstleistung abrufen im Rennen, wenn es mich mag. Das ist ein Punkt, der oft vergessen wird. Die Mitarbeiter müssen auch Höchstleistung bringen, wenn sie die ganze Nacht durchschrauben müssen.

▶   Was treibt Sie an? Was motiviert Sie immer wieder aufs Neue, alles aus sich herauszuholen?

Wichtig ist, noch Träume zu haben. Also dass man sich wirklich überlegt: Was möchte ich eigentlich noch? Aus diesen Träumen heraus kann ich mir ein klares Ziel setzen. Das heißt, sich wirklich hinsetzen, einen ruhigen Moment nachdenken, sich überlegen: So, was will ich denn wirklich? Was könnte mich motivieren? Aus einem Traum die Realität werden zu lassen, motiviert mich enorm. Diese Art Hoffnung, die man da reinsteckt, dass man das erreicht, ist das, was einen wieder zu Höchstleistung motiviert.

▶   Wenden Sie Mentaltraining konkret für sich an?

Ja und nein. Nicht wirklich bewusst. Aber wenn ich mir das Roadbook anschaue, ist das eine Art mentales Training. Im Roadbook stehen Zeichen wie „da links abbiegen", „da rechts abbiegen", „da kommt ein Tal" etc. Mitunter sind das ziemlich komplizierte Bilder, die zeigen, wie man fahren soll. Ich kann die Bilder während der Fahrt nicht sehen, wenn mein Beifahrer sie mir erklärt, also gehen wir die schwierigen Bilder vorher zusammen durch. Es gibt vielleicht zehn bis fünfzehn Bilder am Tag, die schwer zu erklären sind. Wenn ich mir die vorher angeguckt habe, dann rufe ich sie unterwegs wieder ab.

▶   Woher schöpfen Sie Kraft?

Die Kraft versucht man aus den Gedanken an den Erfolg zu schöpfen. Es ist schon wichtig, davon zu träumen, Erfolg zu haben. Aus dieser Hoffnung holt man sehr viel Kraft. Und diese mentale Kraft braucht man. Für die körperliche Kraft versuche ich, beim Rennen so viel wie möglich zu schlafen. Es gilt, beides zu kombinieren: Vorbereitung und Ruhe finden. Es nützt mir nichts, wenn ich super vorbereitet bin und dann in der Früh am Start einschlafe. Man versucht natürlich auch im Team die Aufgaben so gut wie möglich zu verteilen, dass man möglichst viel Ruhephasen hat. Wenn mir die Kondition fehlt, zehrt das natürlich auch an der Kraft. Wenn ich gut trainiert bin, dann macht mir das weniger aus. Früher war die Dakar-Rallye schon ein echter Marathon. Am Anfang ist man noch superfit, und dann macht es Spaß, mit allen anderen zu quatschen. Dann quatscht man vielleicht ein bisschen länger, und schon ist es Mitternacht. Die ersten zwei Tage macht einem das nichts aus, aber dann rächt sich das. Deshalb sollte man von Anfang an konsequent sein und sagen: „Auch wenn es gerade Spaß macht, nutze diese Zeit, um dich auszuruhen", weil das Rennen eben nicht nur zwei Tage lang ist.

▸   Wie gehen Sie mit Niederlagen um? Wie verarbeiten Sie das?

Ich überlege erst mal, warum es passiert ist: An was hat es gefehlt? Dann versuche ich, die Ursache abzustellen, was auch immer es war. Wenn es an mir lag, muss ich mich verbessern. Wenn es am Fahrzeug lag, muss ich das Fahrzeug verbessern. Wenn es am Team lag, muss ich versuchen, da etwas umzustellen, falls das geht. Manchmal ist es ja wirklich auch nur Pech.

Ich versuche, die Schwachstelle auszumerzen, und denke dann gleich nach vorne: „Dann probiere ich es eben noch mal!" Ich versuche, aus dem, was passiert ist, zu lernen. Man hat immer erst verloren, wenn man es nicht noch mal probiert. Das ist meine Einstellung. Gerade im Motorsport liegen Sieg und Niederlage eng beieinander, da darf man sich von der einen Niederlage oder von dem einen Scheitern nicht gleich entmutigen lassen. Es hilft mehr, zu sagen: „Ja, gut, dann habe ich jetzt was gelernt, da muss ich noch einiges machen, da muss ich mich noch verbessern, und nächstes Mal wird es hoffentlich klappen." Im Sport hat man mehr Niederlagen als Erfolge. Nur, von den Niederlagen hört keiner, man hört immer nur von den Erfolgen. Im Motorsport gibt es keinen Erfolg ohne Niederlage. Es kann ja nur einen Gewinner geben, und wie viele gehen vorher an den Start?

▸   Was sind für Sie entscheidende Erfolgsfaktoren, von denen Sie sagen, diese lassen sich auch im Wirtschaftsleben anwenden?

Die Erfolgsfaktoren sind eigentlich immer gleich: Ich muss ein klares Ziel haben, und dieses klare Ziel muss ich auch an mein Team kommunizieren, damit alle aufs gleiche Ziel hinarbeiten. Das wird oft vergessen. Es ist wichtig, dass die Firma nicht nur ein Ziel hat, sondern dieses Ziel auch an die Mitarbeiter transferiert. Dann ist es wichtig, hart dafür zu arbeiten. Zielerreichung passiert nicht von alleine. Im Motorsport muss man extrem hart arbeiten, indem man sich entsprechend auf diese Herausforderungen vorbereitet, und ich denke, auch im Geschäftsleben muss man für den Erfolg etwas tun. Die gute Vorbereitung hilft im Geschäftsleben mit Sicherheit auch. Wenn ich mein Produkt kenne, so wie wir unser Auto kennen, dann kann ich es als Verkäufer mit Sicherheit viel besser verkaufen, als wenn ich es nicht kenne. Man sollte sein Umfeld, sein Material sehr gut kennen. Der Umgang mit den Niederlagen ist ebenfalls ein Erfolgsfaktor, auch wenn dies im Geschäftsleben vielleicht nicht so häufig gefragt ist. Aber ich glaube, gerade weil Rückschläge hier nicht so häufig sind, kann man vom Sport lernen, weil wir dauernd damit umgehen müssen.

Der Umgang mit Veränderungen entscheidet auch über den Erfolg. Das ist bei uns ganz entscheidend: nach dem Rennen ist vor dem Rennen. Wenn wir nicht die neue Technik sofort ins Fahrzeug nehmen, dann werden es die anderen machen, und dann sind die anderen vor uns. Veränderungen sind ein Muss, auch wenn das schwierig ist. Gerade wenn etwas gut läuft, möchte man sich nicht verändern. Doch dann wird man im nächsten Jahr verlieren. Herausforderungen anzunehmen ist ganz wichtig. Ich liebe Herausforderungen. Manche Leute finden sie ja schrecklich, aber ich glaube, in einer Herausforderung steckt eine ganze Menge Motivation. Ein Wettbewerb ist gut, weil er motiviert. Je stärker der Gegner ist, desto mehr Spaß macht es, an diesem Wettbewerb teilzunehmen. Das ist natürlich eine Herausforderung, die man annehmen muss. Dafür braucht es auch die Mentalität, nicht sofort aufzugeben. Es gibt ja dann viele, die beim kleinsten Problem sagen: „Na ja, das geht nicht, wir haben es probiert und Schluss." Aber gerade neue Sachen benötigen manchmal ein bisschen mehr Geduld, bis sie Erfolg haben. Da darf man nicht gleich aufgeben.

Wichtig ist auch die Risikobereitschaft. Im Motorsport müssen Sie ja mehr Risiko eingehen als normale Menschen im Geschäftsleben. Aber davon kann man sich eine Scheibe abschneiden, statt nur das Sicherheitsdenken zu pflegen: „Oh, mein Chef, da werde ich gleich gefeuert, wenn ich irgendwas falsch mache!" Man muss auch zulassen, dass Fehler passieren können, und aus diesen dann lernen, anstatt immer nur zu denken: Ich darf auf gar keinen Fall einen Fehler machen.

> Woraus besteht Siegermentalität?

Dass man Herausforderungen mag und annimmt, gehört ebenso dazu wie Selbstbewusstsein. Das, was man macht, sollte man wirklich mit Leidenschaft machen. Das ist für mich ein ganz wichtiger Punkt. Wenn Eltern etwas aus ihren Kindern machen wollen, was sie selbst gerne geworden wären, aber das Kind leider überhaupt keinen Draht dazu hat, dann wird das nicht funktionieren. Wenn man wirklich ganz oben stehen möchte, nicht nur Mitläufer sein, dann muss man etwas tun, was man liebt, was man mit Leidenschaft macht, für das man wirklich diese Strapazen auf sich nimmt. Wenn ich etwas nicht wirklich mit Leidenschaft mache, dann sage ich bei der ersten Strapaze: „Nee, ich will lieber Fernsehen schauen oder ins Kino gehen anstatt trainieren." Es ist ganz, ganz wichtig, dass man Leidenschaft für seine Sportart oder auch für seine Arbeit empfindet. Dass man an seinen Job mit Selbstbewusstsein herangeht, aber auch bereit ist, dafür Risiken einzugehen. Dass man keine Angst hat, Fehler zu machen, weil ich keine Höchstleistung bringen kann, wenn ich nicht auch mal einen Fehler mache. Das geht gar nicht. Ich muss ja aus meinen Fehlern lernen. Ich muss ja sehen, wo der Grenzbereich ist. Das ist beim Autofahren ganz klar: Wie soll ich denn immer an den Grenzbereich fahren, wenn ich ihn nicht mal übertreten habe? Dann werde ich ihn ja nicht kennen, dann werde ich immer kurz drunter bleiben und langsamer sein. Also, man muss sich eingestehen, dass Fehler auch zum Erfolg gehören und dass wir aus ihnen lernen. Dafür muss ich es eben auch mal riskieren, an meine Grenzen zu gehen.

If you can dream it, you can do it.
Walt Disney

Die meisten Topathleten und Leistungssportler vieler Disziplinen in aller Welt trainieren das Visualisieren regelmäßig und wissen um die Wirkung dieser mentalen Technik, der sich in ihren Leistungen widerspiegelt. Die Visualisierung als Voraussetzung für Höchstleistungen ist eine der wirksamsten mentalen Techniken, die uns zur Verfügung steht. Unsere bewussten und unbewussten Vorstellungen haben erhebliche Konsequenzen auf unser Verhalten, unser Selbstvertrauen, unsere Gefühle, unser Wohlbefinden, unser Handeln, unsere innere Einstellung, unseren Körper, die Körperhaltung und unsere gesamte Körperchemie.

Es folgen ein paar Beispiele aus dem Leben einiger Athleten und Sportler. Der US-amerikanische Sportpsychologe James E. Loehr gibt Umfragen zufolge an, dass 80 bis 85 % der Athleten die Visualisierungsmethode anwenden – als bekannte Sportler erwähnt er die Tennisspieler Chris Evert und Martina Navratilova, den Wasserspringer Greg Louganis, den Golfer Jack Nicklaus sowie den American-Football-Spieler o. J. Simpson (Loehr 1991a). Der deutsche Meister im Skispringen 2013 und Olympiasieger 2014, Marinus Kraus, setzt die Visualisierungstechnik gezielt vorm Start ein: „Wenn ich oben vorm Balken stehe, bin ich fokussiert und stelle mir Wettkampfsituationen vor meinem inneren Auge vor. Ich stelle mir den besten Sprung vor und den will ich dann auch machen. Meine Visualisierung beginnt damit, wie ich auf den Balken rutsche und endet damit, wie ich aus dem Exit-Gate rausgehe. Ich sehe jubelnde Zuschauer und lache in die Kamera, fühle mich wohl dabei. Dann rutsche ich real auf den Balken und bin überzeugt, dass ich das auch schaffe, sage das auch innerlich zu mir selbst." Das vollständige Interview mit Marinus Kraus lesen Sie in Kap. 13. Auch Philipp Lahm, Ex-Kapitän der deutschen Fußballnationalmannschaft, hatte nach dem WM-Finale berichtet, dass er sich im Vorwege immer wieder an die Szene erinnert habe, als Lothar Matthäus den WM-Pokal 1990 in Rom in die

Höhe reckte, und sich dann vorgestellt habe, wie er selbst den WM-Pokal 2014 in den Himmel von Rio de Janeiro stemmt. Top-Segler stellen sich schon vor dem Rennen genau vor, wie sie das Rennen optimal segeln – vom Start bis zur Ziellinie – und gewinnen werden. Die erfolgreichsten Golfer erzählen, dass ihre Erfolge nur mit Hilfe von täglichen Visualisierungsübungen (vgl. Abb. 8.1) möglich waren. Sie stellen sich immer vor, wo der kleine weiße Ball landen wird, alles weitere (Kraftanpassung, Handführung etc.) übernimmt das Unterbewusstsein.

Auch im Motorsport setzen Rennfahrer Visualisieren ein, um sich auf unterschiedliche Streckenanforderungen und Teilabschnitte eines Rennens zu konditionieren. Dann werden z. B. nur das Qualifying, der Start, Überholmanöver oder das Fahren bei Regen im „Kopfkino" trainiert. Doch egal, was Rennfahrer visualisieren, sie starten stets langsam. Ziel ihrer Visualisierungen ist gerade zu Beginn, wenn sie noch nicht erfahren darin sind, die Fehlerfreiheit, die viel entscheidender ist als die Renngeschwindigkeit. Das Einhalten des vereinbarten Fahrplans bis ins kleinste Detail, wie den Druck aufs Bremspedal, ist oberstes Gebot. Mit der Zeit dürfen die Fahrer beim Visualisieren das Tempo zwar steigern, doch nie so schnell werden, dass sie Fehler riskieren. Schaffen sie keine komplette Runde, konzentrieren sie sich zunächst auf die Kurven und nehmen später erst die Geraden hinzu.

In seinem Geist lief Roger Bannister, ehemaliger britischer Mittelstreckenläufer, der als erster Mensch 1954 die Meile unter vier Minuten schaffte, die Meile zuvor immer wieder unter vier Minuten. Er nutzte seine mentale Vorstellungskraft, um sich sein Ziel als erreicht vorzustellen. Dadurch programmierte er sich auf den Erfolg, auch wenn er natürlich zunächst, wie alle anderen Läufer, scheiterte. Einige Jahre lang verbesserte er sich zwar, aber die Uhr blieb immer bei einer Zeit über vier Minuten stehen.

Abb. 8.1 Zielvisualisierung beim Schlagen. (© Antje Heimsoeth & Kerstin Diacont)

Athleten nutzen ihre geistige Vorstellungskraft vor allem für folgende Zwecke: Für die Optimierung der Bewegungsvorstellung, das Abrufen eines Erfolgserlebnisses („moment of excellence") u. a. zur Motivation und zur Psychoregulation (Ruhebild), um das Lampenfieber vor einem sportlichen Wettkampf in den Griff zu bekommen. All das sind Anwendungen, die sich auch auf Ihre Bedürfnisse als Führungskraft übertragen lassen. Besondere Herausforderungen im Job wie Präsentationen, schwierige Verhandlungen und Gespräche lassen sich gleichfalls mit Hilfe von Visualisierung vorbereiten und bewältigen. Im Kap. 8 haben Sie bereits die Zielvisualisierung kennengelernt. Im Übungsteil dieses Kapitels stelle ich Ihnen neben der Erfolgsvisualisierung die Visualisierung eines Ruhebilds vor, das der Entspannung dient. Des Weiteren erfahren Sie, wie sich visuelle Abschottungshilfen nutzen lassen, um sich gegen Störungen von außen zu schützen. Innere Bilder lassen sich nicht nur fürs vorausschauende Probehandeln angesichts neuer, herausfordernder Situationen nutzen, sondern auch vergangene Situationen können geistig noch einmal durchlaufen und zu einem positiven Ergebnis geführt werden.

8.1   Was bedeutet Visualisierung?

„Visualisierung ist eine Übung, in der bestimmte Vorstellungsbilder konzentrativ und imaginativ hervorgerufen werden." (Online-Portal Wikipedia.de, „Visualisierung (Meditation)", 2014). Visualisieren ist

- Kopfkino, bildhaftes Vorstellen.
- Visualisieren heißt Denken in Bildern anstatt in Worten, also das Vorstellen in Bildern eines Bewegungs-, Handlungs-, Gesprächsablaufs oder eines Ziels vorab. Es ist ein selbst geschaffenes gedankliches Vorstellungsbild.
- das „Programmieren" von positiven Vorstellungsbildern.
- „Visualisieren ist der Vorgang, im Geiste Bilder zu erzeugen. (…) Es ist ganz einfach die Anwendung der Fantasie, der Vorstellungskraft, man sieht mit dem geistigen Auge. Es ist die Re-Kreation, die Wiedererschaffung eines vergangenen Erlebnisses durch geistige Vorstellungsbilder" (Loehr 1991b).
- sich in seiner Vorstellung ein Bild von sich selbst zu machen, wie man etwas tut und was gemacht werden soll. Wann stehe ich wo? Wann mache ich was? Wie verhalte ich mich, wenn …? Wie fühlt sich was an?
- die Wiederholung einer physischen Leistung oder Bewegung im Geiste.

Wirkungsweise und Nutzen
Die bildhafte Vorstellung beeinflusst unser Unterbewusstsein, aktiviert Erlebnisnetzwerke im Gehirn und arbeitet nach dem Prinzip der selbsterfüllenden Prophezeiung („self-fulfilling prophecy"). Die Bilder, egal, ob sie zweckmäßig oder unzweckmäßig sind, werden Teil der mentalen Software. Denn Imagination wirkt strukturbildend im Gehirn – mit

guten wie mit schlechten Bildern. Dabei gilt auch hier wie schon bei den Gedanken: Je öfter ich mir etwas vorstelle, desto stärker bahne ich die entsprechenden Verknüpfungen im Gehirn. Die Visualisierungstechnik erlaubt relativ hohe Wiederholungsfrequenzen pro Zeiteinheit. Ein kurzer Ausflug in die Neurobiologie: Der Einsatz visueller Sprache und eine starke Imagination aktivieren viele neuronale Netzwerke in unserem Gehirn. Insgesamt sind etwa 60 % der Großhirnrinde an der Wahrnehmung, Interpretation und Reaktion auf visuelle Reize beteiligt (Gegenfurtner et al. o. J.). Das Gehirn unterscheidet zwar noch zwischen realer Wahrnehmung und Imagination, doch bei lebhafter Imagination sind viele der ca. 30 visuellen Areale im Gehirn aktiv.

Das Training der eigenen Vorstellungskraft verleiht innere Sicherheit, Selbstbewusstsein und Selbstvertrauen. Es steigert zudem Ihr Denkvermögen und Ihre Kreativität. Visualisieren führt zu einer verbesserten konzentrativen Einstimmung auf Meetings und Gespräche. So können Sie mit Hilfe Ihrer inneren Bilder erfolgreich Ihre Nervosität und Ängste z. B. vor Präsentationen reduzieren und Ihren Stress minimieren. Die Anwendungsmöglichkeiten des Visualisierens sind zahlreich. „Neben Bewegungsabläufen ist es ebenfalls möglich, den idealen Leistungszustand, Informationen, emotionale Zustände oder Metaphern zu visualisieren" (Limbacher und Schmole 2003).

Wer z. B. unter Präsentationsangst leidet, kann bewusst positive Vorstellungen einer gelungenen Präsentation dem inneren „Angstfilm", der üblicherweise abläuft, entgegensetzen.

Sie können also mittels Visualisierung Ihre inneren Bilder und Filme bestimmen. Mit Hilfe von Visualisierung lässt sich auch das emotionale Gleichgewicht nach einem Misserfolg leichter wiederherstellen. Nämlich dadurch, dass wir uns an vergangene Erfolge und Glücksmomente erinnern. Die Hirnforschung hat herausgefunden, dass das Wachrufen von positiven Erlebnissen vom Gehirn genauso stark empfunden wird, als würden wir es nochmal erleben. Ihm reicht der bloße Gedanke, um erneut Glückshormone auszuschütten. Das hilft, die negativen Emotionen nach einem Misserfolg durch positive zu ersetzen.

Unsere geistige Vorstellungskraft hilft beim Erlernen neuer, komplexer Inhalte oder Bewegungsabläufe, bei der Kontrolle von Emotionen, beim Einprägen wichtiger Details und bei der bereits erwähnten Entspannung. Sie dient dem Aufbau mentaler Stärke, der Verbesserung physischer wie kognitiver Leistungen, der Steigerung von Selbstvertrauen, innerer Sicherheit, Souveränität und Gelassenheit, der Flexibilität und schnelleren Reaktionsfähigkeit, der Reduktion von Ängsten, Stress, Hemmungen und Nervosität. Die Visualisierung eines schönen und guten Ortes kann Entspannung und Ruhe bewirken. Im Idealfall durchströmt uns ein Gefühl der Stärke und Zuversicht. Das wiederum hilft, Entscheidungen zu treffen und in eine neue Richtung aktiv zu werden.

Fast alle Körperprozesse werden durch sogenannte subkortikale Zentren im Hirn gesteuert. „Eigentlich sind unsere Körperregulationsmechanismen wunderbar", sagt der deutsche Neurobiologe Gerald Hüther. „Sie könnten ihren Job hervorragend machen, wenn wir sie nicht so furchtbar durcheinander bringen würden mit unserem Druck, unseren Zwängen und der Art und Weise, wie wir unseren Körper dauernd abwerten." Deshalb sei alles hilfreich, was die tieferen Bereiche des Gehirns entlaste und zur Ruhe bringe. Genau auf dieser Ebene wirkt Visualisierung. Wer unter Rückenschmerzen leidet, kann sich vorstellen, wie sich ein Luftballon, der zwischen den Wirbeln sitzt, aufpumpt und Platz schafft. In der Regel bewirkt diese Visualisierung nicht nur subjektiv ein Gefühl von Entlastung, sondern die Wirbelsäule richtet sich tatsächlich auf (Schönberger 2007).

Welches Bild wohltuend ist, muss jeder für sich herausfinden. Es gibt archetypische Bilder, die Menschen seit Urzeiten überall auf der Welt ansprechen, z. B. Bäume oder Wasser. Vielen Menschen tut es in Stresssituationen gut, sich einen Wasserfall, das Meer, einen Fluss oder See vorzustellen.

Wer trotz aller Beweise, die die Hirnforschung für die Macht der inneren Bilder liefert, immer noch skeptisch ist, dem schlägt die deutsche Psychoanalytikerin und Nervenärztin Luise Reddemann einen einfachen Test vor:

Denken Sie an etwas Unerfreuliches, und nehmen Sie wahr, wie sich das auf Ihren Körper auswirkt. Wie atmen Sie? Wie ist der Puls? Wie ist der Muskeltonus? Und jetzt denken Sie an etwas Schönes. Wie fühlt sich Ihr Körper jetzt an? Das Ergebnis ist bei allen Menschen gleich. Bei den unangenehmen Bildern wird die Atmung flach, der Puls geht schneller, die Muskeln verkrampfen sich. Das angenehme Bild verlangsamt den Atem, die Muskeln lockern sich, der Puls kommt zur Ruhe.

Müssen wir uns immer nur etwas Schönes vorstellen, und schon geht es uns gut? „Natürlich nicht", antwortet Luise Reddemann. „Aber wenn ich mir immer nur Unerfreuliches vorstelle, muss ich mich nicht wundern, wenn ich mich schlecht fühle." Wer ohnehin belastet sei, finde oft keinen Ausstieg mehr aus dem Sorgenkarussell, habe nur noch belastende Bilder im Kopf und stelle sich vor, was noch alles schief gehen könnte. „Deshalb mache ich Menschen Mut, sich auch mit dem Heilsamen zu beschäftigen. Und dabei helfen gute innere Bilder sehr" (Schönberger 2007).

Unter welchen Bedingungen haben Ihre Visualisierungen die stärkste Wirkung?
Visualisierungen haben ihre stärkste Wirkung, wenn Sie sich dafür an einen bequemen und ruhigen (Lieblings-)Ort, z. B. den gemütlichen Ohrensessel, zurückziehen, ohne jegliche Ablenkung und Störungen. Wenn Sie Gefühle, Gedanken und Wünsche oder Sehnsüchte, die keinen Bezug zu dem geistigen Vorstellungsbild haben, für den Zeitraum der Visualisierung in den „Urlaub" schicken können. Suchen Sie sich für das Visualisieren eine ruhige Tageszeit aus. Ausgangspunkt jeder erfolgreichen Visualisierung ist ein entspannter Zustand Ihres Gemüts und Ihrer Sinne. In diesem Zustand der Ruhe und Gelassenheit verschwinden alle äußeren Reize. Ihre Motorik kommt zur Ruhe und störende Gedanken werden ausgeschaltet. Sie sind vollständig frei für Ihre inneren Bilder.

Üben Sie ohne Druck! Sollten Sie anfangs Schwierigkeiten haben innere Bilder „zu sehen", machen Sie sich keine weiteren Gedanken. Viele Menschen „fühlen", „spüren" oder „denken" ihre inneren Bilder. Wichtig ist, das Üben der Visualisierung regelmäßig zu wiederholen und zu üben. Ich lasse meine Klienten die Bilder zusätzlich aufschreiben. Mit der Zeit fällt es Ihnen immer leichter, innere Bilder zu sehen. Geschlossene Augen erleichtern das Visualisieren, weil Sie nicht von Eindrücken Ihrer Umwelt abgelenkt werden, die Innenschau fällt leichter.

Stellen Sie sich einen inneren Bildschirm vor, auf den Sie Ihre Bilder projizieren. Das kann eine Leinwand, ein Bildschirm oder einfach eine weiße (Haus-)Wand sein. Ihre Vorstellungen sollten besonders anschaulich sein. Füllen Sie Ihre Projektionsfläche mit Farben, Berührungen, Tönen, Gerüchen, Gefühlen und sogar Musik. Nutzen Sie alle fünf Sinne, kurz VAKOG genannt:

V	wie visuell: das Sehen
A	wie auditiv: das Hören
K	wie kinästhetisch: das Fühlen, Tasten
O	wie olfaktorisch: das Riechen
G	wie gustatorisch: das Schmecken

Visualisieren Sie in so vielen Einzelheiten und Details wie möglich (im Falle einer Präsentation also von den möglichen Schweißperlen auf der Stirn über die Gesichter der Anwesenden bis zum leisen Rauschen des Beamers etc.). Sie können auch Gesten, Kopfbewegungen u. Ä. während der Visualisierung mit Ihrem Körper ausüben, wenn es Ihnen hilft. Beziehen Sie Gefühle mit in die vorgestellte Situation ein. Wie fühlt sich Ihr Bild an?

Emotionen spielen eine Schlüsselrolle beim Speichern und Abrufen von Erinnerungen. Jede Erinnerung wiederum aktiviert automatisch die daran gekoppelten Emotionen. Es wird Ihnen nicht gelingen, sich eine gut verlaufende Präsentation vorzustellen, wenn Sie sich davor an eine missglückte Präsentation in der Vergangenheit erinnern. Rufen Sie vor Beginn der Visualisierung jenes Gefühl ab, dass Sie bei einem Ihrer größten Erfolge hatten, auf den Sie zurückblicken können. Beim Visualisieren kommt es auf den optimalen mentalen Zustand an. Spielen Sie einen Film von genau diesem Erfolg vor Ihrem inneren Auge ab. Stellen Sie sich das Erfolgserlebnis so lebendig und detailliert wie möglich vor. Konzentrieren Sie sich dabei auf die Emotionen, die die Erinnerung bei Ihnen hervorruft. Speichern Sie dieses Gefühl ab und nehmen Sie sie mit in Ihre nun anstehende Visualisierung. Wenn Sie sich auf diese Weise regelmäßig auf eine Herausforderung vorbereiten, lernt Ihr Unterbewusstsein „automatisch" in diesen Gefühlsmodus zu schalten, wenn Sie später in der realen Situation sind.

8.2   Zwei Vorgehensweisen: Dissoziation und Assoziation

Es gibt zwei unterschiedliche Zugänge zum Visualisieren. Beide rufen sehr unterschiedliche Ergebnisse hervor.

Die „subjektive Visualisierung"

Wir nehmen bei der subjektiven Visualisierung Situationen, Bewegungsabläufe und Ereignisse aus der Perspektive der eigenen Augen bzw. aus unserer persönlichen Sicht, bzw. mit allen Sinnen, wahr. Sie werden in Ihrer Vorstellung der Darsteller, also der aktive Teilnehmer Ihrer Vorstellung; dies wird auch mit „subjektiver Visualisierung" bezeichnet. Hierbei führen Sie körperlich die Bewegungen in Ihrer Vorstellung aus und „fühlen" geistig das Resultat. Der Film sollte so viele Wahrnehmungen und Empfindungen wie möglich enthalten. Bei der subjektiven Visualisierung sind die gleichen Muskeln aktiviert in genau der gleichen Folge, wie dies bei einer tatsächlichen physischen Ausführung geschehen würde. Dies ist eine ausgezeichnete Methode, (im Sport) physische Fertigkeiten einzustudieren bzw. einen möglichst detaillierten, mentalen Film eines zukünftigen Erfolgserlebnisses zu konstruieren. Es sollten aus der subjektiven Perspektive ausschließlich zukünftige Leistungen visualisiert werden. Für die Visualisierung unerwünschter Ergebnisse sollte unbedingt in die objektive Perspektive gewechselt werden (vgl. Heimsoeth 2008).

Die „objektive Visualisierung"
Bei der objektiven Visualisierung betrachten wir uns in einer Situation/Gespräch aus einer Zuschauer- bzw. Beobachterperspektive bzw. von außen auf die eigene Person (TV-Perspektive: Wir betrachten uns im Fernseher). Die Visualisierungsmethode lässt Sie zum „Beobachter" werden. Mit dieser Methode sehen Sie sich, als betrachteten Sie einen Film von sich selbst. Sehen Sie sich selbst vor einem Publikum stehen oder sehen Sie sich diejenigen Leistungen bewältigen, die Sie selbst als das Ziel Ihrer Träume bezeichnen würden. Die Selbstbetrachtung von außen kann Ihr Selbstvertrauen stärken, bevor Sie Herausforderungen angehen, über die Sie sich Sorgen machen.

Diese Perspektive eignet sich am besten, um in der Vergangenheit liegende, negative Erlebnisse, z. B. schlechte Leistungen, zu verarbeiten. Dabei geht es darum, aus einer nüchternen Zuschauerperspektive möglichst viele Informationen zu sammeln, die geeignet sind, unsere zukünftige Leistung zu verbessern. Wir betrachten uns und achten darauf, was sich beim nächsten Mal, z. B. während einer Präsentation, verbessern lässt. Anschließend wechseln wir in die „subjektive" Perspektive, die Ich-Perspektive, und erschaffen uns einen mentalen Film einer perfekten Präsentation. Dabei stellen Sie sich jeden wichtigen Aspekt vor. Sie versuchen sich lebhaft vorzustellen, wie es sich anfühlt, ruhig und hoch konzentriert eine Präsentation zu halten (vgl. Heimsoeth 2008).

8.3   Der Zitronentest

Warum funktionieren innere Bilder – wie und warum wirken sie auf unsere inneren Zustände bzw. auf unsere Gehirnchemie?

Wer nicht glauben mag, dass eine reine Vorstellung sich körperlich auswirken kann, dem sei der Zitronentest empfohlen: Stellen Sie sich vor, Sie halten eine wunderschöne, saftige, gelbe, reife Zitrone (vgl. Abb. 8.2) in den Händen. Spüren Sie die Oberfläche der Zitrone. Wie riecht sie? Sie können durch die Schale hindurch schon das Säuerliche riechen. Nun schneiden Sie in Ihrer Vorstellung die Zitrone mit einem scharfen Messer in zwei Hälften. Der Zitronensaft läuft heraus. Sie öffnen Ihren Mund und beißen herzhaft hinein. Was hat sich verändert?

Dieses kleine Experiment zeigt Ihnen zweierlei:

Abb. 8.2 Zitrone. (© Mariusz
Blach/Fotolia.com)

1. Ihre Gedanken, inneren Bilder und Fantasien sind Kräfte, die Ihren Körper veranlassen,
   zu reagieren. Ihr Körper und Ihre Gesichtsmuskulatur haben so reagiert, als hätten Sie
   tatsächlich in die Zitrone gebissen. Sie haben sich so gefühlt, als hätten Sie das getan,
   was Sie sich in Wahrheit nur eingebildet haben. Jeder Gedanke, jede Vorstellung, ob
   positiv oder negativ, hat einen Einfluss auf Ihr seelisches und körperliches Befinden.
2. Sie können ferner sehen, dass Ihr Gehirn nicht unterscheiden kann, ob Sie tatsächlich
   etwas erleben oder ob Sie sich nur einbilden, etwas zu erleben. Obwohl Sie selbst ganz
   genau wissen, dass Sie sich das Ganze nur eingebildet haben, war für Ihr Gehirn Ihre
   Einbildung Realität. Daran können Sie erkennen: Unser Gehirn ist ein guter und zuver-
   lässiger Diener, aber ein schlechter Herr.

   Ihr Gehirn verrichtet stumpfsinnig seine Arbeit wie ein Computer. Es kümmert sich
   nicht darum, ob etwas Realität oder Einbildung ist. Es verarbeitet jede Information so,
   als sei sie real. In der Computersprache sagt man: garbage in, garbage out – was so viel
   heißt wie: Wenn Sie Müll eingeben, kann nichts Sinnvolles dabei herauskommen.

   Welche Bedeutung hat diese Selbsterkenntnis für Ihren Alltag?

   Achten Sie auf Ihre Gedanken und Vorstellungen. Da Ihr Gehirn sich nicht darum
   kümmert, ob etwas Realität oder Einbildung ist, müssen Sie diese Aufgabe übernehmen. Sie müssen überprüfen, ob Ihre Gedanken und Vorstellungen der Realität entsprechen. Entweder Sie kontrollieren Ihr Denken und Ihre Gedanken, oder diese kontrollieren Sie (vgl. Heimsoeth 2008).

Achten Sie also gut auf Ihre Gedanken und Vorstellungen. Sie können nicht vermeiden,
dass negative Gedanken über Ihrem Haupt kreisen, aber Sie können verhindern, dass sie
sich bei Ihnen einnisten und Ihnen dauerhaft negative Gefühle bereiten.

8.4 Vorstellungstraining

Wenn Sie mit Ihrer Vorstellungskraft ein wenig herumexperimentieren, gelingt es Ihnen bald, schnell und unkompliziert bekannte – aber auch unbekannte – Bilder vor Ihrem geistigen Auge entstehen zu lassen.

8.4.1 Übung für den Anfang

Nehmen Sie einen (möglichst einfachen) Gegenstand (z. B. Banane, Apfel, Haushaltsgegenstand, Stift, Golf-, Tennisball o. Ä.) und legen ihn vor sich hin. Betrachten Sie sich in Ruhe den Gegenstand ganz genau. Jetzt schließen Sie die Augen und versuchen, sich den gerade betrachteten Gegenstand so genau wie möglich vorzustellen.

Diese Übung wiederholen Sie täglich, wenige Minuten reichen schon aus. So lange, bis Sie ganz sicher sind. Dann suchen Sie sich einen nächsten, komplizierteren Gegenstand.

Wenn Sie das Visualisieren einzelner Gegenstände beherrschen, üben Sie mit inneren Bildern, z. B. vom letzten Urlaub, von einem schönen Ort, von Ihrem Traumhaus, von einer heißen Tasse Tee oder Kaffee, etc. Achten Sie dabei ganz besonders auf Ihre Emotionen. Was fühlen Sie, wenn Sie Ihr Bild visualisieren? Kehrt ein wenig der Entspannung aus den letzten Urlaub zurück, wenn Sie innerlich Bilder vom letzten Urlaub im Kopfkino ansehen? Freuen Sie sich, wenn Sie sich vorstellen, wie Sie in Ihr Traumhaus einziehen? Laden Sie Ihr Bild mit positiven Emotionen und Empfindungen auf.

Nun üben Sie, sich Bewegungen vor Ihrem inneren Auge vorzustellen (vgl. Abb. 8.3).

Im Allgemeinen ist das Tempo der Visualisierung das gleiche wie in der praktischen Durchführung, Ausnahmen sind Zeitlupenfilme, wie bei der Fehlerbehebung.

Abb. 8.3 Kopfkino. (© WoGi/Fotolia.com)

8.5   Das Drehbuch

Oft nehmen wir uns vor, in bestimmten Situationen anders zu handeln und scheitern immer wieder daran, dass uns angeborene Programme und erlernte Reaktionen einen Strich durch die Rechnung machen. Hier hilft es, selbst zum Drehbuchautor seines persönlichen Drehbuchs zu werden und damit z. B. eine optimierte Reaktion abrufen zu können (Heimsoeth 2013). Das Drehbuch berücksichtigt genaue Bewegungs- und Handlungsabläufe und den Verlauf z. B. einer Rede oder Auseinandersetzung. Es hilft für die eigene Weiterentwicklung, sich beim Meistern einer Herausforderung zu sehen und sich vorzustellen, wie es sich anfühlt, die Situation bewältigt zu haben. Es lassen sich verschiedene Varianten durchspielen.

Beschreiben Sie im ersten Schritt Handlungsabläufe oder eine Situation (Beispiel: das Halten eines überzeugenden Vortrags vor vielen Menschen) mit möglichst vielen Sinnen und in der korrekten Reihenfolge- am besten schriftlich oder in einem digitalen Textdokument. So können Sie später leichter und schneller Korrekturen, Verfeinerungen und Ergänzungen vornehmen. Der erste Entwurf ist meist eine Rohfassung. Es lässt sich in den nächsten Wochen noch weiter optimieren und ausarbeiten. Das Drehbuch ist in der Ich-Form verfasst und handelt vor allem von den Empfindungen, Gefühlen und Gedanken, die Sie in der Hauptrolle durchleben. Verwenden Sie eigene Worte und Formulierungen in der Gegenwartsform. Formulieren Sie positiv, ohne Verneinungen, „nicht" oder „kein".

Wichtig: Setzen Sie sich entspannt hin und spielen Sie mental die Situation/Handlung durch. Das Drehbuch muss „technisch" richtig sein, darf z. B. keine zeitlichen Sprünge und Filmrisse beinhalten und sollte in der richtigen Reihenfolge der Handlungsschritte sein.

Ihr Film muss ein klares Ende haben. Wenn Springreiter z. B. ihren Ritt vor der Prüfung visualisieren, beginnen sie vor der Startlinie und enden nach der Ziellinie. Sie sehen sich noch über die Start- und Ziellinie reiten. Beim Springsport passiert oft noch viel beim letzten Sprung, weil viele Reiter gedanklich bereits im Ziel sind. Die korrekte Visualisierung bis zum letzten Schritt zu vollziehen, ist auch im Rennsport wichtig. Michael Schuhmacher ist es z. B. passiert, dass er mit einer Sekunde Vorsprung in die letzte Runde eines Rennens startete und seine Ingenieure ihm bereits zum Sieg gratulierten – mit fatalen Folgen: Schuhmacher fuhr in den Graben, denn die vorzeitigen Gratulationen brachten ihn aus dem „Flow", aus der Konzentration. Er beging einen Fahrfehler und das kostete ihn in der letzten Runde den Sieg.

Daher ist es wichtig, z. B. bei Zielvisualisierungen von Akquisegesprächen, darauf zu achten, dass der innere Film auch zeigt, wie man gemeinsam das Büro verlässt, vielleicht den Kunden noch zum Auto begleitet, oder vielleicht endet die Visualisierung sogar erst mit dem Anruf des Kunden, in dem er den Auftrag erteilt. Prüfen Sie: Was ist die „Schlusslinie" Ihrer Visualisierung?

Lernen Sie Ihr Drehbuch auswendig. Sagen Sie es auf. Erzählen Sie es Vertrauenspersonen, Kollegen und Trainingspartnern. Vergegenwärtigen und verinnerlichen Sie es. Das bedeutet, das Drehbuch immer wieder im Kopf durchzuspielen. Es ist ein großer

Unterschied im Ergebnis, ob ich etwas schlicht auswendig lerne oder es im Kopf erlebe. Visualisieren funktioniert nur verlässlich, wenn Sie intensiv üben, üben, üben – gezielt, oft und regelmäßig. „Machen Sie diese Übung nie lau, dann erhalten Sie auch nur laue Resultate, sondern investieren Sie Willen, geistige Energie, Freude" (Friebe 1999).

8.6 Umgang mit negativen Gedanken

Mit der Gedankenstopp-Übung aus dem sechsten Kapitel haben Sie bereits eine Übung kennengelernt, sich von negativen Gedanken zu distanzieren. Um grüblerische, hemmende, selbstzerstörerische Gedanken zu stoppen und aus unserem Bewusstsein entschwinden zu lassen, können Sie auch folgende Visualisierungstechniken anwenden:

Stellen Sie sich vor, der negative Gedanke sei ein Blatt, das von einem Baum in einen Fluss fällt und vom Strom davongetrieben wird. Oder betrachten Sie den Gedanken als Luftballon, den ein Clown in den Himmel aufsteigen lässt (in Anlehnung an den US-amerikanischen Psychologen Matthew McKay). Damit lassen Sie den Gedanken gehen. Oder Sie stellen sich vor, wie Ihre Gedanken waggonweise als vorbeifahrender Zug in einen Tunnel fahren. Beladen Sie jeden Waggon mit negativen Gedanken (Abb. 8.4). Und wenn Sie die Rücklichter des Zugs im Tunnel verschwinden sehen, passiert dasselbe mit Ihren Gedanken. Sie sind weg.

Abb. 8.4 Visualisierung zum Stoppen negativer Gedanken. (© Kerstin Diacont)

Mit solchen Visualisierungen stoppen Sie jene negativen Gedanken, die zu Erinnerungen an negative vergangene Ereignisse und zu weiterem Grübeln führen.

8.7   Erfolgsvisualisierung

Das Konzept der Erfolgsvisualisierung ist einfach und unkompliziert. Sie sitzen oder liegen entspannt an einem ungestörten Platz mit geschlossenen Augen. In dem Film, der in Ihrem „Kopfkino" läuft, in Farbe und mit Ton, sind Sie der Hauptdarsteller. Sie sehen sich, wie Sie die anstehende Präsentation perfekt durchführen, eine schwierige Verhandlung zu einem guten Abschluss bringen, eine Prüfung erfolgreich meistern, eine neue Aufgabe erfolgreich ausführen oder ein herausforderndes Mitarbeitergespräch souverän führen.

Erinnern Sie sich an frühere Erfolge und bauen Sie Teile daraus in Ihren Erfolgsfilm ein. Sie halten eine Präsentation? Dann füllt Ihre Stimme den Raum, mit sonorem Klang und weisen Worten. Die Zuhörer lauschen Ihnen gebannt, Sie werden begeistert gefeiert und ernten „Standing Ovations" am Ende Ihrer Präsentation. (Oder so ähnlich.) Sie hören, was Sie sagen oder andere zu Ihnen sagen (Ihnen gratulieren, sich bedanken …). Sie nehmen wahr, was Sie denken und wie Sie sich fühlen.

Sie allein entscheiden, welche Fähigkeiten Sie in diesem Film einsetzen, aus welchen inneren und äußeren Ressourcen Sie schöpfen. Nehmen Sie sich die Zeit, die Sie brauchen, um Ihren Film so zu entwickeln, dass Sie ganz damit zufrieden sind. Genießen Sie Ihren Erfolgsfilm! Natürlich hat er ein Happy End – Sie erreichen, was Sie wollen, und fühlen sich großartig beim Betrachten der letzten Szenen.

Dann kehren Sie ins Hier und Jetzt zurück.

8.8   Ruhebild

Ob kurz vor einer großen Herausforderung zur Psychoregulation oder als Pause zwischendurch, der innere Rückzug an einen Ruheort oder „schönen Ort" beruhigt die Nerven und entspannt. Ihr Ruheort ist ein Platz des Friedens, ein Ort, an dem Sie sich wohl fühlen und es Ihnen gut geht. Suchen Sie nach einer angenehmen Situation aus der Vergangenheit, deren Schauplatz sich gut als Ruheort eignet.

Gehen Sie in Ihrer Fantasie an einen schönen Ruheort, z. B. auf den Steg an einem See, barfuß an den Strand im Sonnenuntergang, in die Berge, in ein bestimmtes Zimmer oder an einen Lieblingsplatz, z. B. unter einem Baum. Nicht nur die realen Sonnenstrahlen erwärmen die Haut, sondern ebenso die Vorstellung davon.

Stellen Sie sich Ihren Ruheort bis ins kleinste Detail vor: Sind Sie z. B. am Strand, dann spüren Sie den Sand unter Ihren nackten Füßen, hören das Rauschen der Wellen, spüren den Wind im Haar und die Sonne auf der Haut, riechen und schmecken das Salz in der Luft. Rufen Sie Ihr Ruhebild ab, wenn Sie es benötigen, indem Sie tief durchatmen (lange, tiefe Bauchatmung), ein Schlüsselwort sagen, z. B. „Ruhe" o. Ä., und sich mental dorthin versetzen.

Machen Sie zum Beispiel einen mentalen Ausflug in die Natur. Stellen Sie sich vor, Sie gehen im Wald spazieren und sehen einen sehr großen Baum, der durch seine Beschaffenheit Stärke ausstrahlt. Gehen Sie zu ihm hin, umfassen Sie ihn mit Ihren Armen oder lehnen Sie sich mit dem Rücken an den Baum. Spüren Sie die kräftigende Ausstrahlung des Baumes, seine über Jahrhunderte angesammelte Kraft? Lassen Sie sich in das Gefühl hinein sinken und speichern Sie Ihre Eindrücke ab. Auch auf dieses Bild können Sie jederzeit zurückgreifen, wenn Sie Bedarf an Durchhaltevermögen, Stärkung, Konzentration o. Ä. haben. Dann könnte Ihr Schlüsselwort z. B. „Baum" oder „Kraft" lauten.

Die Visualisierung des „schönen Orts" bewirkt wohlige Entspannung und beruhigt unsere Nerven. Im Idealfall durchströmt uns ein Gefühl der Stärke und Zuversicht, das wiederum hilft, Entscheidungen zu treffen und in eine neue Richtung aktiv zu werden.

8.9   Der imaginäre Schutzraum

Einen Ort der Ruhe und Geborgenheit, einen Ort, der Kraft spendet und Halt gibt, mit anderen Worten: einen Rückzugsort braucht jeder von uns gelegentlich. In Situationen, wo der Bedarf groß ist, können Sie sich selbst in einen imaginären Schutzraum hineindenken (vgl. Abb. 8.5).

Bringen Sie sich dafür über die Atmung in einen entspannten Zustand. Atmen Sie gleichmäßig durch die Nase ein und den leicht geöffneten Mund wieder aus, bis Sie ganz ruhig sind. Sie befinden sich geistig in einem schönen, sicheren Raum. Der Schutzraum kann die Form einer Glasglocke, eines Schutzanzugs, eines unsichtbaren, dichten Schutzmantels, einer Luftblase, einer Hülle, eines bunten Balles oder sogar einer Zwiebel haben.

Wenn der Raum eine Farbe hätte, welche Farbe hat er dann? Und wenn zur Farbe ein Licht passen würde, welches Licht passt dann dazu? Und wenn zu der Farbe und dem Licht ein Klang passen würde, wie klingt dann der Raum? Und wenn zu der Farbe, dem Licht und dem Klang ein Geruch passen würde, welcher Geruch passt dazu – und welcher Geschmack? Und wenn Sie sich die Farbe, das Licht, den Klang, den Geruch und Geschmack noch einmal ganz intensiv vergegenwärtigen, dann erleben Sie auch ganz intensiv das Gefühl, das dazu gehört. Lassen Sie Ihren Körper und Raum ganz erfüllen und umhüllen von dem eben Erlebten (vgl. Heimsoeth 2008).

Füllen Sie den Raum mit genau der Atmosphäre, die Sie jetzt gerade brauchen, um z. B. konzentriert, erfolgreich und effektiv arbeiten zu können. Gestalten Sie die Atmosphäre Ihres inneren Raums so, dass nur jene Informationen und Gefühle von außen, z. B. von Kollegen, Mitarbeitern oder Partnern bei Ihnen ankommen, die Sie an sich herankommen lassen möchten, und das alles, was draußen bleiben soll, an Ihrem Schutzraum abprallt.

Nehmen Sie in Gedanken Ihren „Schutzmantel", Ihre Glasglocke oder Hülle voll und ganz wahr, hören Sie die Stimmen von außen, spüren Sie Gefühle und Informationen, die von außen auf Sie einwirken. Spüren Sie nach, was sich verändert hat. Erledigen Sie auf

Abb. 8.5 Schutzraumvisualisierung. (© Alphaspirit/Fotolia.com)

diese Weise erst im Kopf anstehende Aufgaben. Visualisieren Sie sich künftig in Situationen, die Ruhe und Konzentration erfordern, immer einen imaginären Schutzraum.

Literatur

Friebe, M. (1999). Das Alpha-Training©. Das Unbewusste entschleiert sich. 7. Auflg., Oesch, Zürich, S. 186.
Gegenfurtner, K. R., Walter, S., Braun, D. I. (o. J.) Visuelle Informationsverarbeitung im Gehirn. Abteilung Allgemeine Psychologie, Justus-Liebig-Universität, Gießen. http://www.allpsych.uni-giessen.de/karl/teach/aka.htm. Zugegriffen: 15. September 2014.
Heimsoeth, A. (2008) Mental-Training für Reiter. Müller Rüschlikon Verlag, Stuttgart, S. 111–115.
Heimsoeth, A. (2013) Mein Kind kann's. Mentaltraining für Schule, Sport und Freizeit. pietsch, Stuttgart, S. 152–161.
Limbacher, C., Schmole, M. (2003). Alternative Psycho-Regulationstechniken. Dr. Kovač, Hamburg, S. 215.
Loehr, J.E. (1991a) Tennis im Kopf. Der mentale Weg zum Erfolg. BLV, München, S. 112.

Loehr, J. E. (1991b). Persönliche Bestform durch Mentaltraining für Sport, Beruf und Ausbildung. 2. Auflage. BLV-Verlagsgesellschaft, München. S. 110.
Schönberger, B. (2007) Die Kraft der inneren Bilder. In: *stern Gesund leben* Nr. 10/2007, S. 109–110.
Wikipedia.de (2014) Visualisierung (Meditation). http://de.wikipedia.org/wiki/Visualisierung_(Meditation) Zugegriffen: 29. Januar 2015.

Weiterführende Literatur

Gabler, H. (2004). Kognitive Aspekte sportlicher Handlungen. In: H. Gabler, J. R. Nitsch & R. Singer (Hrsg.), Einführung in die Sportpsychologie (Teil 1: Grundthemen), 4. Auflg., Hofmann, Schorndorf.
Loehr, J. E. (1988). Persönliche Bestform durch Mentaltraining für Sport, Beruf und Ausbildung. BLV Buchverlag, München.
Schäfer, A. (2014) „Menschen mit geringem Selbstwert übersehen das Positive". Interview mit Matthew McKay. In: *Psychologie heute compact*, Nr. 38/2014, S. 18–23.
Syer, J., Conolly, C. (1998) Psychotraining für Sportler. Rowohlt, Reinbek, S. 72.

Umgang mit blockierenden Emotionen – Emotionen im Unternehmen

Sind wir unseren Gefühlen hilflos ausgeliefert, oder können wir sie uns sogar zunutze machen? Welche Funktionen haben Emotionen in unserem täglichen Leben? Gehen Ihnen Emotionen wie Stolz, Wut, Zorn, Niedergeschlagenheit und Nervosität unter die Haut? Verlieren Sie manchmal die Kontrolle über Ihre Gefühle? Schaden Sie dann sich selbst und Mitarbeitern? Können Sie Ihre Emotionen kontrollieren und regulieren? Wie gelingt es Ihnen, Ihre negativen Emotionen herunterzufahren? Wie können Sie schlechten Zeiten doch noch etwas Gutes abgewinnen?

Negative Gefühle wie Ärger über Misserfolge oder Angst vor bevorstehenden Aufgaben und Präsentationen rauben Kraft und Energie, verhindern die Entfaltung unserer Lebensfreude und unseres Potenzials, werden als unangenehm erlebt. Wir sind Gefühlen – wissenschaftlich unterscheidet man zwischen Emotion und Gefühl; ich verwende der Einfachheit halber jedoch beide Begriffe synonym – keineswegs hilflos ausgeliefert. Gefühle sind das Ergebnis von Hormonausschüttungen und weil sich diese nicht nur unbewusst ereignen, sondern auch gezielt ausgelöst werden können, haben wir die Chance, unsere Emotionen bewusst zu steuern und ihre Kraft positiv für uns zu nutzen. Mentaltraining kann helfen, den richtigen „Hormonmix" für einen gewünschten Zustand energetisch, rational und emotional herzustellen. Dies ist umso bedeutsamer, weil Gefühle unser Denken und Handeln, unsere Gesundheit und den körperlichen Zustand maßgeblich beeinflussen. Sie können ebenso wie Gedanken unser Denken und Handeln hemmen und beschränken oder beflügeln.

Keine Entscheidung, die wir treffen, ist rein rational und sachlich begründet und basiert auf objektiven Fakten. Neben der Rationalität hat auch stets unsere Emotionalität Einfluss darauf, wie wir entscheiden (vgl. Goleman 1995). Besonders dann, wenn Sie als Führungskraft persönlich gefordert sind, z. B. in Team-Meetings, Mitarbeitergesprächen oder Geschäftsverhandlungen, ist es wichtig, dass Sie sich Ihrer Gefühle und Motive bewusst sind, die Ihrem Verhalten zugrunde liegen (können). Nur, wenn Sie diese bewusst wahrnehmen, können Sie rechtzeitig geeignete Strategien einsetzen, um Ihren Zustand entsprechend zu regulieren und zu verändern. Ihre Reaktionen und Stimmungen können einen entscheidenden Einfluss auf den Verlauf solcher Zusammenkünfte haben. Zu einem guten Selbstmanagement gehören auch eine gute Selbst- und Körperwahrnehmung und die Fähigkeit zur Selbstreflexion. Wer Menschen führt, muss seine negativen Gefühle im Griff haben, muss seine Gefühle steuern können. Ansonsten gefährden Sie nicht nur die funktionierende Zusammenarbeit und das Betriebsklima, sondern schlimmstenfalls auch die psychische Gesundheit Ihrer Mitarbeiter. Denn als Führungskraft ist es nicht nur wichtig, die eigenen Gefühle kennen und einschätzen zu können, sondern auch die Emotionen und Bedürfnisse von Mitarbeitern nachzuvollziehen. Empathie ist hier der Schlüssel, mit dem Sie in den Bereich „hinter der Kulisse" vordringen. Nach der Studie „Persönlichkeit und Produktivität" des Beratungsunternehmens ComTeam im Jahr 2014, für die rund 550 Fach- und Führungskräfte zu ihren Soft Skills befragt wurden, halten sich die meisten von uns für empathisch und sozial kompetent (mehr als 80 % der Umfrage-Teilnehmer). Dort, wo die Selbsteinschätzung am schwächsten ausfiel, war gleichzeitig das Bedürfnis nach Weiterentwicklung am höchsten: Fast jeder Zweite hatte den Wunsch, emotional stabiler zu werden und jeder Dritte wollte sich selbst besser unter Kontrolle haben (ComTeam 2014).

Ist Ihnen bewusst, womit Sie Ihre Mitarbeiter emotional negativ treffen können? Bereits kleine Gesten wie das Verdrehen Ihrer Augen, Unterbrechungen von Wortbeiträgen oder das Übergehen eines Einwands reichen, um dem Mitarbeiter negative Gefühle zu bescheren. Je stärker Sie Ihre Genervtheit, Ihren Frust oder Ihre Überforderung nach außen tragen, umso mehr wirkt sich das auf Ihr Umfeld und die Reaktionen durch das Umfeld, auf die Freude an der Arbeit und die Motivation aus. Die Palette eines schlechten Selbstmanagements reicht von kleinen Unkontrolliertheiten über unüberlegte Antworten und giftige Kommentare bis hin zu Affektreaktionen.

Was ist eine Emotion?
Mir ist keine wissenschaftliche präzise Definition von Emotionen bekannt. Die kanadischen Psychologen James A. Russell und Beverly Fehr stellten bereits vor Jahrzehnten fest: Jeder weiß, was ein Gefühl ist, bis man ihn um eine Definition bittet. Dann scheint es, als wisse es niemand (Fehr und Russell 1984). Das Wort Emotion kommt aus dem Lateinischen von „movere" (= bewegen). Der Zusatz „E" verändert die Bedeutung: „emovere" heißt eigentlich herausbewegen oder emporwühlen. Deshalb meint „Emotio" die Herausbewegung, das Fortbewegen; im Wort Emotion steckt das Wort „motio" (= Bewegung, Erregung).

- Emotionen hat jeder. Sie beeinflussen uns.
- Emotionen können hemmen und blockieren, aber auch beflügeln und uns zu Spitzenleistungen antreiben.
- Emotionen sind ein komplexer Prozess, der z. B. durch eine Situation ausgelöst wird und zu einem Erregungszustand führt.
- Bei Emotionen handelt es sich um Sinneswahrnehmungen, die über Erinnerungen und Erfahrungen geprägt werden.
- Gefühle zeigen Ihnen den Weg, das Richtige zu tun.
- Gefühle wie Freude und Ärger werden ausgedrückt (durch Gestik, über Mimik, Worte, etc.).
- Emotionen bestimmen Einstellungen, Absichten und Verhalten.

- Mit Gefühl wird lediglich das subjektive Erleben der Emotion bezeichnet. Das Gefühl entsteht, wenn wir eine körperliche Veränderung bewerten.
- Gefühle sind ansteckend.
- Negative Gefühle wie Angst und Wut breiten sich schneller aus als positive und lassen ein vernünftiges „Handeln" nicht zu!
- Emotionen haben immer einen Appell.
- Emotionen spüren wir in unserem Körper.
- Wirkung von positiven Emotionen: Verminderung von Stress, Beschleunigung der Erholung, Optimierung der Informationsaufnahme, Beschleunigung des Lernens, Unterstützung von Lernprozessen, Förderung der Langlebigkeit, Erhöhung der Kreativität (nach Baumann 1993).

Der US-amerikanische Psychologe Paul Ekman, Begründer der neurokulturellen Theorie der Emotionen, hat emotionale Gesichtsausdrücke klassifiziert und stellt aufgrund seiner Forschung sechs Grundemotionen heraus: Freude, Furcht, Wut, Ekel, Überraschung und Traurigkeit. Für Daniel Goleman („Emotionale Intelligenz", 1995) sind Freude, Trauer, Wut und Angst die vier Grundgefühle. Der portugiesische Neurowissenschaftler António Damásio wiederum unterscheidet zwischen primären (oder vitalen, universellen) Emotionen wie Freude, Trauer, Furcht, Ärger, Überraschung und Ekel, sekundären (oder sozialen) Emotionen wie Verlegenheit, Eifersucht, Schuld, Stolz u. a. m. und Hintergrundemotionen wie Wohlbehagen, Unbehagen, Ruhe, Anspannung u. a. m.

Emotionen entstehen aufgrund der individuellen und subjektiven Bewertung einer Situation (z. B. im Fall eines Sieges oder bei Gefahr) und früheren emotionalen Erfahrungen. Diese Bewertung hängt ab von:

- der Einstellung, der Erwartungshaltung („jetzt muss es klappen").
- der momentanen Befindlichkeit, also dem emotionalen Zustand, z. B. Stimmung, Müdigkeit.
- dem gegenwärtigen Umfeld (im Raum anwesenden Personen, im Golfsport z. B. von Zuschauern, Flight-Partner, Partner).
- guten und schlechten Erfahrungen in ähnlichen Situationen („nicht schon wieder …").
- den zu erwartenden Konsequenzen.

Emotionsauslösende Situationen
Lob als Wertschätzung, positive Erfüllung von Erwartungen, Zielerreichung, erfolgreiche Beendigung einer Verhandlung, kleine und große Veränderungen

Die negativen Erscheinungen/Reaktionen von Wut, Angst und anderen Emotionen
Überforderung, Versagensangst, Selbstzweifel, Hilflosigkeit, Unlust, Demotivation, Ärger bis hin zu Wutausbrüchen, Unsicherheit, Verlust von Lockerheit und Konzentration, Minderung der Leistungsfähigkeit, Denkblockaden, im Sport Kontrollverlust über die Technik und Taktik, Störung der Lebensführung und des gleichmäßigen Energieflusses im Körper

Abb. 9.1 Emotionen regeln. (© Klaus
Rademaker/Fotolia.com)

Das Steuern der Gefühle (vgl. Abb. 9.1) ist eine der wichtigsten emotionalen Führungs-kompetenzen. Schließlich haben unsere Emotionen einen starken Einfluss darauf, wie wir mit anderen Menschen und Ereignissen im Leben umgehen. Es ist wichtig, sich bewusst zu machen, wann man aus dem seelischen und/oder körperlichen Gleichgewicht gekommen ist, um entsprechend darauf zu reagieren. Sind der physische sowie der emotionale und mentale Bereich im Gleichgewicht, können Sie flexibler und selbstbewusst auf Stress-situationen jeder Art reagieren.

Literatur

Baumann, S. (1993) Psychologie im Sport. Meyer & Meyer, Aachen.
ComTeam (2014) Persönlichkeit und Produktivität. Studie. ComTeam, Gmund am Tegernsee. http://doku.comteam-ag.de/CT-Studie14_Bericht.pdf Zugegriffen: 19. November 2014.
Fehr, B., Russell, J.A. (1984) Concept of emotion viewed from a prototype perspective. In: Journal of Experimental Psychology: General, Vol. 113(3), S. 464.
Goleman, D. (1995) Emotional Intelligence: Why it can matter more than IQ, Bloomsbury, New York.

Weiterführende Literatur

Augspurger, T. (2010) Das Lotusblütenprinzip. Gelassenheit im Job durch den Abperl-Effekt. Haufe-Lexware, Freiburg.
Augspurger, T. (2011) Neu als Chef. Wie Sie Ihren Weg finden. Haufe-Lexware, Freiburg.
Heimsoeth, A. (2012) Golf Mental: Erfolg durch Selbstmanagement. Pietsch, Stuttgart, S. 42–51.
Mischel, W., Shoda, Y., Rodriguez, M. L. (1989). Delay of gratification in children. Science, 244, S. 933–938.
Reimann, S. (2014) Gefahrenzone Gefühle. Emotionen im Unternehmen. In: managerSeminare Heft 200, November 2014, S. 41.
Schönemann, C. S. (2014) „Werde zum Schöpfer deiner Lebensfreude!" Interview mit Robert Betz. In: happinez 8/14, S. 21. http://robert-betz.com/mediathek/robert-betz-in-den-medien/interviews-zum-lesen/werde-zum-schoepfer-deiner-lebensfreude/ Zugegriffen: 20. November 2014.

Dreht sich Ihr Leben um die Optimierung und den systematischen Ausbau Ihrer Stärken und Talente? Oder um den Abbau Ihrer Schwächen, Blockaden und Bremsen? Glauben Sie, Sie hätten keine besonderen Stärken? Kennen Sie die Fähigkeiten und Stärken Ihrer Mitarbeiter? Kennen Sie Ihre eigenen Stärken und Talente? Was macht Sie aus? Es ist ein Phänomen, das wir nicht nur aus der Arbeitswelt, sondern bereits aus der Schule, dem Sport, in der Partnerschaft und der Freizeit kennen: Unsere Gesellschaft ist überwiegend defizitorientiert. Meist geht es darum, Fehler zu reduzieren und Schwächen zu beheben. Was gut läuft, wird indes als selbstverständlich angesehen. Führungskräfte fokussieren meist auf Schwächen und Misserfolge im Umgang mit Mitarbeitern. Wen soll das motivieren?

> Wessen wir am meisten im Leben bedürfen, ist jemand, der uns dazu bringt, das zu tun, wozu wir fähig sind.
> Ralph Waldo Emerson

Der jährliche Gallup Engagement Index des Beratungsunternehmens Gallup Deutschland kommt seit Jahren zu dem ernüchternden Ergebnis, dass viele deutsche Arbeitnehmer und Beschäftigte nur wenig motiviert sind. Laut Umfrage zur emotionalen Bindung an den Arbeitgeber und zur Arbeitsmotivation unter knapp 1000 Beschäftigten im Jahr 2020 haben 17 % der Angestellten keine emotionale Bindung und innerlich gekündigt.17 % haben eine hohe emotionale Bindung – so sind nur wenige der Arbeitnehmer bereit, sich stark zu engagieren und für die Ziele ihrer Firma einzusetzen. Der Rest macht lediglich „Dienst nach Vorschrift". Zwar ist der Wert der „inneren Kündiger" erstmals gesunken, nachdem er in den vergangenen zehn Jahren kontinuierlich gestiegen war. Aber die Schäden durch schlechte Personalführung gehen noch immer in die Milliarden. Das müssen erschreckende Zahlen für Sie als Führungskraft sein. Fakt ist: Wer nicht emotional an seinen Arbeitgeber gebunden ist, neigt eher zu einem Jobwechsel. Gerade für Unternehmen, deren Geschäft auf Beratung, Service und Dienstleistungen basiert, sind emotional gebundene Mitarbeiter jedoch immens wichtig.

© Springer Fachmedien Wiesbaden GmbH, ein Teil von Springer Nature 2022
A. Heimsoeth, *Kopf gewinnt!*, https://doi.org/10.1007/978-3-658-36131-0_10

Die Gallup-Studie zeigt auf, dass sich in Unternehmen – auch aufgrund des Fachkräftemangels und des demografischen Wandels – zunehmend die Erkenntnis durchsetzt, dass die Qualität der Führung und die Unternehmenskultur entscheidend sind, um Mitarbeiter zu binden. Das bedeutet, für das nur unzureichend vorhandene Commitment von Mitarbeitern gibt es eine Lösung – und dazu können Sie als Führungskraft konkret beitragen. Die Gallup-Studie kommt nämlich zum Ergebnis, dass in Zeiten des Fachkräftemangels die emotionale Mitarbeiterbindung als „Schutzimpfung" gegen ungewollte Fluktuation wirkt. Die Ursachen für eine geringe emotionale Bindung ans Unternehmen ließen sich, so Gallup, in der Regel auf Defizite in der Personalführung zurückführen. Marco Nink, Senior Practice Consultant bei Gallup: „Viele Arbeitnehmer steigen hoch motiviert in ein Unternehmen ein, werden dann aber zunehmend desillusioniert, verabschieden sich irgendwann ganz aus dem Unternehmen und kündigen innerlich. Die Hauptrolle in diesem Prozess spielt fast immer der direkte Vorgesetzte."

Sie haben also als Führungskraft eine Schlüsselrolle in Bezug auf die Mitarbeiterbindung. Diese wirkt sich laut Gallup nicht nur auf das Gefühl der Verbundenheit zum Unternehmen aus, sondern auch konkret auf die Gesundheit der Angestellten. Mehr als die Hälfte aller emotional ungebundenen Mitarbeiter hatten bei der Befragung das Gefühl, auf Grund von Arbeitsstress innerlich ausgebrannt zu sein. Zwar bieten 57 % der Unternehmen Programme zur Gesundheitsförderung, doch das Angebot wird mit einem Anteil von 40 % längst nicht von allen Beschäftigten genutzt. Hier hätten, so eine Erkenntnis der Gallup-Studie, Führungskräfte eine Vorbildfunktion. Erst wenn diese die angebotenen Programme selbst nutzen oder zumindest aktiv fördern, rege dies auch die übrigen Mitarbeiter zur Teilnahme an.

Nur wer sich selbst gut führen kann, kann auch andere führen. Zur guten Selbstführung zählt auch, das eigene Handeln und Verhalten mit kritischem Abstand und aus einer bestimmten Distanz zu betrachten.

Vorbild sein
Die Vorbildfunktion ist und bleibt eine Kernaufgabe jeder Führung. Führung bedeutet, Vorbild zu sein. Sie sind Vorbild – egal, ob Sie ein gutes oder ein schlechtes Vorbild sind. Und diese Vorbildfunktion ist vielschichtig: Sie sind ein Vorbild für Werte wie Anstand, Loyalität, Fleiß, Pünktlichkeit, Ehre und viele weitere. Werte, die Sie gering schätzen und entsprechend agieren, werden von Ihren Mitarbeitern ebenfalls wenig gepflegt werden. Sie sind ebenso ein Vorbild hinsichtlich Ihres Erscheinungsbildes und hinsichtlich Ihrer Wirkung. Ihre Performance spiegelt sich in Ihren Mitarbeitern wider. Das gilt selbstverständlich genauso für Ihre Einstellungen und Handlungen. Die Menschen beobachten Sie. Wie Sie sich verhalten, ob Sie sich an das halten, was Sie angeordnet haben, ob Sie zu Ihren Entscheidungen stehen (auch wenn der Vorstand mit im Meeting sitzt), wie Sie auf einen Vorschlag reagieren, ob Sie für Ihr Wort einstehen, sich für Ihre Mitarbeiter einsetzen, mit welcher Stimmung (freundlich, gut gelaunt, ausgeglichen oder gestresst, ängstlich) Sie ins Meeting kommen. All das wirkt sich auf Ihr Team aus.

Je vorbildlicher Ihr Agieren also ist, umso mehr davon übernimmt auch Ihr Team – und das trägt zum gemeinsamen Erfolg bei. Wem das Vorbild fehlt, der rudert ziellos im weiten Meer der Führungslosen umher, handelt nach Gutdünken statt nach gutem Vorbild und gelangt nur auf Umwegen oder gar nicht in den Zielhafen. Als gutes Vorbild gewinnen wir ein hohes Maß an Souveränität, positiver Autorität und Ansehen hinzu. Zum vorbildlichen Verhalten gibt es keine Alternative – fangen Sie am besten gleich damit an.

Eine gute Selbstführung ist Voraussetzung
Ihre Mitarbeiter werden spüren, ob Sie eine positive Haltung und Einstellung nur vortäuschen oder wirklich einnehmen. Also gilt es zunächst, mit sich selbst im Einklang zu sein, bevor Sie die Mannschaft zum „Klingen" bringen können. Wie steht es um Ihre emotionale Verbundenheit zum Unternehmen? Und wie stehen Sie zu sich selbst? Selbstannahme, Wertschätzung für die eigene Person, Selbstverantwortung und Akzeptanz sich selbst und anderen gegenüber ist eine der Grundvoraussetzungen für eine gesunde Führung. Je genauer Sie Ihre Stärken und Schwächen kennen, je realistischer Sie in Ihrer Selbsteinschätzung sind, desto besser gelingt Ihnen Ihr Selbstmanagement. Umso schneller erkennen Sie, wo Sie sich selbst sabotieren und können entsprechend gegensteuern. Das verleiht Ihnen Souveränität, Gelassenheit, Stabilität und Glaubwürdigkeit.

Wissen Sie, wer und was Sie sind? Finden Sie Antworten auf Fragen wie: Was tue ich? Wo will ich hin? Was und wer will ich sein? Was zeichnet Ihre Einstellung, Ihre Haltung aus? Welche Prinzipien haben Sie? Was bedeutet das für Ihr Umfeld?

Eine gute Selbstführung zeichnet sich auch dadurch aus, dass Sie in der Lage sind, Abweichungen zu erkennen zwischen dem, was Sie wollen (Träume, Visionen, Ziele), und dem, was Sie wirklich tun. Das Ziel klar vor Augen zu behalten ist essenziell – auch wenn es Hindernisse auf dem Weg dorthin gibt. Solche Unwegsamkeiten sind nichts anderes als ein Feedback, wo Anpassungen und Korrekturen auf dem Weg zum Ziel nötig sind. Stephen R. Covey liefert ein anschauliches Beispiel für das Zusammenspiel von Planung, Aufbruch, Vertrauen und Feedback: „Denken Sie daran, dass unsere Reise als Individuum, Team oder Organisation wie der Flug eines Flugzeugs ist. Vor dem Start reichen die Piloten einen Flugplan ein. Sie wissen genau, wohin sie wollen. Während des Fluges wirken aber viele Faktoren – Wind, Regen, Turbulenzen, Luftverkehr, Fehler und Versehen von Menschen – auf die Maschine ein und bewegen sie leicht in verschiedene Richtungen, so dass sie die meiste Zeit über gar nicht auf der vorgeschriebenen Flugroute ist. Solange jedoch nichts wirklich Schlimmes passiert, wird sie ihren Zielflughafen trotzdem erreichen. Das ist nur möglich, weil die Piloten während des Fluges ständig Feedback erhalten" (Covey 2006). So wenig wie ein Flug geradlinig verläuft, verhält es sich mit unser aller Leben. Das Leben ist ein Auf und Ab, immer wieder (Abb. 10.1). Wo lernen Sie am meisten – in den Tälern oder auf den Gipfeln? Gerade die Täler bescheren uns neue Erkenntnisse und Erfahrungen, die Lernen möglich machen und unsere Persönlichkeit weiterentwickeln. Das Vermögen einer guten Führungskraft ist es, den Widrigkeiten des (Berufs-) Lebens mit Stärke zu begegnen, sich gegenseitig Vertrauen zu schenken, zu wissen, wo die

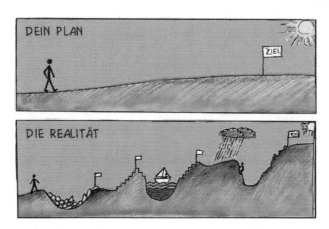

Abb. 10.1 Das Leben ist ein Auf und Nieder. (© Antje Heimsoeth & Kerstin Diacont)

eigenen Grenzen liegen, Beziehungen positiv zu gestalten, seinem Team Sicherheit zu vermitteln, stets zuversichtlich, kraftvoll und aufmerksam zu bleiben, aus Fehlern zu lernen und Präsenz zu zeigen. Das heißt für Sie: da sein, anwesend sein, sichtbar sein. In Gesprächen, Meetings, in Konflikten, im Führen von Menschen.

Selbstvorwürfe helfen Ihnen genauso wenig weiter, wie Vorwürfe und Schuldzuweisungen gegenüber Mitarbeitern hilfreich sind. Empathie und Mitgefühl sind Schlüsselfaktoren gesunder Führung, die Mitarbeiter emotional ans Unternehmen binden. Niemand ist perfekt. Zu viel Perfektion ist nicht die Autobahn Richtung Erfolg, sondern mündet in einer Sackgasse. Gestehen Sie Ihren Mitarbeitern ebenso wie sich selbst Fehler zu. Fehler sind absolut wichtig für die persönliche Weiterentwicklung. Mehr zum förderlichen Umgang mit Fehlern erfahren Sie.

10.1 Das Verständnis von Werten

Was nutzt Ihnen das Wissen um Werte? Wie können wir Werte für die Kommunikation und unser Handeln nutzen? Warum tun Menschen das, was sie tun? Woran erkenne ich oder erkennen andere Werte? Lassen sich Werte entwickeln und steuern?

10.1.1 Wertekultur in Unternehmen

Im Unternehmenskontext hat Wertearbeit eine große Bedeutung. Sie und Ihre Mitarbeiter sind Teil eines Unternehmens, das in der Regel eine Wertekultur geschaffen hat (vgl. Abb. 10.2). Unternehmenswerte geben Orientierung für unser tägliches Handeln und den Umgang mit Kollegen, Kunden und Partnern, bestimmen unser tägliches Arbeiten,

Abb. 10.2   Unternehmenswerte. (© Olivier Le Moal/Fotolia.com)

steigern die Effizienz, „regulieren unser Verhalten" (Kahn 2008), bilden die Grundlage der Zusammenarbeit und sorgen für Zusammenhalt. Werte sind recht stabile Orientierungspunkte im Leben eines Menschen. Wer Mitarbeiter erreichen oder gar motivieren möchte, braucht Kenntnis von deren Werten, davon, was die Mitarbeiter bewegt. Wenn wir um ihre Werte wissen, können wir motivierende Arbeitsbedingungen schaffen. „Wird ein Mitarbeiter ohne Werteorientierung geführt, kann auch er auf Dauer weder gesund noch zufrieden bleiben, weil die Voraussetzungen nicht stimmen. Seine Werte und somit seine inneren Motivatoren werden sprichwörtlich mit Füßen getreten. Er kündigt innerlich, bringt nicht mehr die Leistung, die von ihm erwartet wird, und wird das Unternehmen verlassen (müssen)" (Krumm 2014).

Die Probleme unserer Zeit sind oftmals die Folge nicht gelebter Werte. „Werteorientiert führen heißt, nicht nur die eigenen Werte zu kennen (Führungskräfteleitbild), sondern auch die des Unternehmens (Unternehmensleitbild), der Mitarbeiter (Mitarbeiterleitbild) und der Kunden bzw. des Markts" (Bär et al. 2010). Denn jeder von uns hat seine persönlichen Werte, die unser Denken und Handeln prägen. Ein persönlicher Wert ist etwas, was für mich gut ist, was mich angeht, woran mein Herz hängt. Werte sind das, was uns wirklich wichtig ist, was wir für lebenswert halten. Werte bestimmen die Bedingungen, unter denen es gut für uns ist, zu leben. Werte lösen Gefühle in uns aus.

Der ehemalige Hockeynationaltrainer Bernhard Peters brachte zur Vorbereitung der WM 2006 seine Spieler dazu, ein Leitbild für die WM zu entwickeln, das die Werte des Teams widerspiegelte. Sie entschieden sich für einen „gefräßigen, torhungrigen Adler" und gaben sich als Mannschaft den Namen „Honama, kurz für HOckeyNAtionalMAnnschaft […] Das Tier und seine Eigenschaften begleiteten uns auf all unseren

Trainingsklamotten, Taschen, T-Shirts und Kappen" (Peters et al. 2012). Dieses Vorgehen trug wesentlich zur Identitätsbildung des Teams bei: Das Team hatte dieses Leitbild selbst geschaffen, die repräsentierten Werte und Eigenschaften entsprachen dem, was die Spieler mit der WM, dem gemeinsamen Ziel, verknüpften. Diese totale Identifikation ist Motivation pur.

Sie sind die Leitlinien, die bewusst und unbewusst steuern, wie wir uns entscheiden. Werte sind Grundlagen unserer Entscheidungen: mit wem wir befreundet sind, wen wir lieben, welche politische Richtung wir unterstützen, die Art und Weise, wie wir mit Kindern umgehen, wie wir unsere Arbeit machen und wie wir uns kleiden. Werte verleihen unserer Existenz Sinn und Bedeutung. Werte bewegen, motivieren und bilden den ethischen Rahmen; sie sind Teil der eigenen Identität. Die Werte eines anderen zu erkennen und zu respektieren, kann zu einer besseren Beziehung führen und ermöglicht es mir, den anderen zu motivieren. Es sind die Werte, die Kraft und Klarheit einer Führungskraft ausmachen. In der Regel sind sich die meisten Menschen ihrer Werte und der Quellen ihrer Werte nicht bewusst.

Werden unsere Werte missachtet, fühlen wir uns verletzt. Konflikte mit eigenen Werten oder den Werten anderer (Familie/Arbeit) können zu Belastungen und schließlich auch zu Krankheit führen. Werteverlust macht Angst und erzeugt Abwehrmechanismen wie Aggression und Regression.

10.1.2 Übung: Erkundung der eigenen Werte

Für die eigene Klarheit ist es wichtig, sich die Frage nach seinen Werten zu stellen. Gehen Sie nun auf die Suche nach Ihren Werten, beruflich wie privat:

Was ist Ihnen wichtig? Warum lohnt es sich, täglich aufzustehen? Wofür lohnt es sich Ihrer Meinung nach morgens aufzustehen? Wofür lohnt es sich, sich einzusetzen? Warum ist Ihnen das so wichtig? Was bringt Ihnen das? Was soll dadurch in Ihrem Leben entstehen? Was ist Ihnen an Ihrer Arbeit wichtig?

Auf welche drei Werte kommt es Ihnen an? Wozu arbeiten Sie? Was fehlt ihnen manchmal? Was schätzen Sie besonders? Wie motivieren Sie sich, wenn's richtig schwer wird? Was muss erfüllt sein, damit Sie rundum zufrieden sind?

Was ist Ihnen in einer Beziehung wichtig (Partnerschaft, Freundschaft, Verwandtschaft)? Was fehlt Ihnen da manchmal? Was schätzen Sie besonders?

Sie haben verschiedene Freizeitaktivitäten. Was stellen Sie damit sicher? Sie lesen viele Fachbücher. Wozu ist das wichtig? Was gewährleistet das?

Passen Ihre Werte zu dem Leben, das Sie führen?

Welche Werte hat das Unternehmen, für das Sie arbeiten? Stimmen diese mit Ihren Werten überein?

Könnte darin ein möglicher Grund für Meinungsverschiedenheiten bzw. Konflikte innerhalb des Unternehmens, mit dem Vorstand, mit Ihrer Familie etc. liegen? Wie wirken sich die Werte aus, die überhaupt nicht zwischen Ihnen übereinstimmen? Welchen Wert sähen Sie gern fester in der Gesellschaft verankert, als es derzeit den Anschein hat?

Suchen Sie drei Menschen, mit denen Sie sich schwer tun. Welche Werte verletzen diese bei Ihnen? Aus welchen eigenen Wertigkeiten könnte das Handeln bzw. Verhalten dieser Menschen kommen?

Aufgabe: Suchen Sie nach Möglichkeiten, die Wertewelt Ihrer Familie und Ihres Unternehmens noch genauer zu erforschen.

10.2 Stärken stärken

Dreht sich Ihr Leben um den systematischen Ausbau Ihrer Stärken und Talente? Oder um den Abbau Ihrer Schwächen, Defizite, Blockaden und Bremsen? Glauben Sie, Sie hätten keine besonderen Stärken? Kennen Sie die Fähigkeiten, Talente und Stärken Ihrer Mitarbeiter? Kennen Sie Ihre eigenen Stärken und Talente? Was macht Sie aus? Es ist ein Phänomen, das wir nicht nur aus der Arbeitswelt, sondern bereits aus der Schule, dem Sport, in der Partnerschaft und der Freizeit kennen: Unsere Gesellschaft ist überwiegend defizitorientiert. Meist geht es darum, Fehler zu reduzieren und Schwächen zu beheben. Was gut läuft, wird indes als selbstverständlich angesehen. Führungskräfte fokussieren meist auf Schwächen und Misserfolge im Umgang mit Mitarbeitern. Wen soll das motivieren?

Beispiel

Eine Führungskraft im Dienst einer Tochterfirma einer großen deutschen Airline berichtet, dass sie aufgrund von Unternehmensrichtlinien gezwungen war, einen Mitarbeiter, der 25 Jahre lang mit großem Einsatz fehlerfrei fürs Unternehmen tätig gewesen war, abzumahnen. Der Grund: Der Mitarbeiter hatte eine Dichtung an einem Flugzeug falsch ausgewechselt. Der Führungskraft tat dies nach eigener Aussage sehr leid, denn es schien ihr nicht angemessen, mit der Abmahnung all jenes in den Hintergrund zu rücken, von dem das Unternehmen zuvor profitiert hatte. Keine Frage, es gibt Fehler, die so folgenschwer sind, dass sie einer Ahndung bedürfen. Doch bringt es uns weiter, wenn wir nur darauf fokussieren? Die Führungskräfte dieses Unternehmens hatten vor meinem Coaching ein Auswertungsgespräch mit ihren Vorgesetzten. Eine Führungskraft erzählte davon im Coaching: „Wir haben festgestellt, dass wir in vier Projekten einen wirklich guten Job gemacht hatten und es in einem Projekt nicht so gut läuft. Auf diesem Projekt wurde den restlichen Vormittag herumgeritten und die anderen vier Projekte gingen unter. Das frustriert mega!" ◄

Selbstverständlich muss man Missstände hinterfragen, analysieren und nach Verbesserungsmöglichkeiten suchen. Aber rechtfertigt diese Notwendigkeit, alles andere außer Acht zu lassen? Es nicht zu würdigen? Motivation funktioniert auf diese Weise nicht. In dem obigen Beispiel wurden satte 80 %, auf die die Mitarbeiter stolz sein konnten, nicht gewürdigt. Der Fokus lag auf den verbesserungswürdigen 20 %. Dieses Vorgehen hat leider Methode. Die Erfahrung zeigt: Wenn ich Ihnen ein Flipchart mit sechs einfachen Rechnungen zeige ($12 + 7 = 19, 4 + 3 = 7$ etc. und $15 - 6 = 8$), und Sie dann frage, ob Ihnen etwas auffällt, was werden Sie wohl antworten? Meist lautet die Antwort: „Da ist eine Rechnung falsch." Fast niemand wird antworten: „Da sind fünf Rechnungen richtig." Das Benennen von Defiziten kommt bei den meisten von uns an erster Stelle.

Für Sie als Führungskraft bedeutet das: Sichtbar machen, was bereits vorhanden ist, und nicht nur jenes, was fehlt. Der Gallup-Forscher Marcus Buckingham und der Kompetenzfachmann Donald O. Clifton sagen dazu: „Wird der spezifische Wert eines Menschen erkannt, lässt sich der individuelle Weg zu Erfolg und Erfüllung im Tun gezielt fordern und fördern. […] Es ist an der Zeit, endlich aufzuhören mit dem irrigen und Leiden schaffenden Versuch, vor allem die Schwächen ausmerzen zu wollen, um auf diese Weise möglichst vielseitig verwendbare Durchschnittsmenschen zu generieren" (Buckingham und Clifton 2011). Buckingham und Clifton haben in einer umfassenden Gallup-Studie zwei Millionen (!) Beschäftigte aus verschiedensten Branchen und Hierarchieebenen zu ihren Stärken befragt – von der Führungskraft über den Pastor bis zum Zimmermädchen. Die Erkenntnis der beiden Forscher: Es wird Zeit zu akzeptieren, dass Mitarbeiter individuelle Talente haben, die für unterschiedliche Arbeitsweisen und Lösungsstrategien sorgen. Kurz gesagt: Es gibt nicht den einen „richtigen" Weg zur Aufgabenerfüllung. Erkennen Sie als Führungskraft die Stärken Ihrer Mitarbeiter an und fördern Sie diese. Erinnern Sie als Chef in schwierigen Zeiten Ihr Team an die gemeinsam errungenen Erfolge. Nicht vergessen: Verteilen Sie die Jobs und Aufgaben so, dass sie zu den Menschen passen. Nur dann werden stetig Leistungen mit Qualität und Niveau erzielt.

Die Stärkenorientierung macht vor Ihnen nicht Halt: Machen Sie sich bewusst, über welchen Schatz an Fähigkeiten, Begabungen, Talenten und positiven Eigenschaften Sie verfügen. Je bewusster Sie sich Ihres Potenzials sind, desto gezielter können Sie Ihre Stärken nutzen und beim Verfolgen Ihrer Ziele, Visionen oder Wünsche einsetzen Der Einsatz Ihrer Stärken sorgt auch dafür, dass Sie zufriedener sind und trägt dazu bei, Aufgaben erfolgreich zu meistern. Das hilft beim beruflichen Vorankommen. Wer sich seinen Stärken zuwendet und um sie weiß, geht selbstsicher und selbstbewusst durchs Leben, steigert seinen Selbstwert, geht mental gestärkt an Herausforderungen heran.

Ihre Stärken sind das Fundament, auf dem Ihr Leben aufbaut. Je solider dieses Fundament ist, desto besser können Sie darauf bauen. Wenn das „Betonfundament" Ihr Lebenshaus tragen soll, braucht es einen stabilen Grund und langlebiges Material. Je fragiler die Konstruktion, desto größer ist die Einsturzgefahr.

Beispiel

Eine Führungskraft, eine Ebene unter dem Vorstand, ist seit zwei Jahren im Unternehmen und wurde jetzt durch eine Umstrukturierung degradiert. Seine neue Position ist für ihn ein Rückschritt, sowohl in der Hierarchie als auch in der Außendarstellung. Für ihn war es dadurch das schwierigste Jahr seines Berufslebens. Er arbeitet 60 Stunden pro Woche, doch dieser Einsatz wird nicht honoriert. Seit Monaten leidet er unter Schlafstörungen und sein Vorgesetzter betrachtet ihn als „Burn-out-gefährdet". Im Unternehmen, so die Führungskraft, ginge es nur um Politik und Macht. Er selbst wurde autoritär erzogen, ist an Sicherheit gewöhnt und harmoniebedürftig. Er sei nach eigener Einschätzung zu weich als Führungskraft, das Gegenteil des amtierenden Vorstands. Er hat das Gefühl, dass andere darauf warten, dass er Fehler macht. ◄

Was diese Führungskraft bei der Arbeit braucht, sind „Leitplanken", bestehend aus Vertrauen, Planbarkeit, erreichbaren Zielen. Seine persönlichen Wünsche sind Zufriedenheit, mehr Zeit für Familie und Sport, Motivation für die Arbeit. Seine Werte sind Familie, Sicherheit, Glaubwürdigkeit, Ehrlichkeit, materielle Unabhängigkeit, Geld, Offenheit, persönliche Weiterentwicklung, Spaß. Durch seine Degradierung ist sein Misstrauen gewachsen: Mit wem rede ich noch über was? Seine Konsequenz: Deutlich weniger erzählen, beruflich wie privat. Und er setzt stärker Prioritäten. Themen, die ihn nicht weiterbringen in Sachen Anerkennung beim Vorstand, Boni etc., lässt er liegen.

Sein Fundament ist derzeit nicht stabil genug für das „Lebenshaus", das darauf errichtet werden soll. Ich habe verdeutlicht, dass der berufliche Rückschritt keineswegs bedeutet, dass er nichts kann. Es ist wichtig, dass er zu seiner Zufriedenheit zurückfindet, denn seine eigene Demotivation strahlt auf seine Mitarbeiter ab. Selbst Kunden werden das spüren. Was kann er für Bedürfnisse äußern, wenn er das Gespräch mit dem Vorstand sucht? Anerkennung sei ihm wichtiger als ein Bonus von 300 Euro. Als Beispiel für fehlende Anerkennung erzählte er folgendes Ereignis: Er präsentierte stolz die Zahlen des sehr erfolgreichen Geschäftsjahres. Seine Ziele hatte er weit übertroffen. Der Vorstand kommentierte dies mit: „Dann haben wir wohl falsch geplant und unrealistische Zahlen zugrunde gelegt." Kein Wort des Lobes, sondern die Suche nach anderen Erklärungen für den Erfolg, der hier nahezu in einen Misserfolg verkehrt wird.

Je besser Sie Ihren Selbstwert kennen, desto weniger geraten Sie in stressigen und schwierigen Situationen unter Druck. Denn Sie wissen, Sie können sich auf sich verlassen! Selbstvertrauen räumt Zweifel aus. Selbstachtung und Selbstwert haben nichts mit Perfektion oder mit der Vermeidung von Fehlern zu tun. Wer über genügend Selbstvertrauen verfügt, hat keine Angst vor Misserfolgen, sondern weiß, dass sie Lernerfahrungen sind. Er hat es nicht nötig, seine Schwächen zu leugnen. Und er sorgt sich nicht darum, was andere über ihn denken. Solche Menschen sind oftmals ein Fels in der Brandung.

Selbstvertrauen bedarf:

- keiner Zweifel.
- keines Vergleichs mit anderen.
- keiner Angst vor Misserfolgen.
- keiner Sorge über das, was andere denken.
- keiner Leugnung (der eigenen Schwächen), keine Ausreden.
- der Kenntnis persönlicher Stärken.

Die Schatzkiste der Selbstachtung
Was stärkt nun Selbstwert und Selbstvertrauen (von innen und außen)?

- Beachtung
- Wertschätzung, Anerkennung
- Sich selbst kennen, seine Kompetenzen und Stärken kennen, Selbstwahrnehmung, sich auf sich selbst verlassen können.

(Heimsoeth 2014)
Wer bin nun ich? Was macht mich aus? „Erkenne dich selbst" stand einst über dem Orakel zu Delphi.

10.3   Stärkenanalyse

Welche Fähigkeiten, Stärken, Talente, Gaben, Kompetenzen, Ressourcen, welche tollen Anlagen und Eigenschaften zeichnen Sie aus? Was haben Sie schon alles erreicht? Welche Erfolge konnten Sie schon feiern? Was können Sie gut? Was machen Sie gerne? Woran haben Sie Freude? Was machen Sie mit Begeisterung und Leidenschaft? Was fiel Ihnen schon als Kind leicht? Wofür bewundern oder beneiden Sie andere? Wofür bekommen Sie Komplimente, Lob oder Bewunderung von anderen? In welchen Fächern waren Sie in der Schule gut? Was hilft Ihnen besonders bei der Lösung von Aufgaben? Zu welchen Themen werden Sie öfter um Rat gefragt? Welche Charaktereigenschaften und Stärken schätzen andere an Ihnen besonders?

1. **Schritt**:
   Nehmen Sie ein leeres Blatt Papier oder ein schönes Notizbuch und schreiben Sie mind. 15 Stärken, Fähigkeiten, Fertigkeiten und Talente auf, z. B. in der Führung, im Umgang mit Mitmenschen, im Umgang mit sich selbst, Fähigkeiten oder Eigenschaften, die Ihnen helfen, mit Aufgaben, Menschen und Situationen gut umzugehen.

Tipp: Wenn Sie sich schwer tun, diese Fragen zu beantworten, fragen Sie Freunde, die eigenen Kinder, Ihren Chef, Kollegen, Bekannte, Ihren Lebenspartner, einen vertrauten Menschen, welche Fähigkeiten, Stärken und Talente er an Ihnen schätzt. Das führt häufig zu Aha-Erlebnissen. Das liegt daran, dass Mitmenschen oft Stärken in einem erkennen, die einem selbst gar nicht bewusst sind.

2. **Schritt: Skalierung**
   Zu wie viel Prozent leben Sie in der letzten Zeit Ihre Stärke X? Was wäre Ihr Wunsch-Wert? Das machen Sie für jede einzelne Stärke.

Fragen bei hoher Bewertung

Wodurch wurde der hohe Wert der Stärke bewirkt? Was werden Sie zukünftig tun, damit der Wert

Ihrer Stärke auf dieser Höhe bleibt oder sogar noch steigt? Denn Ihre Stärken gilt es zu erhalten und zu verstärken.

Fragen bei niedriger Bewertung

Was wäre für Sie eine Verbesserung, also ein Wert auf der Skala, von dem Sie sagen: „Der Wert dieser Stärke ist so in Ordnung"? Was genau müsste geschehen, damit Sie diesen Wert erreichen? Was werden Sie zukünftig tun, damit Sie sich Ihrem Wunschwert annähern? Was sind konkrete erste Schritte bzw. Handlungen?

3. **Schritt: Umsetzung der Stärken**

Wie können Sie Ihre Stärken und Talente im Beruf und Alltag konkret ein- und umsetzen? Geht das in Ihrem aktuellen Umfeld? Wie müssten Sie Ihr Umfeld (privat, Arbeit, Sport etc.) gestalten, damit Sie Ihre Stärken einsetzen können?

Die schriftliche Dokumentation dieser Arbeit unterstützt den Prozess nachhaltig. Dieselben Übungen machen Sie für Ihre Mitarbeiter: Welche Stärken haben Ihre Mitarbeiterinnen und Mitarbeiter? Interessant ist im Zusammenhang mit der Stärkenanalyse (vgl. Abb. 10.3) der Abgleich von Selbst- und Fremdbild. Wo die Einschätzungen stark voneinander abweichen, herrscht der größte Bedarf des Bewusst werdens (Heimsoeth 2014).

Abb. 10.3 Ressourcenbaum. (© Erika Vogl-Kis + Kudryashka/Fotolia.com)

10.4   Erfolge würdigen

Die Freude und Zufriedenheit in der Arbeit, sowohl auf Seiten der Führung als auch bei den Mitarbeitern, ist entscheidend für den Erfolg eines Unternehmens (Csikszentmihalyi 2011). Was zu dieser Zufriedenheit beiträgt, habe ich auf den vorangegangenen Seiten zum Teil schon dargelegt. Ein weiterer Baustein für den optimalen Workflow, an dem alle motiviert beteiligt sind, ist das Schaffen von Erfolgserlebnissen. Lassen Sie Mitarbeiter wissen, wenn etwas gut gelaufen ist. Erfolge wollen gefeiert werden! Das Zelebrieren von Erfolgen fördert nicht nur das Wir-Gefühl im Team. Es hilft zum einen als Motivation für weitere Erfolge, zum anderen dient die Erinnerung an vergangene Erfolge bei der Bewältigung von Misserfolgen. Ein Klient von mir, ein ehemalige Rad-Extremsportler, hat sich seine außerordentlichen Erfolge stets bewusst gemacht: Auf den Seitentüren seines Autos prangen Bilder seiner fünf größten Erfolge, die er als Extrem-Radsportler erfuhr. Zusätzlich ziert ein großer Husky den hinteren Teil des Autos – als Symbol für Ausdauer, Zähigkeit und Willenskraft. Auf diese Weise verankerte er seine Spitzenleistungen im Bewusstsein. Die deutsche Nationalelf kehrte mit dem „Siegerflieger" der „Fanhansa" von ihrem gewonnenen WM-Finale 2014 aus Brasilien zurück. Die Airline Lufthansa hatte kurzerhand den Schriftzug auf den Jumbojet spritzen lassen und würdigte auf diese Weise den Erfolg der Kicker.

Sie können die Erinnerung an Erfolge Ihres Teams und Ihrer Mitarbeiter auch wachhalten, indem Sie Fotos von Erfolgen, Prämierungen etc. und Urkunden aushängen und Auszeichnungen in Form eines Pokals o. Ä. aufstellen. Spitzensportler richten sich häufig einen eigenen Raum für ihre Trophäen ein. Das hat nichts mit Arroganz oder Überheblichkeit zu tun, sondern dient der Motivation und Bestätigung. Ich lade mir z. B. Fotos meiner jüngsten Erfolge als Bildschirmschoner auf meinen Rechner. Eltern von Nachwuchssportlern, die ich als Sport Mental Coach begleite, animiere ich, Fotos von Erfolgen ihrer Kinder zu erwerben und in ein Buch zu kleben. Mit solch einem „Erfolgstagebuch" kann man auch die Weiterentwicklung leichter und besser nachvollziehen.

Die „Nachbearbeitung" eines Erfolgs ist ebenso wichtig wie die eines Misserfolgs. Unmittelbar nach erlebtem Erfolg gilt es, die positive Erfahrung mental zu speichern. Was fühlen Sie, wenn Sie an Ihr jüngstes konkretes Erfolgserlebnis denken? Es ist wichtig, dass das Gefühl, dass Sie mit dem Erfolg verknüpfen, im Kopfkino reproduziert werden kann. Sie können für sich und Ihr Team ein Ritual installieren, dass Sie regelmäßig nach gemeinsam erbrachten Erfolgen zelebrieren. Es sollte alle Teammitglieder einschließen, niemand darf sich dabei ausgeschlossen fühlen.

10.4.1 Das Erfolgsspalier

Bilden Sie mit allen Teammitgliedern oder Mitarbeitern einer Abteilung ein Spalier. Der erste Mitarbeiter stellt seine Ziele des vergangenen Jahres vor und berichtet von seinen erreichten Erfolgen. Dann geht er/sie durch das Spalier. Während er/sie durchs Spalier läuft, applaudieren die anderen und zollen ihm/ihr jeder auf seine Art Lob und Anerkennung für seinen Beitrag zum (gemeinsamen) Erfolg. Das kann auf verschiedenste Weise geschehen: z. B. mit Worten, Umarmungen, Schulterklopfen oder gar mit einer Geschenkübergabe. Ich erlebe bei dieser Würdigung der Erfolge immer wieder, wie Mitarbeiter mit Tränen in den Augen das Spalier nach dem Durchschreiten verlassen. Es berührt sie, mit ihren Erfolgen und Beiträgen zum Unternehmenserfolg gesehen zu werden.

Wie bereits erklärt, sehnen wir Menschen uns nach Anerkennung und Zugehörigkeit. Unser Gehirn speichert die positiven Gefühle, die eine solche „Beifallsdusche" in uns auslöst, ab. Das motiviert und stärkt unser Selbstwertgefühl. In Zeiten, wo es nicht gut gelaufen ist, hilft die Erinnerung an solche Momente, um sich aus dem Stimmungstief wieder herauszuholen.

10.4.2 Die Erfolgsanalyse

Die Reflexion und Auswertung eines Erfolgs ist ebenso nötig, weil sie dem Lernprozess dient, dem optimistischen Herangehen an die weitere Arbeit und der Weiterentwicklung des Teams und jedes Einzelnen. Eine erste Auswertung sollte unmittelbar nach der gemeisterten Herausforderung, wie einer vollbrachten Präsentation oder einem erfolgreich abgeschlossenen Verkaufsgespräch, erfolgen. Im schnell wieder einsetzenden Alltag wird vieles vergessen oder das Vorhaben der Auswertung geht unter. Im nächsten Team-Meeting sollten Sie sich dann mit Ihren Mitarbeitern einer detaillierten Analyse widmen. Werten Sie auch aus, was gut funktioniert hat. Was waren die besten Aktionen? In welchem Bereich können wir in Zukunft mehr tun bzw. Vollzogenes wiederholen, damit das Team weiter erfolgreich agiert? Und wo haben wir als Team Optimierungsbedarf? Wo müssen Dinge im nächsten Projekt anders laufen? Das sind im Spitzensport jene Lektionen, die Sportler in den nächsten Trainingseinheiten verstärkt trainieren. So bekommen Sie zusätzliches Wissen und Anregungen, die Sie in künftige Vorbereitungen von Herausforderungen integrieren können. Diese Analyse sollte schriftlich erfolgen.

Bernhard Peters, ehemaliger Hockey-Nationaltrainer und Führungsexperte, hat zu seinem Umgang mit Erfolgen gesagt, dass es für ihn wichtig war, aus den Beifallsbekundungen, die er nach großen Erfolgen erntete, das für ihn Wichtige herauszufiltern. „Nicht der Erfolg als solcher war für mich wertvoll, sondern der Weg dorthin. Siege waren für mich deshalb so genugtuend, weil ich sie als Bestätigung meiner langfristigen Überlegungen und nicht vorrangig des gewonnenen Finales betrachtete" (Peters et al. 2012). Bei der Auswertung ist es also auch hilfreich, zu betrachten, welche konkreten Schritte Sie zum Erfolg geführt haben.

10.4.3 Das Erfolgstagebuch

Bernhard Peters räumt dennoch unumwunden ein, dass er den öffentlichen Siegesjubel sehr wohl genießen konnte. „An den Morgen nach Siegen lese ich auch heute noch jede Zeile in den großen Zeitungen, spiele mir die entscheidenden Tore und unsere Jubelszenen immer wieder vor" (Peters et al. 2012).

Das kennen Sie bestimmt: negative Ereignisse oder Situationen bleiben viel länger und besser im Gedächtnis haften. An die vielen positiven Dinge und Erfolge denkt man hingegen eher selten. Und damit Erfolge nicht in Vergessenheit geraten, hilft das Führen eines persönlichen Erfolgstagebuchs. Dort dokumentieren Sie Ihre Erlebnisse und Erfolge möglichst detailgenau, schaffen auf diese Weise ein schriftliches Bild der erfolgreich bestandener Herausforderungen. Wenn Sie dieses Buch in Momenten der Niederlage oder des Zweifels hervorholen, macht Ihnen die Dokumentation bewusst: Es ist und war nicht alles schlecht in der Vergangenheit, im Gegenteil. Erinnern Sie Ihr Team in Momenten, wo Motivation dringend nötig ist, immer wieder an vergangene Erfolge erinnern und holen Sie diese wieder ins Bewusstsein.

Nehmen Sie sich ein Heft, ein leeres Tagebuch oder einen schönen Schreibblock und denken Sie über Ihre Erfolge in den letzten Wochen nach. Schreiben Sie künftig am besten täglich oder mindestens einmal wöchentlich die kleinen und großen Erfolgserlebnisse im Berufs- und Privatleben sowie im Sport auf, damit keiner Ihrer Erfolge verloren geht bzw. in Vergessenheit gerät.

Was haben Sie gut gemacht, was ist Ihnen gut gelungen, wofür können Sie sich auf die Schulter klopfen, was war ein Schritt nach vorne? Apropos Erfolge: Hängen Sie die Messlatte nicht zu hoch.

Was hat Ihnen Spaß gemacht?

Was haben Sie dazugelernt, z. B. beim letzten Projekt?

Welche Probleme haben Sie gelöst?

Wichtig: Was sind Ihre positiven Seiten und Eigenschaften? Wo haben Sie Ihre Stärken und Talente? Was können andere nicht so gut wie Sie? Was spricht für Ihre Kompetenzen? Denn Erfolge regnen nicht vom Himmel. Sie haben etwas dazu beigetragen, dass das Geschehene zu einem Erfolgserlebnis wurde.

Worauf können Sie stolz sein?

Listen Sie alles auf, was Sie als Erfolg definieren, losgelöst von Erfolgs-Definitionen.

„Eigenlob stinkt", hieß es früher. Ich sage: Eigenlob hilft!

Wenn Sie von anderen gelobt werden, können Sie sich hoffentlich freuen. Ein genauso gutes Gefühl erfahren Sie, wenn Sie sich selber loben. Das meine ich auch als reale Geste: Führen Sie öfters mal die rechte Hand zur linken Schulter und klopfen Sie sich selbst für gut gelungene Aktionen und Taten auf die Schulter!

10.5   Erfolg fordert den nächsten Schritt

Wer erfolgreich ist, dem ist die Konkurrenz auf den Fersen. Erfolg macht zufrieden, aber er darf nicht satt machen. Wer an der Spitze bleiben will, muss sich den Hunger auf „mehr" bewahren. Deshalb gilt: Nicht auf Erfolgen ausruhen. Wie es im Fußball heißt: „Nach dem Spiel ist vor dem Spiel", so gilt fürs Business: Nach dem Erfolg ist vor dem Erfolg. Und was führt zum nächsten Erfolg? Richtig, persönliche Weiterentwicklung und Erweiterung von Qualifikationen. Und was bedeutet das? Veränderung und Optimierung. Doch Veränderungen nach Siegen umzusetzen ist nicht unbedingt selbstverständlich. Herrscht doch häufig die Auffassung: Warum etwas ändern, das so erfolgreich war? Im Sport kalkuliert man für die Zeit nach einem Sieg eine Talsohle ein. Unmittelbar nach einem errungenen Titel heißt es, loszulassen.

Doch nach dieser Phase ist es wichtig, das weit verbreitete Phänomen der Sattheit und Genügsamkeit nach verbuchten Erfolgen zu überwinden. Im Sport wird der Fokus auf das nächste große internationale Turnier bzw. Olympische Spiele ausgerichtet, im Business sollte die nächste Aufgabe im Fokus stehen. Und um diesen Fokus herzustellen, sind Veränderungen hilfreich. Bernhard Peters beschreibt in seinem Buch „Führungsspiel", wie er die deutsche Hockeynationalmannschaft nach ihrem WM-Sieg 2002 für die nächste große Aufgabe, die Olympischen Spiele 2004, fokussierte: „(…) nach der ganzen Feierei und dem Stargehabe wusste ich, dass ich etwas verändern musste, um die Aufmerksamkeit schnell wieder auf 100 % zu bekommen." Peters quartierte die umjubelte Mannschaft zum Trainingslehrgang in einem sehr bescheidenen Hotel in einem kleinen Ort in Sachsen-Anhalt ein, fernab vom Presserummel. Natürlich war das Team nicht begeistert, aber Peters gelang es auf diese Weise, die nötige Ruhe herzustellen, die er und die Mannschaft für die Neuausrichtung auf die anstehende Aufgabe brauchten. Peters: „Erfolg, besonders der Erfolg, erforderte den nächsten Schritt. (…) Wer führt, hat Ziele – und wer diese erreicht hat, muss verändern. [Das betrifft] sowohl den faktischen, planerischen als auch den emotionalen Teil der Arbeit einer Führungskraft" (Peters et al. 2012).

Reflektieren Sie für sich als Führungskraft nach einem Erfolg, wie Sie Ihr Team am ehesten zur Neuausrichtung bewegen können – mit anderen Vorgehensweisen, Methoden, Veränderung der Verantwortungs- und Aufgabenbereiche, anderen Orten der Zusammenkunft, externen Moderatoren etc. Die Besten sind den anderen immer einen Schritt voraus – durch Fortbewegung, was nichts anderes heißt als Veränderung.

Literatur

Bär, M., Krumm, R., Wiehle, H. (2010) Unternehmen verstehen, gestalten, verändern. Das Graves Value System in der Praxis. Gabler, Wiesbaden.

Buckingham, M., Clifton, D. O. (2011) Entdecken Sie Ihre Stärken jetzt! Das Gallup-Prinzip für individuelle Entwicklung und erfolgreiche Führung. Campus, Frankfurt a. Main, S. 12.

Covey, Stephen R. (2006) Der 8. Weg. Mit Effektivität zu wahrer Größe. Gabal, Offenbach, S. 175; 279.

Csikszentmihalyi, M. (2011) Flow im Beruf: Das Geheimnis des Glücks am Arbeitsplatz. Klett-Cotta, Stuttgart.

Gallup GmbH (2014) Engagement Index Deutschland, Berlin. http://www.gallup.com/strategic-consulting/168167/gallup-engagement-index-2013.aspx. Zugegriffen: 25. September 2014.

Heimsoeth, A. (2014) Love it – Leave it – Change it, Gesundheit im Kontext von Führung und Eigenverantwortung. In: Buchenau, P. (Hrsg.) Chefsache Prävention I – Wie Prävention zum unternehmerischen Erfolgsfaktor wird. Springer Gabler, Wiesbaden, S. 87–88; 98–99.

Kahn, O. (2008) Ich. Erfolg kommt von innen. Riva, München, S. 109.

Krumm, R. (2014) Erfolg durch werteorientierte Führung. In: Seiwert, L. (Hrsg.) Die besten Ideen für erfolgreiche Führung: Erfolgreiche Speaker verraten ihre besten Konzepte und geben Impulse für die Praxis. Gabal, Offenbach, S. 35–43.

Peters, B. et al (2012) Führungsspiel. Ariston, München, S. 112–115; 129; 203; 239.

Weiterführende Literatur

Drucker, Peter F. (1999) Managing Oneself. In: *Best of Harvard Business Review, Managing yourself.* Januar 2005. http://hbr.org/2005/01/managing-oneself/ar/1. Zugegriffen: 4. November 2014.

Matyssek, Dr. A. K. (2013) Wertschätzung und psychische Gesundheit. Wie Führungskräfte zum Wohlbefinden ihrer Mitarbeitenden beitragen können. Vortrag beim Potsdamer Dialog 2013, Unfallkasse des Bundes, S. 11. http://www.uk-bund.de/downloads/podi/vortr%E4ge_podi_2013/matyssek_vortrag_podi-2013.pdf Zugegriffen: 9. Oktober 2014.

Interview mit Bernhard Peters, „Direktor Sport" beim HSV: „Als Führungskraft sollte man nicht nur Stärke zeigen, sondern auch Schwächen zulassen und eingestehen"

Foto: Michael Schwarz

Der ehemalige Bundestrainer der deutschen Hockeymannschaft führte während seiner 20-jährigen Lauf-
bahn fünf Hockeymannschaften zum Weltmeistertitel, sorgte für Spitzenplatzierungen bei allen großen
Turnieren. Der Diplom-Sportlehrer und Diplom-Trainer erntete viel Anerkennung für seine innovativen
Methoden zur Selbst- und Fremdmotivation sowie die ständige Weiterentwicklung des eigenen Führungs-
stils. Bernhard Peters, Jahrgang 1960, wechselte 2006 zum Fußball und war bis 2014 beim Bundesligisten
TSG 1899 Hoffenheim verantwortlich für ein umfassendes Trainingskonzept vom Jugend- bis in den
Spitzenbereich, die Trainerentwicklung und die Talentförderung. Heute ist er Direktor Sport des Hambur-
ger Sportvereins (HSV). Als Redner zum Thema Emotionale Führung ist der Taktik-Experte auch im
Spitzenmanagement der freien Wirtschaft im In- und Ausland gefragt. Bernhard Peters lebt mit seiner Frau
und vier Kindern in Hamburg.

▷   Worin sehen Sie die größten Herausforderungen als Führungskraft?

Immer wieder die Verbindung in einem engen Netzwerk zwischen Experten hinzukriegen, die Leistung entwickeln sollen, und gleichzeitig die Anteile der verschiedenen Faktoren richtig zu gewichten. Das im symmetrischen Netzwerk anzuwenden, in dem jeder seine klare Rolle hat, sicher aber auch fachliche Leistungsfaktoren ausschlaggebend sind.

▷   Wie viel Zeit investieren Sie in Briefings, Manöverkritik, fachliche Qualifizierung und wie viel Zeit in die Entwicklung von Persönlichkeit, Haltung, Selbstvertrauen und Selbstbewusstsein?

Führungskraft zu sein, ist ein Kommunikationsjob, das gilt natürlich auch für Trainer. Wenn ich das prozentual gewichten soll, liegen ca. 70 % in der Entwicklung von Persönlichkeitseigenschaften und 30 % bei der fachlichen Qualifizierung. Die innere Haltung des Teammitglieds ist ein wesentlicher Faktor, damit ich mit der fachlichen Qualifikation Erfolg habe.

▷   Woraus besteht Siegermentalität?

Aus mentaler Vorbereitung. Wenn ich etwas auf einem hohen Wettkampfniveau erarbeitet habe, strahle ich die Sicherheit aus, auf alles vorbereitet zu sein. Ich muss Eindeutigkeit haben, eine klare Zielformulierung und die Erwartung, das Ziel erreichen zu wollen. Es siegt nur jener, der selbstbewusst und stark ist, eine erstklassige athletische und taktische Ausbildung hat und auf alle Situationen mental vorbereitet ist. Wenn Spiele auf der Kante stehen, kann ein gut vorbereiteter Spieler solche Herausforderungen lösen.
Der Basketballer Dirk Nowitzki ist für mich ein Beispiel an Fleiß, Fitness und Akribie. Seine Art der Vorbereitung verleiht ihm mehr Sicherheit, das strahlt er aus: „Mir kann nichts passieren." Siegermentalität ist die Kombination aus Konsequenz und Fleiß, guter Vorbereitung, aus Sicherheit, die man nach innen und außen ausstrahlt, innerer Gelassenheit – man verfügt sozusagen über die Selbstsicherheit des Sieges aus seinem Können-Potenzial.

▷   Hat die Bedeutung mentaler Stärke im Business nach Ihrer Einschätzung zugenommen?

Ich kann nur für den sportlichen Bereich sprechen: Es gibt zig verschiedene Bausteine, die für einen Sieg verantwortlich sind und die alle miteinander verwoben sind. Neben dem technischen und athletischen Können ist das vor allem mentale Stärke. Wenn gegnerische Mannschaften bei der fachlichen Seite auf dem gleichen Level sind, dann entscheidet die Erfolgssicherheit, die ich ausstrahlen muss, um zu gewinnen. Dazu tragen erfolgreiche

Selbstgespräche ebenso bei wie positive erfolgreiche Muster in meinen Gedächtnisbildern und -schleifen.

▶   Wie schaffen Sie Freude, Flow und Begeisterung bei sich und beim Team?

Das musste ich auch erst lernen. Erfolgsbesessenheit hat etwas mit Angst zu tun. Angst vor einer Aufgabe zu haben ist wertvoll, weil sie für eine Fokussierung auf Können, Kraft und Konzentration sorgt. Das ist notwendig. Wenn die Dinge dank guter Vorbereitung funktionieren, dann fließt es in der Wettkampfsituation. Freude und Flow entwickeln sich dann aus dem Zusammenspiel von erarbeitetem Können.

Es ist wichtig, spaßorientierte Elemente in die Arbeit mit dem Team zu bringen, damit die Stimmung gut ist. Dazu gehört auch manchmal eine selbstironische Kommunikation der Führungsperson. Als Führungskraft sollte man nicht nur Stärke zeigen, sondern auch mal Schwächen zulassen und eingestehen. Wenn man die Stimmung, die die Mannschaft mitbringt, zulässt, erzeugt auch das Freude. Als Abwechslung zum harten Arbeitspensum muss man auch lockere Phasen einbringen, das gibt neuen Schub für die Motivation.

▶   Worauf achten Sie als Führungskraft mehr bei Ihren Teammitgliedern – auf Stärken
        oder Schwächen des Einzelnen? Was bedeutet das für die Förderung Ihrer Mit-
        arbeiter?

Die ersten 15 Jahre als Trainer habe ich zu viel an Schwächen gearbeitet. Führungs-spieler öffneten mir die Augen, ich habe viel von ihnen im Umgang mit diesen Frage-stellungen gelernt. Es war bei den Olympischen Spielen, als einer von ihnen angesichts einer gegnerischen Mannschaft fragte, bei deren Aufstellung nur Stärken zusammen-geschnitten waren: „Wie haben wir da noch eine Chance?" Das war eine falsche Ge-wichtung von eigenen Schwächen und Stärken. Man darf den Gegner nicht überhöhen.

Stärken lassen sich z. B. auf Bildern zusammenfassen. Es gilt in erster Linie, auf die eigene Dominanz zu reflektieren, das Bewusstsein zu schaffen: „Wir sind auf alles vor-bereitet." Ich gebe mir Mühe, meine Mitarbeiter immer wieder über ihre Stärken zu defi-nieren und ihre Stärken auch vor anderen zu kommunizieren. Auf diese Weise kann ich sie auch für weitere Aufgaben begeistern. Es gibt wichtige Aufgaben, die der Einzelne besser drauf hat als ich, deshalb frage ich nach ihren Ideen zum Thema.

▶   Welche Rolle spielt Ihre Selbstführung für Ihre Funktion als Führungskraft?

Man muss sich selbst immer wieder spiegeln, selbstkritisch sein. Es ist unerlässlich, sich reflektieren zu lassen, entweder von einem Coach oder vom privaten Umfeld. Das sorgt für eine bessere Selbstwahrnehmung. Es ist wichtig, zu erkennen, wie man mit seiner Persönlichkeit und seiner non-verbalen Ansprache auf andere wirkt.

Ich versuche, die Dinge vorzuleben, die ich von anderen erwarte. Man muss seine Grenzen kennen und sich weiterentwickeln: Wo sind meine Stärken und Schwächen, wo brauche ich Hilfe?

▶   Erarbeiten Sie Ziele gemeinsam mit Ihrem Team? Wenn ja, wie?

Ja. Ziele, die von oben vorgegeben sind, sind für mich keine Ziele. Ziele müssen aus der Mitte des Teams, aus den Aufgaben, kommen. Der Einzelne muss sich mit seinem Selbstwertgefühl im Ziel wiedererkennen. Der Mensch will persönliche Anerkennung, das ist seine Triebfeder.

Ich lasse Spieler mit Führungsqualitäten den Prozess zur Zieldefinition von innen moderieren, mit einer klaren Lenkung meinerseits.

▶   Was können Sie aus Ihrer Zeit als erfolgreicher Bundestrainer heute für Ihre Tätigkeit als Sportdirektor noch immer nutzen?

Auf fachlicher Ebene ist das Entwickeln eines erfolgreichen Netzwerkes von Leistungsfaktoren, das ist im Fußball nicht anders als beim Hockey. Es gilt, idealtypische Leistungsfaktoren zusammen zu setzen, menschliche Ressourcen richtig zu nutzen: Wie wählt man Mitarbeiter aus, wie führt man Teams, wie entwickelt man Trainer weiter? Früher musste ich Spieler finden, die zueinander passen. Heute geht es auch um die optimale Zusammensetzung der Experten – weiter im Netzwerk von der Infrastruktur bis zur Sportwissenschaft. Hier kann ich meine Erfahrung einbringen.

▶   Wie würdigen Sie Erfolge?

Ich bin motiviert und ehrgeizig. Wenn Sachen so funktionieren, wie es meine Vision ist, ist das eine Anerkennung vor mir selber. Ich lebe im Hier und Jetzt. Sport ist sehr gegenwärtig. Erfolge hake ich schnell ab, aber sie geben mir eine gewisse mentale Sicherheit. Meine Mannschaft hat nach großen Erfolgen drei Wochen lang gefeiert. Ich bin mehr der Typ, der sich still nach innen freut.

▶   Wie gehen Sie als Führungskraft mit sich (und mit dem Team) nach einer Niederlage um?

Das ist unterschiedlich. Die ersten 15 Jahre war der Umgang mit Niederlagen eher chaotisch. Nach wichtigen Niederlagen habe ich mich mental selbst fast zerstört. Ich hatte Angst, nicht wieder rauszukommen aus dem Tal. Ich bin sehr selbstkritisch gewesen und das hat mir auch bei der Mannschaft Respekt verschafft. Ich habe meine Fehler als erster vor der Gruppe ausgebreitet. Dann konnte sich die Gruppe öffnen und sagen: Das können wir noch als Verbesserung von uns dazu bringen.

Sportpsychologen und Coaches brachten mir bei, dass ich nicht für alle Aspekte einer Niederlage verantwortlich bin. So konnte ich sagen: Ich habe alles eingebracht, was ich hatte. Ich habe ein reines Gewissen. Wenn wir verlieren, dann ist es eben so. Der selbst auferlegte Erfolgsdruck darf nicht ausufern.

> Woran scheitern Teams?

Da gibt es so viele Faktoren: die verschiedenen Persönlichkeiten in der Zusammensetzung der Gruppe, der hierarchische Mix, die Belastungssteuerung, zu hoher Erwartungsdruck, keine klaren Zielformulierungen, schlechte Führungs- und Fachkompetenz der Experten. Scheitert ein Team, kann das sich diffus überlagernde Gründe haben. Als Team wie als Führungskraft ist es wichtig, nicht alles in Frage zu stellen, sondern vom Weg überzeugt zu sein. Eine Führungskraft muss auch schauspielerische Fähigkeiten haben, gerade dann, wenn sie Restzweifel hat.

> Wann und wie setzen Sie Veränderungen im Team um?

Veränderungen habe ich immer nach wichtigen Abschnitten umgesetzt. Wenn man am Ziel vorbeifliegt, muss man etwas verändern und weiterentwickeln. Erreicht man das Ziel erfolgreich, ist es aber auch nötig, Dinge zu verändern. Dann gilt es, neue Herausforderungen und Provokationen zu schaffen: andere Spieler, andere Mitarbeiter, andere Methoden und Herangehensweisen, andere Abläufe als Trainer einzuführen. Gerade nach Erfolgen sind Veränderungen wichtig, weil sonst Selbstzufriedenheit vorherrscht.
Das heißt z. B., Hierarchien im Team neu verschieben, der Einzelne muss sich mit jedem Schuss neu beweisen, den Aufbau neu betreiben. Als Weltmeister bewegt man sich bereits auf hohem Niveau. Dann heißt es in der nahen Zukunft wieder einen Schritt weiter zu sein, denn der Gegner jagt dich als Erfolgreichen unerbittlich.

> Woher schöpfen Sie Kraft?

Man muss einen guten Rhythmus von Belastung und Entlastung finden. Ich sehe das als ein Konzept der Regeneration, bewusst und unbewusst. Damit meine ich auch die mentale Seite. Ich weiß genau, wann ich Zeiträume brauche, wo ich nur Routinesachen mache, herumgehe und mit Menschen spreche. Dann lege ich mentale Pausen ein. Ich weiß genau, wann ich 100 % meiner Energie brauche und wann ich lockerlassen darf.
Ich konnte nie lange Urlaub machen, das ging im Job nicht. Wenn ich frei nehmen konnte, passte das meist nicht zu den Ferien meiner Kinder. Was mir Entspannung verschafft, sind Fahrradtouren oder Städtetrips. Aber auch die andere Sichtweise meiner Frau und Kinder. Meine Familie will andere Sachen von mir als der Job. Zu Hause komme ich in eine Gegenwelt. Bin ich für ein paar Tage mit der Familie verreist, muss ich mich allerdings zwingen, mein Handy im Hotel zu lassen.

Ich schöpfe Kraft aus Gesprächen mit interessanten Menschen, das verschafft mir mentale Regeneration.

▶   Was können wir für die Wirtschaft vom Spitzensport lernen?

Teams im Business werden sehr viel nur auf fachlicher Ebene geführt, da wird natürlich auf Quartalszahlen u. ä. geschaut. Doch man muss zudem den Weg über die emotionale Führung wählen. Das bedeutet eine wertschätzende Kommunikation, eine Entwicklung des Menschen mit seinen Stärken, den Charakter in den Fokus nehmen. Das verringert Reibungswiderstände beim Team und bringt Energiegewinne.

Top-Leader in der Wirtschaft können das, sie entwickeln Verantwortung und Initiative bei Menschen, dann hauen die Mitarbeiter noch einen Schlag mehr rein.

▶   Welche Erfolgsfaktoren sind das?

Eine gute Balance zu halten zwischen strategischen Maßnahmen, die man mittelfristig entwickeln will, und der emotionalen, wertschätzenden Seite, wo ich versuche, Leidenschaft und Begeisterung für ehrgeizige Ziele zu entwickeln. Diese Balance muss bei Führungskräften stimmen.

Stabilität und Sicherheit durch Routinen

12

Die Routine ist der Schlaf des Denkens.
Gerd B. Achenbach

Unser Alltag ist von wiederkehrenden Handlungsmustern, sogenannten Routinen, geprägt – das beginnt mit der morgendlichen Kaffee- oder Teezubereitung und endet mit dem Zähneputzen vor der Bettruhe. Routinen helfen uns, unsere täglichen Aufgaben zu bewältigen. Und sie können uns ebenso dabei unterstützen, unser volles Leistungspotenzial in herausfordernden Situationen abrufen zu können. Spitzensportler wissen seit jeher, Routinen für sich zu nutzen – insbesondere in Wettkampfsituationen profitieren sie von jenen Routinen, die sie sich im Training angeeignet haben. „Das regelmäßige Training von Routinen kann dabei entscheidend dazu beitragen, die Leistung von Sportlerinnen und Sportlern zu stabilisieren, und helfen, in kritischen Situationen (z. B. unter hohem Wettkampfdruck) die sportlichen Fertigkeiten konstant und auf hohem Niveau abzurufen" (Weigelt und Steggemann 2014).

Doch was genau ist eine Routine? Sie ist, so sagt der Duden, die „durch längere Erfahrung erworbene Fähigkeit, eine bestimmte Tätigkeit sehr sicher, schnell und überlegen auszuführen". Für Oliver Kahn, Ex-Nationaltorhüter und Buchautor, ist Routine „das fokussierte Vorbereiten auf etwas, das man im Begriff ist zu tun" (Kahn 2008). Der Begriff Routine geht durchaus einher mit dem Verständnis, Dinge ohne Engagement „routiniert abzuspulen". Wir erwarten von der Routine keine Überraschungen. Das spiegelt auch unsere Sprache wider, wenn wir von Routinemaßnahmen oder Routineuntersuchungen reden oder Unsicherheiten mit der Aussage „Ist reine Routine!" aus dem Weg räumen wollen. Fehlt der Routine die Reflektion ihres Anwenders, wird sie zum berühmten „08/15"-Prozedere, das „schon immer so gemacht wurde" und deshalb dogmatisch praktiziert wird, ohne veränderte äußere Bedingungen oder individuelle Bedürfnisse zu berücksichtigen. Diese Form der Routine unterstützt und stabilisiert nicht, sondern lähmt. Sie erzeugt das Gefühl, sich in einem Hamsterrad zu befinden.

© Springer Fachmedien Wiesbaden GmbH, ein Teil von Springer Nature 2022
A. Heimsoeth, *Kopf gewinnt!*, https://doi.org/10.1007/978-3-658-36131-0_12

Viele unserer Routinen erwerben wir unmerklich, in allen Lebensbereichen. Das gilt für den Umgang mit Dingen ebenso wie für den Umgang mit Mitmenschen – seien es Familie, Freunde, Kollegen, Kunden oder Mitarbeiter – und den Umgang mit uns selbst. „Besonders Routinen im Umgang mit sich selbst, gerade in schwierigen Situationen, scheinen für viele Neuland zu sein, das erst noch entdeckt werden will" (Eberspächer 2004). Doch je schwieriger eine Situation, desto besser ist der Boden, um neue Routinen zu etablieren. Krisen öffnen uns für Neues, die Bereitschaft ist dann am höchsten, ein anderes Vorgehen für sich zu entdecken und zu akzeptieren, also Routinen zu ändern oder neu zu entdecken, denn viele haben im Job keine bewussten Routinen – das gilt für Sie, für Ihre Mitarbeiter wie für das Unternehmen selbst.

Als Führungskraft ist Ihr Alltag von wechselnden Herausforderungen, ständig neuen Vorgaben und kurzfristigen Änderungen geprägt. Wer sein Schiff häufiger durch stürmische See steuern muss, tut gut daran, wenn an Bord Routine herrscht – mit eingespielter Mannschaft, bei der jeder Handgriff sitzt. Mitten im Sturm bleibt keine Zeit für lange Debatten. Und als Kapitän können Sie am besten die Ruhe bewahren, wenn Sie nicht nur auf jeden Mann oder jede Frau an Bord zählen können, sondern auch auf Ihr Wissen und Ihre Fähigkeit, blitzschnell die richtigen Entscheidungen zu fällen. Als Führungskraft können Sie z. B. Routinen entwickeln und nutzen, um die Resultate von Herausforderungen, gerade im Hinblick auf eine Niederlage, zu bewältigen und auch das Team schnell wieder aufzubauen.

Erworbene Routinen laufen automatisch ab. Sie entsprechen Programmen, die wir zuvor in unser System eingespeist haben und die nun, beim Erbringen der Höchstleistung, abgerufen werden. Routinen sind wiederkehrende Verhandlungsmuster und Handlungsabläufe mit stabilen Elementen und variablen Anteilen, die uns in bestimmten Situationen zur Verfügung stehen und die für uns Bedeutung haben. Routinen schenken Spitzensportlern in Momenten, die absolute Konzentration (Flow) verlangen, jene Sicherheit, die Voraussetzung für Höchstleistungen ist. Routinen sind nach festen Regeln ablaufende, gleichbleibende Handlungen bzw. ein Vorgehen mit Symbolgehalt, mit klarem Anfang (ein bestimmtes Signal) und Ende. Routinen ordnen Abläufe, bereiten die optimale Ausführung einer Technik im Sport vor, erleichtern, wiederkehrende Herausforderungen und Aufgaben zu bewältigen, verleihen Sicherheit, fördern Lockerheit und Entspannung, wir kommen zur Ruhe, die Nerven beruhigen sich, kurz: sie geben uns Kraft. Routinen sorgen in schwierigen Situationen für Orientierung und Halt, nehmen uns die Angst vor dem Unbekannten, weil sie uns vertraut sind. All das sind Komponenten, die für das Erbringen von Spitzenleistungen nötig sind, sie bilden sozusagen die Basis.

Beinahe in jeder Sportart können Sie Routinen beobachten, z. B. beim Skispringen vor jedem Sprung, im Reitsport, in der Leichtathletik vor jedem Wettbewerb, beim Tennis vor dem Aufschlag, beim Fußball oder beim Basketball vor dem Freiwurf. Im Golfsport gibt es die Pre-Shot-Routine, um Schläge vorzubereiten. Jeder Golfer hat seine eigenen, immer gleichen Bewegungsabläufe und Handlungen, die dem nächsten Schlag vorausgehen. Profigolfer Tiger Woods etwa führt maximal zwei Probeschwünge zur Muskelauflockerung durch, tritt hinter den Ball und visualisiert zunächst den Schlag mit Flugbahn und

Landepunkt (Zielvisualisierung). Dann blickt er konzentriert Richtung Ziel und schlägt ab. Der verlässlich durchgeführte Schlag hängt von dieser verinnerlichten Routine ab. Der Ablauf der Pre-Shot-Routine ist immer gleich lang, im Fall von Tiger Woods bis auf die Sekunde genau. Dauert sie länger, ist das ein Zeichen für Zweifel und Unsicherheiten des Golfers.

Je höher der Druck, je entscheidender die Situation, desto wichtiger können Routinen sein, z. B. wenn es im Golfsport bei einem letzten entscheidenden Putt um eine Siegprämie von einer Million US-Dollar geht. Sportler lassen sich mit dem Auftakt ihres Routineablaufs bei einem Wettkampf nicht mehr von äußeren Störfaktoren und Umständen ablenken. Sie sind ganz auf ihre Handlung fokussiert, innerlich wie äußerlich. Auf diese Weise verhindern sie, dass ablenkende Gedanken wie ein Störfeuer wirken.

Eine Routine sollte so trainiert und verinnerlicht sein, dass Sie sie an sich verändernde Bedingungen anpassen können. Sportler müssen auch mit wechselnden Rahmenbedingungen im Wettkampf wie kürzere Aufwärmzeit, lautes Publikum oder Wetterwechsel zurechtkommen und ihre Routine entsprechend anpassen. Routinen bieten gegenüber Ritualen den Vorteil, flexibel an unvorhersehbare und wechselnde Umstände angepasst werden zu können (vgl. Weigelt und Steggemann 2014). „Am Ende sollte die gesamte Routine alle wesentlichen Schritte im Ablauf berücksichtigen und Verhaltensstrategien enthalten, die den Abruf der Zielhandlung entsprechend optimieren. Eine Routine kann ihre leistungsfördernde Wirkung nur entfalten, wenn die einzelnen Routineteile in einem direkten Bezug mit der zu erbringenden Leistung stehen" (Weigelt und Steggemann 2014).

12.1   Die Macht der Gewohnheit

Fakt ist: Der Mensch ist ein Gewohnheitstier. Erst, wenn wir etwas wiederholt gemacht haben, fühlen wir uns sicherer in der Ausführung. Erst, wenn etwas zu unserem Alltag gehört – sei es eine Vorgehensweise, eine Aufgabe oder eine Umgebung – fühlt es sich vertraut an.

Gut 40 % unseres Alltags wird von Gewohnheiten bestimmt, leider auch von schlechten. Der routinierte Griff in die Chipstüte am Abend, die Zigarette zum Morgenkaffee oder das Verharren vorm Fernseher, obwohl uns die Sendung längst nicht mehr interessiert, sind nur einige Beispiele dafür. Wer sich von solch Routinen mit negativem Effekt trennen will, stellt fest, dass das nicht leicht fällt.

Der US-amerikanische Journalist Charles Duhigg hat sich in seinem Buch „Die Macht der Gewohnheit" mit diesem Phänomen beschäftigt und festgestellt, dass die Änderung einer Gewohnheit nach einem Plan verlangt. Eine Gewohnheit besteht nach seiner Erkenntnis aus einer Folge von Auslösereiz, Routine und Belohnung. Wer eine Gewohnheit ändern will, muss nach Duhigg an die Stelle der alten Routine eine neue setzen. Hierfür gilt es zu hinterfragen, wofür die alte Routine steht, also welche Bedürfnisse sie befriedigt. Wer das für sich herausgefunden hat, kann auch ermitteln, welche Routine dieses Bedürfnis auch erfüllen könnte, ohne zusätzlichen negativen Effekt. Das Wissen um den „Aufbau"

einer Gewohnheit nutzt Ihnen als Führungskraft zum einen hinsichtlich Ihrer Mitarbeiter –
sie werden sich nur auf neue Routinen einlassen, wenn diese an bestehende Auslösereize
und Belohnungserlebnisse gekoppelt werden – und zum anderen hinsichtlich der Einbet-
tung in unternehmerische Abläufe. Setzen Sie Teilziele beim Einführen neuer Routinen im
Unternehmen, statt ein sehr großes Ziel sofort umsetzen zu wollen. Denn eine lokale Veränderung kann bereits das gesamte Gefüge dieser Gewohnheit im Unternehmen beeinflussen, gleich einer Kettenreaktion (Duhigg 2012).

12.2   Rituale

Anders verhält es sich mit dem Ritual. Es ist häufig an einen Aberglauben geknüpft. Die
Wirksamkeit eines Rituals entspricht dem berühmten Placebo-Effekt. Im Gegensatz zu
Routinen sind Rituale rigide Verhaltensmuster, die einem unveränderlichen Plan folgen.
Während Sportler ihre Routinen kontrollieren, verhält es sich beim Ritual genau umge-
kehrt: Die Rituale kontrollieren meist den Sportler (vgl. Schack et al. 2005). Ob es das
Bekreuzigen vorm Betreten des Spielfelds, das Mitführen eines Maskottchens oder das
Tragen eines Glücksbringers ist – in der Regel beschwören die Sportler eine höhere Macht,
die sie beim Bewältigen der Herausforderung unterstützen soll. Die Krux daran: Was geschieht, wenn der Sportler das Bekreuzigen oder das Maskottchen vergisst oder seinen
Glücksbringer verliert? Dann kann das fehlende Ritual für Verunsicherung sorgen, zu einem fatalen Zeitpunkt. Rituale haben also einen Effekt, der in beide Richtungen geht.
Entfaltet das Ritual im positiven Sinn seine Kraft, dann verleiht es Sicherheit, fördert Lockerheit und Entspannung, beruhigt die Nerven. Rituale und Routinen haben dabei durchaus Gemeinsamkeiten: Mit Ritualen wie Routinen lässt sich das Selbstvertrauen stärken
und unser Wohlbefinden steigern.

Hirnphysiologisch betrachtet haben Rituale die Funktion, unsere Nervenzellen zu syn-
chronisieren und dadurch dazu beizutragen, dass die Informationsverarbeitung im Gehirn
wieder geregelt verläuft. Denn in stressigen und ungewohnten Situationen geben die Nervenzellen unkontrolliert Reize weiter, die auch zu körperlichen Reaktionen führen – die
Hände zittern, die Knie werden weich, der Atem stockt. Mit Hilfe von Ritualen lässt sich
dieser Stress besser bewältigen. Dafür müssen Rituale zwei Voraussetzungen erfüllen: Sie
sollten bewusst geschehen und Sie sollten sich im Klaren über die Handlung sein. Nur so
kann Ihr Ritual positiv auf die neuronalen Prozesse im Gehirn wirken. Bewusste Rituale
lenken den Blick nach innen (Hüther 2013).

Rituale sind meist Kleinigkeiten, die von der Außenwelt nicht immer als solches wahrgenommen werden. Ein Klient von mir, angehender Formel 4-Pilot, steigt immer von der
linken Seite mit dem rechten Fuß zuerst ins Auto, zieht im Auto immer den rechten Hand-
schuh und den rechten Schuh zuerst an. Der Golfprofi Tiger Woods z. B. trägt in der Final-
runde traditionell die Farbe Rot. Andere Sportler bekreuzigen sich beim Betreten des
Spielfelds, Bobfahrer streicheln das Eis. Um den Druck in einem Turnier zu kompensie-
ren, hat eine junge Reitsportlerin aus dem Jugendkader folgendes Ritual: Wenn bei ihr

negative Gedanken wie „Das schaffe ich nicht!" aufkommen, macht sie mit ihrer Hand eine Wegwerfbewegung zur Seite. Diese Geste kann sie überall anwenden, auch auf dem Pferd und im allerletzten Moment, bevor sie startet. Nach der Handbewegung spricht sie stets eine positive Affirmation. Auf diese Weise stabilisiert sie ihren Zustand und wird ruhiger.

Der Handballspieler Benjamin Trautvetter (ThsV Eisenach) hat mit seinem Ritual bislang nur positive Erfahrungen gemacht. „Seit Jahren gehe ich vor den Heimspielen zu meiner Mutter frühstücken. Dann mache ich einen kleinen Spaziergang", so der 25-Jährige. Musik sei für ihn vor dem Wettkampf außerdem wichtig. „Zu den Dire Straits und den Doors kann ich am besten entspannen" (Fritz 2010). Auch für Stephanie Milde vom Fußball-Bundesligisten USV Jena ist Musik fester Bestandteil ihrer Vorbereitung. Seit zwei Jahren hört sie immer das gleiche Lied — manchmal bis zu einer halben Stunde in der Endlosschleife. „Außerdem ziehe ich jedes Mal den linken Schienbeinschoner vor dem rechten an." (Fritz 2010). Im Sport lassen sich auch Rituale beobachten wie der Dreitagesbart, Fluchen, Glücksbringer, eine bevorzugte Spielernummer oder das Vortäuschen einer Verletzung in entscheidenden Spielphasen. Fußball-Bundestrainer Joachim Löw trug bei der WM 2006 zu den Spielen stets jenen blauen Kaschmirpullover, den er beim Auftaktsieg an hatte. Damit signalisierte er auch seinem Team: Alles wird gut!

12.2.1 Rituale im Unternehmen

Haben Sie schon einmal überlegt, ob und welche bewussten oder unbewussten Rituale Sie persönlich im Beruf pflegen und Ihnen wichtig sind?

Rituale bieten zahlreiche Möglichkeiten als Führungs- und Steuerungsinstrument in Konzernen, Unternehmen, Abteilungen und Teams. Sie lassen sich nicht nur fürs eigene Selbstmanagement einsetzen, sondern z. B. auch zur Steuerung des „Wir-Gefühls" beim Team in jenen Situationen, wo es absolut unerlässlich ist, dass ein Zahnrad lückenlos ins nächste greift. Rituale stabilisieren Teams. Manche Mannschaften bildeten bei der Fußball-WM 2014 vor dem Spiel einen Kreis und verwendeten Schlachtrufe, Brasiliens Kicker wurden stets mit einem A-capella-Chor ihrer Nationalhymne, gesungen von Tausenden Anhängern, begrüßt, andere Spieler und Betreuer trugen gleiche Armbänder als Zeichen ihres Zusammenhalts – Rituale wie diese geben einer Mannschaft Halt und signalisieren jedem: Wir sind ein Team! Wichtig beim Ritual ist die Konzentration aufs Wesentliche.

Rituale bilden nicht nur eine Konstante im größtenteils wechselhaften Arbeitsalltag, sondern sie beeinflussen die Leistung von Mitarbeitern und stärken das soziale Gefüge. Ob es der gemeinsame Espresso mit einem Kollegen in der Mittagspause ist, das regelmäßige Aufsuchen des Raucherzimmers, der morgendliche Rundgang des Chefs durch die Firma oder der obligatorische Blumenstrauß zum Dienstjubiläum – in einem Unternehmen werden täglich eine Vielzahl von Ritualen praktiziert. Diese Gepflogenheiten leisten mehr, als vielen von uns bewusst ist. Durch Rituale lassen sich Spaß an der Leistung,

Sicherheit und Motivation vermitteln. Unternehmen, die Rituale gezielt pflegen und einsetzen, können mit besseren Bilanzen rechnen. Auch Veränderungsprozesse, die im Großen durch Fusionen, Akquisitionen oder Outsourcing entstehen, im Kleinen durch die Pensionierung von Mitarbeitern oder die Umstrukturierung von Abteilungen, lassen sich mit Hilfe von Ritualen besser bewältigen. Rituale beeinflussen das Betriebsklima positiv. Sie schaffen Identität mit dem Unternehmen, etablieren und stabilisieren die Unternehmenswerte. Mit Ritualen lässt sich das Verantwortungsgefühl von Mitarbeitern stärken, gleichzeitig können Sie als Führungskraft mit Ritualen Ihre Wirkung auf Mitarbeiter und Kollegen erhöhen. Rituale binden Mitarbeiter stärker ans Unternehmen und helfen bei der Integration von Neuzugängen.

Gemeinschaftsrituale wie das jährliche Sommerfest oder die Weihnachtsfeier haben zum einen den Zweck, das Zusammengehörigkeitsgefühl, das betriebsinterne Netzwerk und das gegenseitige Verständnis zu stärken. In meiner Zeit als Vermessungsingenieurin war die Weihnachtsfeier eine der wenigen Möglichkeiten, um mit Kollegen und Mitarbeitern unterschiedlichster Ebenen und Bereiche zusammenzutreffen. Zum anderen bietet dieses Gemeinschaftsritual gerade wegen der hierarchieübergreifenden Mischung auch die Möglichkeit, die interne Ordnung wieder herzustellen. Nein, darin liegt kein Widerspruch. Nach dem schottisch-amerikanischen Ethnologen Victor Turner erfolgen Rituale in drei Schritten. Am Beispiel der Firmenfeier, wo gemeinsam gegessen und getrunken, Musik gespielt, vielleicht sogar gemeinsam gesungen und getanzt wird, bedeutet das: Im ersten Schritt, der Trennung nach Turner, lösen sich die Ritualteilnehmer von ihrem sozialen Status, d. h. Führungskräfte und Mitarbeiter sitzen gemeinsam an einem Tisch. Im zweiten Schritt, der Schwellenphase nach Turner, werden die Statusunterschiede aufgehoben, d. h. die Sekretärin plaudert mit dem Vorstandsassistenten über Privates, der Vertriebsleiter tanzt mit der Verkäuferin etc. Im dritten und letzten Schritt, der Wiedereingliederung nach Turner, wird die hierarchische Ordnung wiederhergestellt, nämlich gleich am darauffolgenden Arbeitstag, wenn dieselben Umgangsregeln wie vor der Feier gelten. Auf diese Weise erneuert das Ritual eine Ordnung, die im Laufe eines Jahres konturlos werden kann und nach einer Wiederauffrischung verlangt (vgl. Belliger und Krieger 2008).

Mit Erfolgsritualen können Sie ein bestimmtes Verhalten, das Sie sich von Ihren Mitarbeitern wünschen, belohnen und zur Nachahmung anregen. Typische Erfolgsrituale sind öffentliche Würdigungen und Prämierungen. Aber schon der Applaus im Meeting, mit dem Erreichtes gewürdigt wird, ist ein solches Ritual, ebenso wie das in Kap. 10 beschriebene Erfolgsspalier (vgl. Abschn. 10.4.1).

Abschiedsrituale, um den Weggang eines Mitarbeiters zu zelebrieren, in Form kleiner Feiern, Würdigungen u. ä. bieten den Kollegen die Möglichkeit, bewusst Abschied zu nehmen. Sie sind in vielen Unternehmen üblich. Doch Abschiedsrituale lassen sich auch in größeren Zusammenhang anwenden, meint Thomas Wegmüller, Gründer der Fachschule für Rituale in St. Gallen. „Fusionen sollten mit Abschiedszeremonien begleitet werden", sagt Wegmüller. So könne ein Film mit Meilensteinen der Firmengeschichte zur Zeremonie gezeigt werden. „So wird deutlich, dass der Erfolg des Neuen auf dem des Alten aufbaut" (Martens 2010). Die Soziologin Dorothee Echter empfiehlt Abschiedsrituale auch, um Mitarbeitern das Gefühl von Kontrolle zu geben, in einer Situation, in der sich viele eher als Opfer denn als Gestalter sehen. Was kontrolliert werden könne, wirke weniger bedrohlich.

Vor wichtigen Präsentationen, Mitarbeitergesprächen oder Verhandlungen – also besonderen Herausforderungen im Beruf – können Sie ebenso Rituale und Routinen für sich selbst entwickeln, um Ihre innere Stabilität und Souveränität zu wahren. Desgleichen erleichtert eine Routine zum Abschluss Ihres Arbeitstages den Übergang vom Job in die Freizeit, sorgt für eine klare Abgrenzung und geistige Distanzierung.

Und es lohnt ein kritischer Blick auf bereits vorhandene Rituale und Routinen: Welche Rituale und Routinen haben Sie im Alltag, die Ihnen bei näherer Betrachtung nicht gut tun und sinnlos geworden sind? Manchmal kann es überaus lohnend sein, sich von lieb gewonnenen Ritualen zu trennen, wenn sie nicht förderlich für uns sind, z. B. im Hinblick auf Gesundheit, Energiemanagement oder das soziale Miteinander. Welche Rituale haben Sie im Laufe der Zeit unter den Tisch fallen lassen, könnten Sie aber wieder zum Leben erwecken?

12.2.2 Rituale im Umgang mit E-Mails, Smartphone, Internet

Die meisten von uns hetzen durch einen bis ins Detail verplanten Zwölf-Stunden-Tag, von Termin zu Termin, von Ort zu Ort. Unterwegs checken wir E-Mails und andere Nachrichten, bei jeder Zwischenlandung am Schreibtisch ebenfalls, dazwischen noch eine Blitzrecherche im Internet. Klar, wir wollen unsere Multitasking-Fähigkeit unter Beweis stellen und produktiv sein. Aber ist die Art und Weise, wie wir das tun, immer zielführend? Wie oft haben Sie heute schon auf Ihr Smartphone geschaut? Und wie oft sind Sie wieder von dem abgekommen, was Sie eigentlich gerade machen wollten, weil Ihr Computer mit einem „Pling" eine ankommende Mail verkündete und Sie einen kurzen Blick darauf werfen wollten? Zu einem guten Selbstmanagement gehört auch ein bewusstes Zeitmanagement. Wer die Informationsflut durch gezielte Selektion eindämmt, gewinnt an Effektivität.

12.2.3 Feierabend-Ritual

Eine Führungskraft leidet u. a. unter Überforderung und mangelnder Work-Life-Balance. Was kann diese Führungskraft tun? Er lernt verschiedene mentale Übungen erfolgreich anzuwenden, um seinen Zustand zu verändern. Eine davon ist das Feierabend-Ritual, mit dem er sicherstellt, dass er seine Arbeit nicht mehr mit nach Hause nimmt, sondern Abstand zum Job gewinnt und sich abends entspannen kann:

Bevor er das Büro verlässt, erkundigt er sich bei seinen Mitarbeitern, ob alles okay ist. Er fertigt eine Erledigungsliste (To-do-Liste) für den nächsten Tag an. Dann fährt er seinen Computer herunter und klopft auf seinen Schreibtisch. Beim Rausgehen verabschiedet er sich von allen, denen er begegnet und spricht dabei nichts Dienstliches mehr an. Den Heimweg nutzt er zum inneren Abschalten, Gedanken an die Arbeit sind tabu. Am Ortsschild (oder an der letzten Bahn- oder Busstation) hält er inne: Denkt er gerade noch an die

Arbeit? Falls ja, stoppt er die Gedanken. Er schickt sie fort, indem er leise (besser laut) sagt: „STOPP!" Zusätzlich kann er sich noch mit einer Hand auf seinen Schenkel klopfen. Dabei atmet er ruhig und tief. Er stellt sich vor, wie sich der Gedanke in Luft auflöst. Zuhause angekommen legt er sein Handy im Flur ab, in einem dafür vorgesehenen Korb, und schaltet es aus – und erst morgens wieder an. Zuhause wechselt er seine Dienstkleidung gegen seinen Freizeitdress ein, nimmt eine heiße Dusche, sozusagen um den Tag „abzuduschen", taucht so förmlich ins Privat- und Freizeitleben ein. Er macht erst mal nach dem Umziehen 20 Minuten Musik im Musikzimmer im Keller. Dann taucht er wieder auf, unterhält sich mit seiner Frau und den Kindern. Das gemeinsame Abendessen ist der Höhepunkt seines Feierabends. Es ist Konsens, dass bei der Mahlzeit kein Handy auf dem Tisch liegt oder der Fernseher läuft. Er sieht nur noch sehr selten fern, sondern liest stattdessen, tauscht sich mit seiner Frau aus oder trifft gelegentlich Freunde. Der Verzicht aufs Fernsehen zahlt übrigens auch aufs Beziehungskonto ein. Denn die so gewonnene gemeinsame Zeit nutzen er und seine Frau für Gespräche Läuft der Fernseher, ist Kommunikation meist kaum möglich und beschränkt sich aufs Nötigste. Morgens geht er wieder joggen, wie er es früher auch schon getan hat.

Eine andere Führungskraft hält auf dem Heimweg mit dem Auto am Ortsschild. Wenn sie merkt, dass sie noch nicht vom Job abschalten konnte, parkt sie ihr Auto und macht einen flotten Spaziergang. Durch die Bewegung an der frischen Luft bekommt sie nun verlässlich den Kopf frei und kann danach „befreit" die Heimfahrt fortsetzen.

12.2.4 Ritual für den Jobwechsel

Beispiel

Ein Klient von mir, Top-Manager, verlässt seinen bisherigen Arbeitsplatz in einem Großkonzern, um die Leitung einer neuen Firma zu übernehmen, deren Vorstandsvorsitzender in Ruhestand geht. Warum wechselt er seinen Posten? Es gab an seinem alten Arbeitsplatz vor allem emotionale Verletzungen. Vordergründig begegneten ihm Kollegen höflich und freundlich, im Hintergrund redeten sie jedoch schlecht über ihn, er wurde massiv abgewertet. Dieser Top-Manager stellte fest, dass die Vorgänge im Unternehmen ihn negativ beeinflussten. Er verlor an Zuversicht, wurde argwöhnisch und sein privates Umfeld bestätigte ihm, was er selbst feststellte: Das Glas war für ihn nicht mehr halb voll, sondern nur noch halb leer.

Als ihm die Auswirkungen seiner Arbeitsumgebung auf seine Persönlichkeitsentwicklung bewusst wurden, entschied er sich zum Jobwechsel – und vollzog damit das, wozu ich Ihnen im vierten Kapitel riet: Fehlt ein unterstützendes Umfeld, muss man es wechseln.

Der Top-Manager hat viele Erwartungen an das neue Unternehmen. Viele seiner Erwartungen sind emotional begründet und resultieren aus seinen bisherigen Erfahrungen, „Hoffentlich passiert dies und das nicht mehr ...", „hoffentlich tritt nicht X ein ...". ◄

Sein Blick ist damit in die Vergangenheit gerichtet. Doch es zählt mit dem ersten Arbeitstag im neuen Unternehmen nur noch die Gegenwart und – mit Blick auf den neuen Job – die Zukunft. Wer den Blick in die Vergangenheit richtet, leistet einer selbsterfüllenden Prophezeiung Vorschub. Wenn er immer wieder an die negativen Ereignisse der Vergangenheit denkt, dann sind die Chancen sehr groß, dass sich seine Befürchtungen bestätigen und der Gedanke bzw. die Vorhersage zur Realität wird, seine negativen Gedanken werden zu sich „selbsterfüllenden Prophezeiungen" (Abschn. 4.4). Sein Denken hat zudem Einfluss auf seine Ausstrahlung und sein Auftreten. Der innere Fokus auf negative Erlebnisse schwächt ihn. Das wiederum schlägt sich in seiner Körpersprache nieder. Die Haltung wird gebeugt, der Händedruck beim Begrüßen schwach, der Blick gesenkt. Mitarbeiter und Kunden spüren auf diese Weise unbewusst seine negative Energie. Daraus erwachsen Zweifel und Misstrauen ihm gegenüber, der Weg zur Erfüllung der Prophezeiung ist bereitet.

Im Wort „Erwartungen" steckt das Wort „warten". Warten bedeutet, eine passive Haltung einzunehmen. Mit welcher Haltung geht es Ihnen besser? Eine aktive oder eine passive? Wir dürfen Erwartungen nicht mit Zielen verwechseln. Deshalb gilt: Setzen Sie sich neue Ziele statt Erwartungen zu haben. Um wirklich mit dem alten Job abzuschließen, hat jener Top-Manager sich im Coaching ein Abschluss-Ritual erarbeitet:

Wenn er den Parkplatz seiner alten Firma verlässt, bleibt er am Firmentor stehen und fragt sich: Was waren schwierige Erfahrungen? Was wäre damals hilfreich gewesen, um mit den behindernden Ereignissen und Problemsituationen anders umzugehen? Was wäre hilfreich gewesen, damit das eine oder andere gar nicht passiert wäre? Und wie gehe ich zukünftig mit vergleichbaren Situationen um? Was waren glückliche Ereignisse? Was waren traurige Ereignisse? Welche Erfolge nehme ich mit? Worauf bin ich stolz? Welche Menschen waren/sind wichtig für mich und warum? Was ist noch zu tun, damit die Erfahrungen der letzten Jahre einen guten Abschluss finden? Was muss/kann ich noch tun, um negative Emotionen innerlich aus dem Leben entlassen zu können? Wen kann ich für den Übergang um Unterstützung bitten?

Dieses Ritual lässt sich schon Wochen vor dem offiziellen Arbeitsende gut vorbereiten: Was genau ist noch offen und zu klären? Was lasse ich im Unternehmen, was konkret lasse ich los? Bei welchen Menschen im Unternehmen möchte ich mich noch bedanken? Sind diese Dinge abgearbeitet, kann er am ersten Arbeitstag wirklich freien Herzens im neuen Unternehmen beginnen.

Mein Klient empfand die Entwicklung in seinem alten Unternehmen als Versagen, ein persönliches Scheitern. Bevor er den neuen Job antritt, muss es ihm gelingen, seinen Frieden mit der Vergangenheit zu machen. Damit er wirklich frei und optimistisch einen neuen Lebensabschnitt beginnen kann.

12.3   Mentales Momentum

Distanzierung im entscheidenden Moment ist für Sie als Führungskraft enorm wichtig. Ist etwas schief gelaufen und Sie brauchen für den nächsten Schritt all Ihre Konzentration und Ruhe, dürfen Sie sich nicht lange ärgern, sondern sollten schnell wieder einen positiven Zustand herstellen. Grübeln, Nachtrauern, Zweifeln oder Wut stören die Konzentration und blockieren Sie.

Die folgende Routine kommt ursprünglich aus dem Golfsport und eignet sich sehr gut auch für Situationen im Berufsleben. Gelingt z. B. im Golf etwa ein Schlag nicht so wie geplant und der Golfspieler ärgert sich sehr darüber, kann er im Geiste um den Ball herum – da, wo dieser gerade zum Liegen gekommen ist – einen Radius von ca. einem Meter Durchmesser ziehen. Das ist sein „mentales Wohnzimmer". Innerhalb dieses Kreises darf er seinem Ärger Ausdruck geben, mit dem Fuß aufstampfen oder die Faust ballen. Und er analysiert kurz, was passiert ist. Sofort nach dem Verlassen des „mentalen Wohnzimmers" jedoch kommt der Golfspieler wieder in die Gegenwart zurück, denn das Schimpfen und Analysieren bezieht sich bereits auf ein Ereignis in der Vergangenheit, selbst wenn der Schlag nur wenige Sekunden her ist. Beim Heraustreten aus dem „mentalen Wohnzimmer" konzentriert er sich auf die Natur oder auf die Atmung, denn sie bringt ihn ins Hier und Jetzt.

Wenn der Golfer einem verlorenen Ball nachtrauert, über „wenn" und „aber", „was passiert, wenn" grübelt, an den möglichen Score (Ergebnis der Golfrunde) und den Gewinn des Turniers denkt, zu lange an einen Termin im Büro oder an Unerledigtes denkt, läuft er Gefahr, seine Konzentration zu verlieren, seine Potenziale zu blockieren, Fehler zu machen und im Turnier abzufallen. Wenn er Angst hat, ist er gedanklich in der Zukunft oder er befürchtet, dass seine Vergangenheit wieder zur Gegenwart werden könnte. Wenn es ihm allerdings gelingt, im Hier und Jetzt zu bleiben, reduzieren sich seine „Horrorphantasien" sowie seine Ängstlichkeit beträchtlich und er empfindet keine Angst, zum Beispiel vor Versagen, mehr (Heimsoeth 2014).

Steht im Job ein wichtiges Meeting an und Sie ärgern sich gerade noch über eine E-Mail oder ein Telefonat, dann nutzen Sie die Türschwelle Ihres Büros als Linie, ab der Sie Ihren Ärger zurücklassen. Das heißt, in Ihrem Büro können Sie Ihrem Ärger Ausdruck verleihen, z. B. schimpfen oder mit dem Fuß aufstampfen. Analysieren Sie kurz, aus welchen Gründen es zu dieser E-Mail kam und was Sie daran besonders aufregt. Verlassen Sie den Raum und lassen Sie den Ärger zurück, er ist bereits Vergangenheit. Beim Heraustreten aus dem Raum konzentrieren Sie sich auf Ihre Atmung, denn sie bringt Sie ins Hier und Jetzt. Nutzen Sie den Flur, um sich in einen positiven Zustand zu bringen, z. B. mittels Atemfokussierung (tief atmen, das Ausatmen dauert doppelt so lang wie das Einatmen), Erfolgsvisualisierung (Sie erinnern sich zum Beispiel an eine erfolgreiche Verhandlung in einem ähnlichen Meeting und stellen Sie sich dieses Meeting im Kopfkino vor), positiven Gedanken, Affirmationen (positive Selbstgespräche, vgl. Abschn. 4.5.2) oder einer Bewegung. Ein Teilnehmer aus Russland erzählte mir in einem Workshop, dass er immer einen Luftsprung vor der Tür zum Konferenzraum mache. So ist Ihr Kopf frei von negativen Emotionen und Gedanken und Sie können sich auf das anstehende Meeting konzentrieren.

Literatur

Belliger, A., Krieger, D. J. (Hrsg.) (2008) Ritualtheorien. Ein einführendes Handbuch. 4. Auflg., Westdeutscher Verlag, Wiesbaden.

Duhigg, C. (2012) Die Macht der Gewohnheit. Warum wir tun, was wir tun. Berlin Verlag, Berlin.

Eberspächer, H. (2004) Gut sein, wenn's drauf ankommt: Von Top-Leistern lernen. Hanser, München, S. 9–11.

Fritz, T. (2010) Viele Sportler befolgen vor Wettkämpfen feste Rituale. In: Thüringer Allgemeine, 15.10.2010. http://www.thueringer-allgemeine.de/web/zgt/suche/detail/-/specific/Viele-Sportler-befolgen-vor-Wettkaempfen-feste-Rituale-1252978389 Zugegriffen: 22. Januar 2015.

Heimsoeth, A. (2014) Love it – Leave it – Change it, Gesundheit im Kontext von Führung und Eigenverantwortung. In: Buchenau, P. (Hrsg.) Chefsache Prävention I – Wie Prävention zum unternehmerischen Erfolgsfaktor wird. Springer Gabler, Wiesbaden, S. 91.

Hüther, G. (2013) Die unterschätzte Macht der Rituale. In: *focus online*, Gesund leben, 2. April 2013. http://www.focus.de/gesundheit/gesundleben/stress/hirnforscher-erklaert-warum-rituale-entspannen_aid_735056.html Zugegriffen: 27. Oktober 2014

Kahn, O. (2008) Ich. Erfolg kommt von innen. Riva Premium, München, S. 221.

Martens, A. (2010) Die Rückkehr der Rituale. Führen durch Symbole. In: *managerSeminare, Heft 145*, S. 27–28.

Schack, T., Whitmarsh, B., Pike, R. & Redden, C. (2005) Routines. In: Taylor, J. & Wilson, G. (Hrsg.). *Applying Sport Psychology: Four Perspectives,* Champaign, Human Kinetics, S. 145.

Weigelt, M., Steggemann, Y. (2014) Training von Routinen im Sport. In: Zentgraf, K.; Munzert, J. (Hrsg.) Kognitives Training im Sport, Hogrefe, Göttingen, S. 92; 98–99; 108.

Der Erfolg eines Menschen setzt sich aus seinen Fehlschlägen zusammen.
   Ralph Waldo Emerson

Ihre letzte Präsentation ist gescheitert? Ein Kundengespräch nach dem anderen floppt? Kein Grund zum Jammern. Ich kenne keinen erfolgreichen Menschen, der nicht mehrmals während seiner (beruflichen oder sportlichen) Karriere gescheitert wäre. Scheitern ist wichtig, Scheitern hilft, voran zu kommen und zu wachsen. „Wir lernen fast nur durch das Scheitern. Wir Menschen sind so veranlagt, dass wir nur dann lernen, wenn wir einen Dämpfer kriegen", äußert sich Extrembergsteiger Reinhold Messner zum Nutzwert des Scheiterns. „Wir Menschen lernen durch Versuch und Irrtum" (Ruhland und Steigenberger 2010). Das Scheitern ist nach Messner ein notwendiger Teil des Lern- und Erfahrungsprozesses von Menschen, ohne den keine persönliche Entwicklung möglich ist. Es bildet somit die Grundlage aller späteren Erfolge. Und obwohl uns Fehler eine Chance zum Lernen bieten, ist die Angst davor, einen Fehler zu begehen, meist groß.

Die Angst vor dem Fehler
Doch wohin führt diese Angst? Zu Destruktivität, zu Stillstand. Ohne Fehler gibt es keine Weiterentwicklung. „Und in einer Kultur, in der die Fehlervermeidung über die Chancenverwertung herrscht, gibt es keine Innovation", sagt Reinhard K. Sprenger in seinem Buch „Gut aufgestellt" und zitiert den Aufsichtsratsvorsitzenden von Schering, Giuseppe Vita: „Der größte Fehler ist die Angst vor einem Fehler." Und dieses Vermeidungsverhalten hat darüber hinaus auch gesundheitliche Folgen: Wer aus Angst vor Kritik und sozialem Diskredit Fehlschläge um jeden Preis vermeidet, fügt sich selbst Schaden zu. Fehler sind Quell und Motor des Fortschritts. Sie sind nichts anderes als eine Lernchance für unsere Arbeit und das Leben, wir können an ihnen wachsen: Fehler zeigen uns auf, wo wir stehen, was zu durchdenken und zu überprüfen ist, wo genau wir zukünftig besser werden können oder nachbessern müssen, wo wir neue Wege zu beschreiten haben, was wir verändern

müssen und was neu zu ordnen ist. Es gibt unzählige Beispiele in der Menschheitsge-
schichte, die zeigen, wie erst das Begehen von Fehlern große Entdeckungen möglich
machte und wie erfolgreiche Menschen, die mit ihren Unternehmen Geschichte schrieben,
zuvor zigmal gescheitert waren. Thomas A. Edison, u. a. amerikanischer Erfinder der
Glühbirne, soll einst zu seinen Fehlversuchen gesagt haben: „Ich habe nicht versagt. Ich
habe nur 10.000 Wege gefunden, die nicht funktionieren."

Wenn Ihre Mitarbeiter nach Ihrer Auffassung keine Fehler machen dürfen, wird die
Qualität ihrer Arbeit langsam, aber verlässlich sinken. Warum? Weil Sie mit Ihrer Haltung
Erfolgsfaktoren wie Kreativität, Wagemut, Innovation und Risiko bei Ihren Mitarbeitern
unterdrücken sowie das eigenverantwortliche Handeln einschränken. So sind weder nötige
Veränderungen zur Qualitätssicherung noch eine Steigerung möglich. Stattdessen schüren
Sie eine ausgeprägte Absicherungsmentalität in der Belegschaft. Im Sport nehmen beim
kontinuierlichen Vermeidungsverhalten die Verkrampfungen zu.

Fehler passieren jedem von uns

Wo Menschen arbeiten, geschehen Fehler, auch bei Mitarbeitern mit langjähriger Erfahrung. Fehler passieren überall und in jedem Unternehmen. Kaum jemand begeht Fehler
absichtlich. Es gibt viele Möglichkeiten, etwas falsch zu machen! Oder richtig zu machen
und trotzdem zu scheitern. Kein Mensch ist frei von Fehlern oder frei von Niederlagen, ob
im Sport oder Beruf. Unser Leben verläuft nicht linear steil nach oben. Stattdessen besteht
unser Leben aus einem Auf und Ab, aus Tälern (Krisen und Niederlagen) und Gipfeln.
Und gerade in den Tälern sammeln wir Erfahrungen und Erkenntnisse. Woraus haben Sie
bisher in Ihrem Leben mehr gelernt – aus Handlungen, die glatt liefen oder aus Handlungen, die nicht zum gewünschten Ergebnis führten? Ohne das Durchschreiten von Tälern
ist Lernen kaum möglich. Würden wir uns stets nur auf den Gipfeln der Berge befinden,
verlören wir zudem den Bodenkontakt. Wie sollte es dann möglich sein, Glück und Zufriedenheit zu empfinden und den Erfolg zu schätzen wissen, wenn man nie die Kehrseite der
Medaille, die Tiefen des Lebens, kennenlernt? Obwohl dieses „Auf und Nieder" auch bei
Arbeitsabläufen im Unternehmen gang und gäbe ist, ist der Umgang mit dem „Tälern",
also mit Niederlagen und Fehlern, in den Unternehmen sehr unterschiedlich. Wie halten
Sie es mit der Fehlerkultur in Ihrem Unternehmen? Wie reagieren Sie auf Fehler von Mitarbeitern? Was tun Sie? Erlauben Sie sich, Fehler zu machen? Stecken Sie nach Niederla-
gen zurück oder geben gar auf? Oder wollen Sie es dann erst recht wissen? Haben Sie
Vertrauen zu sich selbst und zum Leben? Erlauben Sie sich, zu lernen?

Verstehen Sie mich bitte nicht falsch: Sie sollen nicht jeden Fehler mit Freude begrüßen
und signalisieren: „Ist egal, wenn Ihr einen Fehler macht, haben wir halt wieder eine
Chance zur Verbesserung und wir gewinnen wieder an Erfahrung!" Fehler sollten vermieden werden, denn sie stören Abläufe, kosten Zeit und Geld.

Wo Menschen arbeiten, passieren Fehler – auch wenn wir uns bemühen, sie zu vermeiden. Der Umgang mit passierten Fehlern ist entscheidend. Jeder sollte Fehler machen
dürfen, aber zu diesem Recht gehört auch die Verpflichtung, daraus zu lernen. Denselben

Fehler mehrfach zu machen, Fehler zu wiederholen, bedeutet Rückschritt. „Ein schlechter Manager macht immer dieselben Fehler, ein guter immer neue" (Sprenger 2010). Es gilt, aus Fehlern einen Gewinn zu schöpfen. Für viele von uns bedeutet das, Verlieren noch lernen zu müssen. Dabei hilft uns unsere emotionale Intelligenz.

Machen wir uns nach einer Niederlage selbst fertig, werten uns ab, sagen Sätze wie „Ich bin zu blöd!", sabotieren uns selbst und geben uns regelrecht auf, dann bewegen wir uns auf einer emotionalen Abwärtsspirale. Resignation, Demotivation, Angst und Stress übernehmen das Ruder. Das blockiert Sie, Ihr Team und führt eventuell zu weiteren schlechten Leistungen. Denn eines hat sicher schon jeder von uns festgestellt: Wer sich nach einer Niederlage schlaflose Nächte hat und aus dem Gefühl des Versagens einfach nicht rauskommt, fühlt sich weder gut noch schöpft er Kraft fürs Aufstehen und Weitermachen. Als Führungskraft können Sie erheblich dazu beitragen, wie Ihr Team mit Fehlern und Niederlagen umgeht. Je heftiger Sie auf einen Misserfolg reagieren und je länger Sie in Ihren negativen Emotionen verhaften, desto stärker überträgt sich das auf Ihr Team. Ihre Beziehungen zu den Mitarbeitern leiden. Überwinden Sie daher Wut, Trauer oder Enttäuschung möglichst rasch.

Suchen Sie keine Schuldigen (vgl. Abb. 13.1), sondern erkennen Sie durch gezielte Analyse die Fehlerursachen und beheben Sie sie! Wer Fehler als HELFER betrachtet – und das lässt sich schon durch eine Umstellung der Buchstaben bewerkstelligen –, gibt allen, Verursachern wie Kollegen, die Möglichkeit, aus begangenen Fehlern zu lernen – und mit einem Gefühl der Zuversicht nach vorn zu blicken.

Abb. 13.1 Fehler verbessern. (© Antje Heimsoeth)

Scheitern: Nie schön, aber lehrreich

„Das erste Unternehmen, das ich gegründet habe, ist mit einem großen Knall gescheitert. Das zweite Unternehmen ist ein bisschen weniger schlimm gescheitert, das dritte Unternehmen ist auch anständig gescheitert, aber das war irgendwie okay. Ich habe mich rasch erholt, und das vierte Unternehmen überlebte bereits. Nummer fünf war dann Paypal", sagt Max Levchin (brand eins, Heft 11/2014). Unsere Medien sprechen gern über große Erfolge, weiden sich aber genauso gern an Fehlern und Misserfolgen von Menschen, die im Rampenlicht stehen. Der Mensch im Rampenlicht hingegen zieht es vor, nur mit Erfolgen in Zusammenhang gebracht zu werden, persönliches Scheitern wird nur in unausweichlichen Situationen zum Thema gemacht. Aus welchen Gründen? Wer über eigene Fehler und Niederlagen spricht, macht sich angreifbar, verletzbar und zeigt Schwächen. In der Arbeitswelt befürchten Mitarbeiter aufgrund ihres Scheiterns Sanktionen. In Unternehmen liegt es oft an den Geschäftsführern, welcher Umgang mit Fehlern gepflegt wird. Behandeln sie Fehler und Schwachstellen vornehmlich als Schwäche und vermitteln dem betroffenen Mitarbeiter das Gefühl, er hätte in ihren Augen versagt, werden Fehler vermutlich eher vertuscht als verkündet. Das hat negative Folgen für die Bilanz des Unternehmens. Laut einer Untersuchung des Gießener Organisationspsychologen Michael Frese sind Unternehmen mit gutem Fehlermanagement bis zu 20 % profitabler als andere. Frese: „Wir haben über 100 deutsche und niederländische Unternehmen untersucht. Diejenigen, die Fehler richtig managen, haben einen enormen Wettbewerbsvorteil gegenüber Konkurrenten, die das nicht tun. Sie reden mehr über Fehler, sie analysieren Fehler und deren Gründe genauer" (Frese o. J.).

Wie man auf Fehler oder suboptimale Ergebnisse reagiert, hängt auch von den psychologischen Mechanismen eines Menschen ab, sagt der deutsche Wirtschaftspsychologe Heinrich Wottawa. Bezüglich des Umgangs von Führungskräften mit Misserfolgen sagt er: „Bei Menschen mit großer Verantwortung haben Sie in der Regel eine hohe Ausprägung von hedonistischer Verzerrung" (Weilbacher 2014). Das bedeute, resultiert die getroffene Entscheidung der Führungskraft in einen Erfolg, führe das dazu, dass diese sich selbst gut fühle, eine Veränderungsresistenz bilde und die Menschen in ihrer Umgebung ein wenig abwerte. Anders beim Misserfolg: „In der Regel schiebt man die Verantwortung dafür auf jemand anderes ab oder macht äußere Umstände, die man vorher nicht sehen oder beeinflussen konnte, verantwortlich. Und wenn es gar nicht anders geht, sagt sich die Führungskraft, dass bei jedem Mal ein Misserfolg vorkommen kann." Diese hedonistische Verzerrung sei nötig, um mit der großen Verantwortung, die Führungskräfte tragen, umgehen zu können. Das Fatale an dieser Verzerrung sei, dass die Führungskraft aus Misserfolgen nichts lerne. „Denn wenn die anderen Schuld sind", so Wottawa weiter, „dann ist es ja nicht meine Aufgabe, mich zu verändern" (Weilbacher 2014).

Der größte Physiker aller Zeiten, Albert Einstein, der unser physikalisches Weltbild maßgeblich verändert hat, sagte einst: „Es ist kaum zu glauben, wie wenig manche Menschen selbst aus den härtesten Erfahrungen lernen." Es hilft nicht, Niederlagen zu verdrängen. Niederlagen verlangen eine Analyse, im Spitzensport wird dies teilweise sehr akri-

bisch betrieben. Das gilt für Ihre persönliche Niederlage ebenso wie für Niederlagen des
Teams. Eine Analyse bedeutet indes nicht, sich auf zerstörerische Weise permanent selbst
(oder andere) zu kritisieren und Schuldige zu suchen. Wie eine hilfreiche Analyse funktioniert, erläutere ich weiter unten Abschn. 13.2. Wer Erklärungen für begangene Fehler
statt Ausflüchte sucht, hat den Weg des Neuanfangs oder des veränderten Weitermachens
und der persönlichen Weiterentwicklung bereits beschritten. Diese Haltung macht den
Unterschied zwischen erfolgreichen und weniger erfolgreichen Menschen – im Spitzensport wie im Business. Niederlagen sind unsere besten Lehrmeister, besser als Erfolge.

Unfehlbarkeit ist fehl am Platze
Bei der Fußball-Weltmeisterschaft 2006 sagte der damalige Bundestrainer Jürgen Klins-
mann: „Die Mannschaft wird Fehler machen, weil die dazu gehören. Aber wir lernen aus
Fehlern." Und gerade der Fußball lebt von Fehlern. Markus Hesselmann vom „Tagesspie-
gel" schreibt anlässlich der Diskussion über den Einsatz einer Torkamera: „Der Fußball ist
gerade deshalb so groß, weil er so anfällig ist für Fehler. Der Philosoph Martin Seel nannte
populären Sport die ‚Zelebration des Unvermögens'. Fußball wäre dann das Hochamt des
Unvermögens. Den Schiedsrichter hier herauszulösen und ihm durch technische Mittel zu
einer Quasi-Unfehlbarkeit zu verhelfen, nähme dem Spiel viel von seiner subversiven
Kraft, aus der die Fußballkultur schöpft. Der Fußball, wie wir ihn kennen und lieben,
braucht die Fehlentscheidungen sogar" (Baade 2009). „Fußball ist ein Fehlerspiel, und
hier lauern zwei Mannschaften auf den ersten Fehler des Gegners", kommentierte auch
Reinhold Beckmann in der 19. Minute das WM-Spiel Brasilien gegen Kroatien am 13.
Juni 2006 in der ARD.

Jeder Spitzenfußballer muss bittere Niederlagen einstecken können und trotzdem danach wieder zu Top-Form auflaufen. Erinnern Sie sich an das Champions-League-Finale
1999 in Barcelona: 1. FC Bayern München gegen Manchester United? Das Spiel gilt als
die „Mutter aller Niederlagen" im Fußball. Der FC Bayern führte bis in die Nachspiel-
zeit – und kassierte binnen drei Minuten zwei Gegentore, die Manchester United zum Sieg
verhalfen. Es war eine Kette von Fehlern, die zu dieser Niederlage „in letzter Minute"
führte. Ein Ergebnis, mit dem niemand gerechnet hatte, am allerwenigsten UEFA-Präsident
Lennart Johanson, der zwei Minuten vor Abpfiff den Aufzug betritt, im sicheren Glauben,
gleich die Bayern als Sieger zu ehren, und beim Aussteigen völlig verdutzt feststellen
muss, dass die United-Spieler jubeln. In der Nacht nach der Niederlage gehen die Spieler
sehr unterschiedlich mit dem Ergebnis um – einige Spieler tanzen auf den Tischen auf der
Party mit 1000 geladenen Gästen, andere sitzen nur im Nebenraum oder gehen auf ihr
Zimmer wie Torhüter Oliver Kahn. Die Wege der Verarbeitung sind so individuell wie die
Charaktere selbst, doch sie führen ein Jahr später zu einem gemeinsamen Erfolg: Der FC
Bayern München gewinnt 2000 das Double und reckt 2001 den Champions League-Pokal
in die Höhe. Dabei sah es zunächst so aus, als würden die Bayern eine Talfahrt starten.
Eine Woche nach dem verpatzten Finale in Barcelona verlieren sie auch das Pokalfinale
gegen Werder Bremen, die Stimmung ist endgültig im Keller. Doch in der Sommerpause

widmet sich Trainer Ottmar Hitzfeld jedem Spieler einzeln in langen Gesprächen und richtet eine aufrüttelnde Ansprache an alle Spieler – der Beginn des erneuten Aufstiegs (vgl. Muras 2014).

Misserfolg ist der Mentor des Erfolgs, auch wenn niemand im Beruf Niederlagen braucht. Das weiß jeder Spitzensportler. Oliver Kahn sagt zur traumatischen Niederlage des FC Bayern München im Champions-League-Finale 1999: „Dieses Scheitern hat mir einige Dinge beigebracht, die mich stärker gemacht haben und von denen ich immer noch profitiere. Wenn mir heute etwas nicht gelingt, dann werde ich nicht unruhig oder panisch, sondern denke ganz gelassen darüber nach, was ich besser machen kann" (Kahn 2010). Als der Profi-Schwergewichts-Boxweltmeister Wladimir Klitschko im Jahr 2004 gegen Lamon Brewster nach fünf Runden durch Aufgabe unterlag, war das nicht nur seine letzte Niederlage, sondern auch seine lehrreichste. „Ich ruhe mich nicht auf Erfolgen aus, denn das ist es, was mich diese Niederlage gegen Brewster gelehrt hat. Dass ich niemals jemanden unterschätzen darf und dass ich immer alles geben muss. (…) Ich versuche immer noch, jeden Tag ein Stückchen besser zu werden", sagt Klitschko im Rückblick (Jensen 2014). Um beim Boxen zu bleiben: Als die Hollywood-Legende Rocky Balboa im Film seinem Sohn den Boxkampf erklärt, bringt er es auf eine einfache Formel: „Der Punkt ist nicht, wie hart einer zuschlagen kann. Es zählt bloß, wie viele Schläge er einstecken kann, und ob er trotzdem weitermacht. Wie viel man einstecken kann und trotzdem weitermacht. Nur so gewinnt man!"

13.1   Resilienz im Job – der erfolgreiche Umgang mit veränderten Bedingungen

> Immer versucht. Immer gescheitert. Einerlei. Wieder versuchen. Wieder scheitern. Besser scheitern.
> Samuel Beckett

Was Rocky vor Jahrzehnten mit einfachen Worten beschrieb, ist nichts anderes als die viel beschworene Resilienz unserer Tage. Menschen, die über ein hohes Maß an Resilienz verfügen, sind in der Lage, positiv mit Fehlern umzugehen und nach Fehlschlägen zügig wieder aufzustehen und weiterzumachen. „Nicht die einzelne Niederlage entscheidet folglich über den beruflichen Erfolg, sondern der Umgang mit ihr. Das Schlüsselwort lautet Resilienz. Gemeint ist die psychische Widerstandsfähigkeit, die nötig ist, um Krisen effektiv zu meistern. Eine Fähigkeit, die erlernbar ist und zunehmend als Karrierefaktor gilt" (Kallwitz 2014). Diese psychische Widerstandsfähigkeit resultiert aus einem guten Selbstmanagement, einer optimistischen Grundhaltung und einem Leben im Hier und Jetzt. Denn das Einzige, was wir wirklich beeinflussen können, ist unsere Gegenwart. Menschen mit hoher Resilienz stellen sich der Realität, blicken nicht klagend zurück, sondern konstruktiv nach vorn. Ihre Reflexionsfrage: Wie kann ich es besser machen? Und das macht sie zu Gewinnern. Ein Verlierer fragt stattdessen: Womit habe ich diese Niederlage verdient? Diese Frage ist weder zielführend noch wegweisend – sie führt vielmehr zu einer Besiegelung des vermeintlichen Schicksals. Es hilft niemandem, Fehler zu verdammen oder ungeschehen machen zu wollen. Eine Redensart sagt: Umwege erweitern die Ortskenntnis. Und genau darum geht es auch bei Fehlern. Manchmal sind es jene ungeplanten Umwege, die uns erst die Zielerreichung möglich machen.

Raus aus der Selbstabwertung!
Zum Business gehören kritische und unerwartete Situationen. Wie gut auch immer Sie sich vorbereiten, ein Kundengespräch kann unglücklich verlaufen oder eine Präsentation danebengehen. Sie sind enttäuscht und unzufrieden mit Ihrer Leistung. Das ist okay. Doch wenn Sie die Enttäuschung nicht verarbeiten, leisten Sie einer negativen Entwicklung Vorschub. Zurück bleibt das Gefühl, Ihr Bestreben sei sinnlos. Das impliziert geringes Selbstvertrauen und Selbstwertgefühl. Daraus resultieren, wie bereits oben erläutert, Angst, Blockaden, Stress, Unbehagen. Das blockiert Sie und führt eventuell zu weiteren schlechten Leistungen. Begreifen Sie Niederlagen als Chancen in Arbeitskleidern! Haken Sie Wut, Trauer, Schmerz, Enttäuschung ab und klettern Sie aus dem emotionalen Tal. Dabei helfen Gespräche mit Vertrauenspersonen. Weil diese Menschen Sie gut kennen, wissen sie zwischen Ihrem Wert als Person und dem Stellenwert Ihrer schlechten Leistung zu unterscheiden. Sie trennen die Sache von der Person. Fakt ist: Ihr Wert als Mensch hat sich nicht verringert!

Bei der Betrachtung von Fehlern geht es nicht um Schuld, sondern um Ursachen. Stehen Sie zu Ihren Fehlern und analysieren sie diese genau. Ermutigen Sie ebenso Ihre Mitarbeiter, zu ihren Fehlern zu stehen. Messen Sie Ihre Mitarbeiter nicht an ihren Fehlern, sondern daran, wie konstruktiv sie danach mit ihnen umgehen. Von den gewonnenen Erkenntnissen können alle profitieren, indem sie ins Qualitätsmanagement einfließen. Fehler sind in bestimmten Phasen, z. B. vor der Markteinführung neuer Produkte, wichtige Indikatoren für Verbesserungsbedarf und deshalb sogar zu begrüßen statt sie zu verfluchen.

13.2 Das Triple-A-Prinzip: Akzeptieren, analysieren, abhaken!

Nach Fehlern enttäuscht zu sein, ist okay. Die damit einhergehenden Gefühle brauchen in diesem Moment Raum. Um Enttäuschung zu verarbeiten, helfen Gespräche mit Vertrauenspersonen, wo Sie offen Schwächen zeigen können und Ihr Wert als Mensch, unabhängig von der Sache, unangefochten bleibt. Hier können Sie Ihren Gefühlen freien Lauf lassen. Aber danach gilt es, den Misserfolg zu akzeptieren. Um Ihre Niederlage gewinnbringend zu verarbeiten, ist Akzeptanz Voraussetzung, das erste A des AAA-Prinzips. Klagen, jammern und „Was wäre …, wenn…"-Fragen bringen Sie nicht weiter. Akzeptieren Sie, dass Ihre Performance und/oder die Ihres Teams nicht optimal war. Nehmen Sie sich Zeit genug, um negative Stressgefühle abzubauen, z. B. durch körperliche Betätigung wie Walken oder Joggen, Musik machen oder hören, in den Wald gehen und schreien, einen Wut-Ball drücken, ein gutes Essen mit Freunden o. Ä. Das macht Ihren Kopf frei für eine klare Analyse.

Richten Sie bei Ihrer (schriftlichen) Analyse den Fokus nicht allein auf Schwächen und Defizite:

- Was waren Faktoren für den Misserfolg?
- Was lief gut? Welche Stärken kamen zum Tragen?
- Was kann ich/können wir daraus lernen?
- Was und wie lässt es sich beim nächsten Mal besser machen?
- Was lässt sich verändern?

Wichtig: Bei Ihren Schlussfolgerungen helfen kein „ich muss" oder „die anderen müssen". Ebenso wenig nützt es Ihnen, sich und andere global abzuwerten („ich bin ein Versager", „der andere taugt nichts") oder zu katastrophisieren („es wäre absolut schrecklich, wenn …").

Vom FC-Bayern-Trainer Pep Guardiola heißt es, er bewahre stets den Respekt vorm Gegner, im Sieg wie in der Niederlage. Nehmen Sie die siegreiche Konkurrenz als Vorbild und fragen Sie sich, was Sie und Ihr Team für die nächste Präsentation oder die nächste Preisverhandlung von ihr lernen können.

Und schließlich gilt das dritte A, nämlich Abhaken! Lassen Sie die Vergangenheit hinter sich, Sie können sie nicht mehr ändern. Verbannen Sie nach der Analyse Gedanken daran aus dem Kopf, sonst blockieren Sie sich beim zukünftigen Handeln.

Beispiel

Ein Klient von mir war in der Jugend erfolgreicher Judoka, mehrfacher Bayerischer und Deutscher Meister, Bundeskader, und verlor zwei Jahre lang keinen einzigen Kampf. Als er das erste Mal wieder einem Gegner unterlag, war er so verunsichert, dass er danach jeden Kampf verlor. „Der Bundestrainer klärte mich auf: Du hast das Verlieren verlernt", berichtet mein Klient. „Diese erste Niederlage seit langem bekam ich nicht mehr aus dem Kopf, nahm sie mit in die nächsten Kämpfe und verlor wieder. Das machte mich immer unsicherer, ein Teufelskreislauf." Wir bauten sein Selbstbewusstsein wieder auf, schließlich hatte der Judoka nicht von heute auf morgen Judo verlernt. Sein Fazit seitdem: „Nach der Analyse muss die Niederlage aus dem Kopf!" ◄

Das Ziel vor Augen behalten!

Wer seinen Fokus auf ein klar formuliertes Ziel richtet, ist in der Lage, Hindernisse auf dem Weg dorthin auszublenden – wie ein Golfer, der das Grün auf der anderen Seite des Wassers treffen will. Die Chance, den Ball nicht ins Wasser zu spielen, sondern sicher darüber, steigt mit der sauberen Fokussierung und Visualisierung der Landezone des Balls auf der anderen Seite des Wassers. Haben Sie Ihr Ziel klar formuliert, wissen Sie viel eher, wann Sie sich in die falsche Richtung bewegen und was das für Ihr Handeln bedeutet.

Es braucht für das Erreichen von Zielen sowohl Ihre Bereitschaft als auch die Ihres Teams, sich ständig weiterentwickeln und reflektieren zu wollen – denn jede Herausforderung, jede Situation ist anders. Das zeigt nicht zuletzt die Reflexion und systematische Auswertung von Erfahrungen und Handlungen während Ihres Misserfolgs. Und wer aus Angst vor Fehlern nichts riskiert, erntet Stillstand – das Gegenteil von Weiterentwicklung. Darum keine Angst vor Niederlagen: No risk, no fun, no progress! Der US-Immobilienmogul Donald Trump sagt: „Wer nicht bereit ist, außergewöhnliche Risiken einzugehen, der sollte sich mit dem Gewöhnlichen zufrieden geben."

Falscher Fokus hat fatale Folgen

Wie schon erwähnt, ist Mitarbeiterführung und Personalentwicklung häufig darauf ange-legt, Schwächen zu beheben und Fehler zu reduzieren. Dabei wird der Misserfolg in den Vordergrund gestellt, doch das ist nicht zielführend. Während meines Seminars zur Sport Mental Coach-Ausbildung berichtete mir ein teilnehmender Sport Coach, dass eine Kajak-Schülerin von ihm bei einem Kanuslalom im Finale an Tor 26 vorbeigefahren sei. Beim anschließenden Abendessen sprach der Coach sie darauf an und fragte, wie sie sich das erklären könne. Sie antwortete, der Trainer hätte sie vor dem Rennen zur Seite genommen und hätte ihr erklärt, sie müsse an Tor 26 ganz genau aufpassen, dass sie daran nicht vor-beifahre, weil es dort Probleme gäbe. Diesen Hinweis habe er ihr mehrfach vorher gege-ben. Prompt sei sie daran vorbeigefahren. Dieses Beispiel führt eindrücklich vor Augen, wie schädlich es ist, vor einem Wettkampf, respektive vor herausfordernden Situationen, über mögliche Fehler zu sprechen statt darüber zu reden, wie zu erwartende Hürden genau zu meistern sind. Ein weiteres Beispiel: Ein anderer Teilnehmer ist Bogenschütze. Er er-zählte, wie ihn ein Sportkamerad, der vor ihm mit Schießen dran war, mehrmals darauf hingewiesen hatte, wie problematisch das Treffen einer bestimmten Scheibe gewesen sei. Was geschah? Genau an jener Scheibe hatte mein Teilnehmer dann ein Problem. Die Fo-kussierung auf Fehler, gerade im Wettkampf, ist stets kontraproduktiv. Warum? Weil unser Gehirn mit Bildern gefüttert wird von Szenen, die wir vermeiden wollen, aber die wir durch die Fokussierung darauf geradezu programmieren.

Der Sportpsychologe Hans Eberspächer rät zur Selbstregulation im Umgang mit Feh-lern, dass man mit seinen Gedanken nie an eigenen Fehlern hängenbleiben soll. „So be-schimpfen sich viele Sportler selbst, wenn ihnen ein Fehler unterlaufen ist, und sie bleiben (…) mit ihren Gedanken an diesem Fehler hängen." Wenn ein Golfspieler sich in allen Konsequenzen ausmale, wie er seinen Ball abermals verschlägt, könne das so weit führen, dass „die Gedanken über die Situation hinausgehen und der Golfspieler sich auf alles an-dere konzentriert, nur nicht auf das Ausführen eines optimalen Bewegungsablaufes." In dieser Situation sei das Gelingen des nächsten Schlages „lediglich ein Zufallsprodukt" (Eberspächer 1995). Das bedeutet, statt aus dem Fehler zu lernen mutiert der Fehler zum Störfeuer.

Viel hilfreicher ist es, vor herausfordernden Situationen dem Mitarbeiter oder sich selbst Mut zu zusprechen und Lösungsstrategien für mögliche aufkommende Probleme parat zu haben. Stellen Sie sich Fragen wie „Was könnte ich denn tun, um diese Situation dieses Mal besser zu bewältigen?" In Gedanken lassen sich verschiedene Lösungsmöglichkeiten und ihre Folgen durchspielen, um sich schließlich für eine angemessene Strategie zu entscheiden (Eberspächer 1995).

Beim Umgang mit Fehlern gilt vor allem eines: Nur wer das Verlieren akzeptiert und aus dem Scheitern etwas lernt, kann gestärkt daraus hervorgehen und in der Zukunft wieder erfolgreich sein. Das ist in der heutigen Arbeitswelt von großer Bedeutung: Gerade weil wir flexibler als jemals zuvor reagieren müssen – auf sich verändernde Anforderungen, neue Aufgaben, Ortswechsel etc. – ist es für uns alle wichtig, ständig lernbereit und -fähig zu sein.

Literatur

Baade, F. (2009) Fußball braucht Fehlentscheidungen. In: *Zeit online*, 18. September 2009. http://www.zeit.de/online/2009/33/rafati-torkamera-videobeweis-bayern-hoffenheim. Zugegriffen: 22. Januar 2015.

Eberspächer, H. (1995) Mentales Training. Ein Handbuch für Trainer und Sportler. Sportinform, München, S. 27–28.

Frese, M. (o. J.) „In unseren Fehlern schlummert ein unschätzbares kreatives Potenzial." Profil auf Online-Portal: http://www.agentur-fuer-helden.de/referenten.php?we_objectID=13. Zugegriffen: 26. November 2014.

Jensen, B. (2014) „Ich kämpfe für mich und Vitali". Interview mit Wladimir Klitschko. In: *Hamburger Abendblatt*, 10. April 2014, S. 28.

Kahn, O. (2010) Du packst es! Wie du schaffst, was du willst. Pendo, München, S. 214.

Kallwitz, S. (2014) Rückschläge im Beruf: Erfolgreich gescheitert. In: *Frankfurter Allgemeine Zeitung*, Beruf & Chance, 25. März 2014. http://www.faz.net/aktuell/beruf-chance/arbeitswelt/rueckschlaege-im-beruf-erfolgreich-gescheitert-12856557.html. Zugegriffen: 18. November 2014.

Muras, U. (2014) „Mutter aller Niederlagen": Manunited gegen Bayern 1999. 30. März 2014. http://www.bundesliga.de/de/wettbewerbe/champions-league/news/2013/die-mutter-aller-niederlagen-das-legendaere-finale-1999-manchester-united-gegen-bayern-muenchen.php. Zugegriffen: 26. November 2011.

Ruhland, M., Steigenberger, D. (2010) „Wir lernen nur durch Scheitern". Interview mit Reinhold Messner. In: *Süddeutsche Zeitung*, 17. Mai 2010. http://www.sueddeutsche.de/leben/reinhold-messner-wir-lernen-nur-durch-scheitern-1.335957. Zugegriffen: 22. Januar 2015.

Sprenger, R. K. (2010) Gut aufgestellt. Fußballstrategien für Manager. 2. Auflg., Campus, Frankfurt, S. 46–47.

Weilbacher, J. C. (2014) Interview mit Heinrich Wottawa: „Männer lernen weniger aus Misserfolgen als Frauen". In: *Human Resources Manager*, Heft „Scheitern", 15.01.2014. http://www.human-resourcesmanager.de/ressorts/artikel/maenner-lernen-weniger-aus-misserfolgen-als-frauen. Zugegriffen: 17. November 2014.

Weiterführende Literatur

Schießl, M. (2013) Verzeih dir selbst. In: *KarriereSpiegel online*, 2. September 2013. http://www.spiegel.de/karriere/berufsleben/umgang-mit-niederlagen-gescheites-scheitern-laesst-sich-lernen-a-918911.html. Zugegriffen: 30. Oktober 2014.

Printed in the United States
by Baker & Taylor Publisher Services